건강한 교회, 이렇게 만든다

바른 목회를 위한 전략과 리더십

건강한 교회, 이렇게 만든다

지은이 · 김승년
초판 1쇄 찍은날 · 2004년 6월 1일
초판 1쇄 펴낸날 · 2004년 6월 5일
펴낸이 · 김승태
출판본부장 · 김춘태
편 집 · 박경미
표지디자인 · 김경아
등록번호 · 제2-1349호(1992. 3. 31)
펴낸곳 · 예영커뮤니케이션
　　　　110-616 서울 광화문우체국 사서함 1661
　　　　출판유통사업부 T. (02)766-7912 F. (02)766-8934 E-mail: jeyoungsales@chol.com
　　　　출판사업부 T. (02)766-8931 F. (02)766-8934 E-mail: jeyoungedit@chol.com
　　　　홈페이지 www.jeyoung.com

ISBN 89-8350-318-1　　(03230)

copyright © 2004, 김승년

값 10,000원

■ 잘못 만들어진 책은 교환해 드립니다.

바른 목회를 위한 전략과 리더십

건강한 교회, 이렇게 만든다

김 승 년 지음

예영커뮤니케이션

Building Up
a Healthy Body of Christ

by
Andrew Seung Kim

© 2004
Jeyoung Communications Publishing House
Seoul, Korea

서문

　이 책은 그리스의 몸을 건강하게 세우기를 소원하는 목회자들과, 신학생들, 그리고 평신도 사역자들을 격려하고 도전하기 위해 쓰여졌다.

　이 책을 쓰게 된 동기가 하나 있다. 먼저 간접적인 동기는 학생들 때문이었다. 지난 몇 년 동안 천안대학교 기독신학대학원에서 목회학을 강의하며 여러 학생들로부터 강의 내용을 책으로 출판하였으면 좋겠다는 말을 들었다. 책으로 출판할 만큼 내용이 충분치 않다는 생각에 별다른 신경을 쓰지 않았으나 매 학기마다 진행된 강의가 그들의 실제 목회 현장에 많은 도움이 되고 있다는 말을 계속 듣게 되었고 이 책을 출판할 용기를 갖게 된 것이다.

　그런데 직접적인 동기는 다른 것에 있다. 필자가 발견했고 느꼈고 실패하였고 도전받았던 목회 경험들을 다른 목회자들과 함께 나누고 싶은 생각 때문이었다.

　내가 목회를 잘해 보고 싶다는 욕심을 갖게 된 것은 아마도 신학교를 졸업할 때쯤이었던 것 같다. 그 당시 졸업을 앞둔 나는 목회에 대한 꿈과 기대에 마냥 마음이 부풀어 있었다. 학교에서 배운 그대로 열심히 가르치고 말씀을 잘 전하면 교회는 잘 성장할 것이라 생각했기 때문이다. 그런데 이것이 웬일일까? 나의 이런 생각은 목회 현장에 들어선 지 얼마 되지 않아 잘못되었던 것임이 드러나기 시작했다.

　교회를 개척한 후, 처음에는 교회 성장을 위해 설교와 가르치는 일에 몰두했다. 그리고 사람들이 내 설교와 성경공부에 대한 소문을 듣고 교회로 모이기 시작했다. 나의 생각대로 설교와 성경공부가 교회를 성장시키는 데 큰 영향력을 발휘하고 있었던 것이다.

　그러던 어느 날 문제가 발생하였다. 교회 건물을 구입하는 문제로 몇몇 성도들과 의견충돌을 하게 된 것이다. 그들의 의견은 교회 건물을 구입하기에는 아직 시기상조라는 것이었다. 교회가 개척된 지 2년도 채 안 되었고, 성도 수도 많지 않고, 재정도 넉넉하지 않다는 것이 이유였다. 그러나 나는 교회 건물을 구입해야겠다는 생각으로 그들의 말에 귀를 꽉 막고 있어 결국 의견을 달리했던 몇몇 성도들이 불만을 품고 교회를 떠나게 되는 원치 않는 일이 발생했던 것이다.

　그뿐만이 아니었다. 교회를 떠난 성도들과 친밀하게 지내고 있었던 일부 성도들도 그 마음이 조금씩 흔들리면서 교회생활에 정착하지 못하고 있었던 것이었다. 게다가 대부분의 나머지 교인들도 교회 건물 유지로 재정적인 부담을 많이 느끼면서 교회생활에 별 즐거움을 느끼지 못하고 있었던 것이었다.

　그러한 상황 가운데 어떤 성도들은 서로의 신앙 노선이 다르다는 이유로 충돌하며 불화 관계에 놓이게 되었다. 안타깝게도 나는 그들의 불화를 잘 해결해 주지 못했고, 그들 중 일부가 교회를 떠나게 되는 아픔을 경험하게 되었다. 결국 이러한 일련의 일들로 교회는 한동안 성장이 멈추었고 교회의 전반적인 분위기는 침체되고 말았다.

왜 이러한 일들이 생겨난 것일까? 나는 성경을 잘 해석하여 설교하고 가르치면 분명히 교회가 성장할 수 있을 것이라 생각했고, 열심히 그 일에 몰두하였는데 왜 이런 결과가 생겨난 것일까?

나는 이 모든 일들이 목회에 대한 나의 오해에서 비롯된 것임을 깨닫게 되었다. 부끄럽게도 나는 진정한 목회를 하는 것이 무엇인지 잘 모르고 있었던 것이다. 나는 설교나 가르치는 것이 목회의 전부라고 생각하고 있었다. 그러했기에 성경을 잘 해석하여 가르치고 설교만 잘하면, 교회는 자연스럽게 성장하게 될 것이라 믿고 있었던 것이다.

이런 이유로 나는 어리석게도 사역 모델이나 목회 철학, 사역 구조, 그리고 사역 방법이나 전략 없이 목회 현장에 뛰어들었던 것이다. 더군다나 목회자로서의 성숙한 인격이나 리더십도 갖추지 않고서 말이다.

물론 지금도 나는 설교와 가르침이 목회에 있어서 무엇보다도 중요한 것임을 알고 있다. 그러나 목회를 하면서 설교나 가르치는 일 외에도 감당해야 할 다른 많은 사역 분야들이 있음을 알게 되었고, 그것을 성취하기 위한 효과적인 사역·계획과 사역 기술, 경영, 그리고 리더십 등이 필요함을 알게 되었다.

목회자들은 주의 말씀을 바르게 설교하고 가르치기 위해 신학적인 면에서 철저히 준비되어야 한다. 그러나 동시에 그것을 성도들에게 효과적으로 전달하기 위해서는 실천적인 면에서도 온전히 준비되어야 한다. 이러한 점에서 티모시 켈러(Timothy Keller)는 목회를 조약(언약)에 비유하여 건강한 목회가 되기 위해서는 신학과 실천은 서로 분리되어서는 안 된다고 강조하였다.[1] 조약이란 실제로 행하게 하기 위해 주어진 것이기 때문이다.

보통, 전쟁에서 승리한 나라는 전쟁에서 패배한 나라와 조약을 체결한다. 그리고 전쟁에서 패배한 나라는 승리한 나라에 조약의 규정에 따라 매년 조공을 상납해야 한다. 그리고 조공을 준비할 때에는 조약에 명시된 품목들을 정확히 분별하여 준비할 필요가 있었다. 만약 잘못된 물품들을 준비하게 되면 모든 것이 헛된 일이 되기 때문이다.

예를 들어, 상납해야 할 조공들 중에 다이아몬드 100개가 있다 하면, 이 다이아몬드가 어떤 다이아몬드를 의미하는지에 대한 지식이 있어야 했다. 먼저 크기는 어느 정도인지, 0.5캐럿을 말하는지, 1캐럿을 말하는지, 아니면 5캐럿을 말하는지, 그리고 어떤 색깔의 다이아몬드를 준비해야 되는지 말이다.

바로 이러한 일들이 목회자가 감당해야 할 첫번째 과제라 할 수 있겠다. 목회자는 무엇보다도 하나님의 말씀을 깊이 연구하여 보다 정확하고 분명하게 주의 뜻을 성도들에게 전할 필요가 있다.

그러나 각 물품이 정확히 준비되었다고 하여 조약의 규정들이 모두 지켜진 것은 아니다. 그 준비된 것들을 그 나라에까지 어떻게 안전하게 운반할 수 있느냐 하는 과제가 남아 있는 것이다. 정확한 수송을 위해 누가 운반할 것인지, 어떤 운송 수단을 써야 할지, 어느 정도의 시일이 걸릴지, 어느 길로 갈 것인지에 대한 준비가 있어야 한다. 또한 가는 길에는 험한 산과 강, 거친 길들이 있을 것이고 도적들과 심

---

1) Timothy Keller, 『개혁주의 실천신학』(서울: 나침반사, 1993), p. 15.

한 폭풍우도 만날 수 있을 것이다. 이를 위해 가는 길의 경로와 그 주변 모든 상황을 정확하게 파악해 놓아야 하며, 예상치 않게 발생할 일에 대한 준비가 되어 있어야 한다. 그때 비로소 준비된 물품들은 무사히 운송될 것이며, 조약은 온전히 지켜지게 될 것이다.

이렇게 사람과 현실을 잘 파악하고 그 상황에 가장 알맞고 적절하게 대처해 나가야 하는 이러한 일들이 바로 목회자가 감당해야 할 두 번째 과제가 된다.

그러하기에 목회자가 성경에 대한 바른 이해를 가지고 있다고 해서 목회에 대한 모든 것이 다 준비되었다고 말할 수 없는 것이다. 급변하고 있는 현실 상황을 정확히 이해하고 그 상황에 적절히 대처할 수 있는 능력과 사역 기술이 준비되어 있어야 하는 것이다.

현재 목회에 대한 많은 책들이 출판되어 있음을 나는 안다. 그러나 대부분의 책들이 실제적으로 목회를 구상하고 계획하는 일에 초점을 맞추기보다는 목회신학이라는 신학적 입장에서 목회를 논하고 있다.

이제는 목회신학이나 원리를 다룬 책보다 실제로 목회 현장에서 유용하게 도움될 수 있는 책들이 필요한 듯싶다. 이러한 점에서 이 책을 목회자들과 목회 준비생인 신학생들과, 목회의 동역자인 평신도 사역자들에게 실제적인 교회 모델 설정과 효과적인 목회 패러다임 및 사역 구조와 전략 등을 제공한다는 면에 그 의의를 두고자 한다.

나는 누구보다도 목회자들이 그들의 사역을 잘 감당하기를 소원하고 있다. 그리고 그들이 섬기는 교회들이 보다 건강하게 잘 성장하기를 바라고 있다. 이러한 의미에서 이 책은 목회자들로 하여금 성경적 원리를 고수하면서도 현 시대에 가장 적합한 교회 모델을 설정하여 건강한 교회로 세워 나가는 일에 큰 도움과 도전을 줄 수 있을 것이라 생각한다.

끝으로, 이 책이 출판되기까지 수고한 모든 손길들에게 감사를 드린다. 원고의 교정을 도와준 이순화 전도사와 이 책을 쓰도록 권면과 도전을 준 여러 동료들에게 감사를 드린다. 그리고 오늘날 젊은 세대들의 특성을 잘 이해할 수 있도록 도움을 준 큰 딸 에스더에게 고마움을 표한다. 또한 이 책의 출판을 허락해 주신 예영커뮤니케이션과 임직원들에게 감사를 드린다.

2004년 4월

김 승 년

차례

쇠퇴해 가는 교회들

"이 땅에 기괴하고 놀라운 일이 있도다
선지자들은 거짓을 예언하며
제사장들은 자기 권력으로 다스리며 내 백성은
그것을 좋게 여기니 그 결국에는 너희가 어찌 하려느냐"(렘 5:30-31)

"만군의 여호와께서 말씀하시되
이는 힘으로 되지 아니하며 능으로 되지 아니하고
오직 나의 신으로 되느니라"(슥 4:6)

1. 왜 우리 교회는 성장하지 않는 것일까?

과연, 자신이 섬기는 교회가 성장하기를 원치 않는 목회자도 있을까? 아마도 그런 사람은 한 명도 없을 것이다. 어느 교회든지 교역자들과 성도들이 서로 협력하여 교회 성장을 위해 전력을 다하고 있다. 그럼에도 불구하고 많은 교회들이 성장하기는커녕, 오히려 점점 쇠퇴해 가고 있는 이유는 무엇일까?

릭 워렌(Rick Warren) 목사는 교회들이 성장하지 못하는 것은 교회 성장에 대한 잘못된 생각을 가지고 시작하기 때문이라고 말한다.[2] 교회들은 교회 성장의 파도를 자신들의 힘으로 일으킬 수 있는 것처럼, '무엇이 우리 교회를 성장시킬 수 있을까?' 라고 생각하고 있다는 것이다. 그렇다면 정말 인간의 힘으로 교회 성장의 파도를 일으킬 수 있는 것일까? 성경은 결코 그렇지 않다고 대답한다. 스가랴 선지자는 말하기를, "만군의 여호와께서 말씀하시되 이는 힘으로 되지 아니하며 능으로 되지 아니하고 오직 나의 신으로 되느니라"(슥 4:6)고 하였다.

여호수아를 알고 있는가? 모세를 이어 이스라엘의 지도자가 된 여

---

2) Rick Warren, 『새들백교회 이야기』(서울: 도서출판 디모데, 1996), p. 24.

호수아 말이다. 여호수아에게 하루는 큰 고민이 생겼다.[3] 바로 가나안 땅을 점령하는 문제였다. 그는 가나안 땅 점령을 앞두고 몇 가지 고민을 갖고 있었다. 무엇보다도 먼저 가나안과 싸우기에는 이스라엘이 너무 준비가 되어 있지 않았던 것이다. 싸울 만한 무기도 제대로 없었고 군사 훈련도 제대로 안 되어 있었다. 그런데 가나안 사람들은 이스라엘에 비해 너무 강대하였고 그들의 성읍 또한 견고하였던 것이다.

더군다나 이스라엘 백성들은 하나님 앞에서 패역한 삶을 사는 백성들이었다. 지난 40년간 이스라엘이 광야 생활을 하는 동안 그들은 얼마나 하나님을 대적하고 모세를 원망하였던가. 모세와 같은 능력의 지도자도 이스라엘 백성들의 범죄를 막지 못했는데, 내가 어떻게 그 백성들로 하나님을 온전히 섬기도록 지도할 수 있겠는가? 이런 생각들로 여호수아는 마음이 약해지고 두려워 떨고 있었던 것이다.

이때 주님은 여호수아에게 이런 말씀을 하신다. "여호수아야! 무엇을 그리 염려하느냐? 네 생각에는 가나안 점령을 위해 정탐꾼도 보내고 좋은 작전과 전략도 세우게 되면 그 땅을 점령할 수 있다고 생각하느냐?" 주님의 답변은 그렇지 않다는 것이었다. 오히려 이렇게 말씀하신다. "나의 종 모세가 네게 명한 율법을 다 지켜 행하고 좌로나 우로나 치우치지 말라 그리하면 어디로 가든지 형통하리니"(수 1:7), 즉 주의 말씀에 순종하고 마음을 다해 주님을 사랑하고 주님을 의지한다면, 가나안 땅을 그들에게 거저 주시겠다고 약속하신 것이다.

이것이 바로 하나님께서 여호수아에게 가르쳐 주신 승리의 비결이었다. 가나안 땅의 점령은 인간의 그 어떤 능력과 전략과 노력에 달려

---

3) 여호수아 1장 1-9절.

있는 것이 아니었다. 또한 그것은 어떤 인간의 지도력에 달려 있는 것도 아니었다. 그것은 오로지 주의 말씀에 순종하는가, 그렇지 않는가에 달려 있었다.

여리고 성의 점령을 보라. 여리고 성은 결코 이스라엘의 전략이나 전투력에 의해 점령된 것이 아니었다. 그 성의 점령은 여호와의 말씀에 순종한 결과였다.

그런데 아이 성은 어떠했는가? 이스라엘은 여리고 성을 점령한 후, 작은 아이 성을 보고 2천 명 정도의 군사면 충분히 점령할 수 있다고 생각했다. 마치 여리고 성을 자신들의 힘으로 점령한 것처럼 착각하고선 말이다. 그 결과가 어떻게 되었는가? 자신들의 군사력을 믿고 싸웠던 이스라엘은 결국 패하고 말았다.

왜 이스라엘이 아이 성을 점령하지 못하였을까? 원인은 결코 군사력이 아니었다. 그것은 바로 그들의 불순종 때문이었다. 즉, 군사력 때문이 아니라 주의 말씀에 순종하지 않았기 때문에 아이 성 점령에 실패하고 만 것이다.

교회의 성장도 마찬가지다. 교회 성장의 파도는 인간의 능력이나 전략이나 노력으로 생기는 것이 아니다. 그것은 주님만이 일으키실 수 있는 일이다. 다시 말해 성장의 파도는 주님만 의지하고 주님의 뜻에 따라 교회를 섬길 때, 주님에 의해 주어지는 것이다.

성장의 파도는 주님만 의지하고
주님의 뜻에 따라 교회를 섬길 때,
주님에 의해 주어지는 것이다.

교회는 그리스도의 몸이다. 이것은 교회가 자연적으로 성장하게 되어 있는 한 생명체임을 의미한다. 모든 생명체는 병들지 않고 건강하면 성장하게 되어 있다. 교회도 마찬가지이다. 교회가 건강하면 성장은 자연스러운 것이다.

그러므로 교회가 성장하지 않고 있다면, 교회는 자신의 성장을 막고 있는 것이 무엇인지 그 요인을 발견해 내야 한다. 그리고 그것을 치료해야 한다.

릭 워렌 목사는 교회가 성장하지 않을 때, "무엇이 우리 교회의 성장을 막고 있는가?"를 숙고해 보아야 한다고 조언한다. 그리고 성장의 파도를 막고 있는 어떤 장애물이 발견되면, 먼저 그것을 제거해야 한다고 강조한다. 이스라엘이 아간의 범죄를 제거한 후 아이 성을 점령할 수 있었듯이 말이다. 이러한 점에서 오늘날 교회들이 자신들의 교회 성장을 막고 있는 방해물들과 그 증상들을 살펴보는 것은 매우 지혜로운 일이라 할 수 있겠다.

2. 쇠퇴의 증상들

교회의 세속화

불행하게도 오늘날 많은 교회들이 성장하기 위해, 아니 정확히 표현하면 성공하기 위해 '세속적' 프로그램들을 교회에 끌어들이고 있다.[4] 여기서 '세속적'이란 세상의 가치와 방식에 자신의 사고와 행동을 맞추는 것을 의미한다. 즉 교회들이 성공하기 위해 세상의 사고방식을 좇아 사역과 프로그램들을 계획하며 실행하고 있다는 것이다.

교회의 성장은 권장할 만한 일이다. 아니 당연한 일이다. 교회가 건강하면 자연히 성장하기 때문이다. 그러나 성도의 수와 재정 상태와 건물의 크기를 따지는 교회의 성공은 결코 권장할 만한 것이 못 된다. 성경은 결코 그러한 성공을 말하고 있지 않기 때문이다.

주님의 관심은 제자들의
믿음과 헌신의 삶이었다.

주님은 공생애 동안 얼마나 제자들이 사람들을 많이 모았는지, 얼마나 많은 헌금을 거뒀는지에 대해 관심을 가지신 적이 없었다. 오히려 주님은 제자들의 믿음과 헌신의 삶에 깊은 관심을 가지고 계셨다. 백부장의 믿음을 보고 칭찬하시며 제자들의 작은 믿음을 보시고 책망을 하신 주님을 보라. 요한계시록을 보더라도 교회들을 향한 주님의 칭찬과 책망은 믿음과 헌신과 사랑과 말씀의 순결성에 관한 것이었지, 어떤 성공을 위한 능력이 있는가 없는가에 대한 것이 아니었다.

---

4) 여기서 필자는 믿음의 내적 성장이 아닌, 남에게 보이고 인정받기 위한 교회의 크기나 숫자를 강조한 성장을 부정적으로 표현하기 위해 '성공' 또는 '외적 성장'이라는 단어를 사용하였다.

그럼에도 불구하고 오늘날의 교회들은 외적
성장에 대해 이상하리만큼 과도하게 집착해 있다.

그럼에도 불구하고 오늘날의 많은 교회들은 외적 성장에 대해 이상하리만큼 과도하게 집착해 있다. 그 이유가 무엇일까? 교회의 외적 성장으로 목사의 능력이 평가되기 때문일까? 오늘날은 공공연히 큰 건물과 많은 성도들 그리고 풍부한 재정이 있는 교회를 '성공한 교회'라 부르며, 그런 교회에 담임하고 있는 목사를 '성공한 목사'로 부르고 있다. 이와는 달리, 외적으로 무엇인가 보여 줄 만한 것이 없는 교회와 목사는 실패한 교회와 목사로 불리고 있다. 주님의 교회가 이와 같이 세상의 사고와 가치를 좇아 외적인 기준으로 교회와 목사를 판단하고 있다는 것은 참으로 부끄러운 일이 아닐 수 없다.

그러나 성경은
얼마나 효과적인가 비효과적인가로
선악을 판단하지 않는다는 사실을 기억하라.

존 맥아더(John McArthur) 목사는 그의 책 『복음을 부끄러워하는 교회』에서 오늘날 교회들이 세상의 가치를 좇고 있는 것은 실용주의의 영향을 받고 있기 때문이라고 한다. 실용주의란 어떤 것의 의미나 가치가 실용적인 결과에 따라, 즉 어떤 행위의 기능이나 과정이 효과적이면 선한 것이고 그렇지 않으면 악하다고 믿는 주의를 말한다.[5] 그러

---

5) John McArthur, 『복음을 부끄러워하는 교회』(서울: 생명의말씀사, 1995), p. 11.

나 성경은 효과적인가 비효과적인가로 선악을 판단하지 않는다는 사실을 기억하라.

성경은 주님을 위해 옥에 갇히고 매를 맞거나 굶주리고 쫓겨 도망 다니는 제자들의 모습을 여러 곳에서 보여 주고 있다. 그리고 성경은 그러한 제자들의 비효과적인 사역에 대해 매우 칭찬하고 있다. 그들이 증거한 복음이 거절당하고 무시당하고 멸시받고 있는데도 오히려 주님은 그들과 그들의 사역을 칭찬하고 기뻐하고 계시는 것이다.

이러한 점에서 볼 때, '효과적'이란 말은 오히려 사탄에게 잘 어울리는 단어인지도 모르겠다. 사탄의 사역은 얼마나 효과적인가? 아담과 하와를 속이는 일을 비롯하여 오늘날까지, 거짓 선지자들의 기사와 능력을 통해 많은 믿는 자들을 미혹시키며 넘어뜨려 오고 있으니 말이다.

그뿐만이 아니다. 사실상 이 땅에서는 악한 자들이 크게 번영하며 성공하고 있다. 다윗의 외침을 들어 보라. "나는 거의 실족할 뻔하였고 내 걸음이 미끄러질 뻔하였으니 이는 내가 악인의 형통함을 보고…저희는 죽는 때에도 고통이 없고 그 힘이 건강하며 타인과 같은 고난이 없고 타인과 같이 재앙도 없나니"(시 73:2-5) 그러하기에 효과적인 사역이나 외적인 교회성장이 반드시 하나님의 축복이라 생각할 수 없는 것이다.

효과적인 사역이나 외적인 교회 성장이 반드시
하나님의 축복이라 생각할 수 없는 것이다.

그럼에도 불구하고 오늘날 많은 교회들은 외적 성장에 지나치게 집착해 있다. 보다 많은 사람들을 끌어들이기 위한 마케팅 전략이나 전도 기술에 깊은 관심을 가지고 있으며, 여러 '세속적인 프로그램들' 을 개발해 교회에 적용시키고 있다. 현대인들에게 보다 효과적으로 접근하기 위해 교회가 좀 더 현대적으로 되어야 한다는 것이다. 그래서 전통적인 예배나 강해 설교는 현대인들에게 너무 비효과적이며 부담을 주는 것이라 생각하여, 사람을 즐겁게 해 주고 유쾌하게 해 주는 방식을 통해 진리를 전해야 한다고 주장한다.[6] 그래서 어떤 교회에서는 사람들을 만족시키기 위해 설교를 짧게 하거나 또는 드라마나 촌극 등으로 설교를 대신하기도 한다. 그리고 게임이나 춤, 노래, 공연과 같은 오락성 프로그램들을 서슴지 않고 제공하기도 한다.

더욱 안타까운 일은 이런 세속적 프로그램들이 교회 성장이라는 명분 아래 교회로 하여금 정통적인 신학이나 교리들을 부차적인 것으로 생각하도록 만들고 있다는 것이다. 오늘날 이러한 교회들은 "기독교는 삶이지 교리가 아니다."라고 주장해 온 과거 모더니스트와 같이 사랑이나 봉사나 헌신이 있는 곳이라면, 교리적인 차이점도 무시하고 하나로 뭉칠 수 있다고 생각한다.[7]

물론 주의 백성들이 교단을 초월하여 서로 사랑하고 협력하는 일 자체는 아름다운 일이다. 나는 이런 교제와 협력을 지향하는 사람 중의 한 사람이다. 그리스도를 한 주로 고백한다면, 어찌 한 형제로서의 사랑을 나누지 못하겠는가? 그러나 성경적 모델이나 정통적 교리들과는 타협을 하고, 세속적 가치와 철학을 앞세워 교회를 세우려는 태도

---

6) *Ibid.*, p. 28.

7) John Murray, *Collected Writings of John Murray*, 4 vols. (Edinburgh: Banner of Truth, 1976), p. 193.

가 문제인 것이다.

말기적 질병

교회가 오래되면서 갖게 되는 흔한 질병이 하나 있다. 피터 와그너는 이것을 '에트니키티스(ethnikitis)' 라고 부른다.[8] 이것은 교인들이 다른 지역으로 이사하게 되면서 생겨나게 되는 질병이다.

대부분의 기존 교인들은 이제 다른 지역에 거주하고 있는 관계로 새로 이사 온 주민들이나 새로운 교인들에 대해 잘 모르는 상태가 되어 가고 있다. 그들과 가까운 교제를 하지 못하기에 그들의 형편과 처지를 잘 이해할 수 있는 어떤 접촉점을 갖지 못하고 있다. 그러므로 그들의 필요가 무엇인지, 그들의 삶의 특성이 어떠한지 잘 모르는 자들이 되어 가고 있는 것이다.

교회는 새로운 사람들을 효과적으로 교회로 인도하고 정착시키기 위해 그들의 필요를 발견하고 그들에게 유익한 프로그램들을 개발하여 제공해 줄 필요가 있다. 그럼에도 교회는 여전히 과거와 동일한 프로그램들을 제공하면서 교회가 계속 성장하기를 바라고 있는 것이다.

상상할 수 있겠는가? 지역 사회도 잘 이해하지 못하면서, 아니 지역 주민들의 삶에 도움이 될 만한 프로그램 하나도 제공해 주지 못하면서 어떻게 그들을 대상으로 교회가 성장하기를 꿈꾸고 있다는 말인가?

새로운 교인들은 그들의 삶의 특성과 필요에 따라 교회가 이에 적

---

8) C. Peter Wagner, 『교회 성장을 위한 지도력』(서울: 생명의말씀사, 1997), pp. 197-198.

절한 프로그램들을 제공해 주기를 원하고 있다. 이미 교회는 새로운 교인들로 채워져 가고 있지만 단지 그 교회에 출석한 지 오래 되지 않았다는 이유로 그들은 여전히 프로그램 결정이나 사역 활동에 있어서 어떤 실질적인 권한도 갖지 못하고 있다. 그러하기에 그들은 교회의 모든 사역에 주도권을 쥐고 있는 기존 교인들에게 의지하며, 그들의 모든 계획과 결정에 따를 수밖에 없는 처지에 놓이게 된다. 그리고 교회는 이를 깨닫지 못하기에 그들의 필요를 충족시켜 주지 못한다. 이로 인해 교회에 불만을 품게 되고 교회에 잘 정착하지 못하거나 떠나게 되는 것이다.

코이노니티스

3년 전의 일이다. 나는 목회학 강의 준비를 위해 서울에 있는 몇몇 교회들을 주일에 방문한 적이 있었다. 그곳에서 경험하게 된 한 가지 공통된 일은 내가 그들에게 있어서 낯선 이방인이었다는 것이다. 교회의 어느 성도도 내게 관심을 보이거나, 나에게 다가와 말을 건네거나, 반갑다고 인사하는 성도들이 없었던 것이다. 그렇다고 그 교회들이 다른 사람들에게 사랑도 보이지 않고 관심도 갖지 않는 그런 교회들도 아니었다. 예배 후, 그들은 서로 친밀하게 반기고, 껴안고, 인사하며, 좋아하는 것을 보았기 때문이었다.

이와 같이 기존 교인들의 관계가 너무 친밀하여 새로운 방문자나 교인들이 그 기존 교인들에게 잘 접근하지 못하게 되는 교회 구조를 '코이노니티스(koinonitis)' 라 한다.[9] 이것은 기존 교인들의 교제가 너

---

9) *Ibid.*, p. 199.

무 친밀하여 그들 간에는 깊은 사랑과 관심과 배려가 있지만, 그 외의 새로운 교인들에게는 별 관심이나 사랑을 나타내지 않고 지내는 교회의 영적 상태를 일컬을 때 사용되는 말이다. 교회가 이런 상태에 빠지게 되면, 새로운 교인들은 대부분 기존 성도들의 친밀하고 단단한 연결고리에 끼어들지 못하게 된다.

코이노니티스에 걸린 교회는 대부분의 사역과 활동들이 기존 교인들을 위해 존재한다. 교육에 있어서 새로운 교인들을 양육하며 세우기보다는 기존 교인들에게 초점을 두고 그들을 가르치고 양육하는 일에 힘을 쓴다. 예배나 친교 모임 또한 기존 교인들을 위해 행해지며, 심지어 새 교인들을 환영하는 환영의 만찬 자리에서까지 기존 교인들은 그들끼리 모여 교제하며 이야기한다.

대개 이런 교회에서는 구도자를 환영하는 일이나 새로운 식구들을 정착시키는 일, 또는 그들의 필요를 채워 주는 프로그램들을 찾아보기가 매우 힘들다. 그래서 이런 교회들은 코이노니티스로 인해 새로운 방문자나 교인들로 하여금 큰 이질감을 느끼도록 한다.

그런데 아는가? 이런 코이노니티스 증세가 심한 교회일수록 은연중에 새로운 교인들을 그들의 친밀한 교제를 깨뜨리는 위협 대상으로 생각한다는 사실을!

부적절한 리더십과 경영

얼마 전, 나는 리더십 세미나에 참석한 적이 있었다. 그곳에서 몇몇 목사들을 사귀게 되었는데, 하루는 그들과 함께 밤을 새워 가며 대화를 나누는 시간을 갖게 되었다. 여러 대화가 오가는 중, 갑자기 어느 목사가 자신의 교회에 문제가 생겼는데 이제는 무엇을 어떻게 해야 좋을지 모르겠다고 말을 꺼내는 것이었다.

그는 한 집사와 오해가 생겨 갈등 관계 속에 있었는데 이제는 그 일에 많은 교인들이 결부되어 교회가 분열 직전에 놓이게 되었다는 것이다. 요즈음은 자신과 충돌 속에 있는 교인들이 매일 저녁 모여 비방하고 모함하며, 예배 시간에는 인상을 쓰고 앉아 있거나 아예 얼굴을 창밖으로 돌려 설교를 듣지 않는 모습을 보인다는 것이다.

이러한 문제가 어찌 이 목사만의 문제이겠는가? 교회 내의 갈등이나 충돌을 어떻게 해결할지 몰라 전전긍긍하는 목사들이 우리 주위에는 수없이 많다.

티모시 켈러(Timothy Keller)는 오늘날의 목회 현장을 이렇게 표현했다. "많은 목회자들이…자신의 인생과 직업에 대한 방향 감각을 모조리 상실한 채 교회가 황폐해지는 것을 목격한다. 목회자들이…헬라어 구문론에 통달하지 못했기 때문에 이런 일이 일어나는 예는 거의 없다. …주된 요인은 목회 사역에 필요한 실제적인 기술이 목회자들에게 부족하기 때문이다."[10]

다시 말해 목회에 있어서 적절한 리더십과 사역 기술의 부족이 목회자 자신은 물론 교회에까지도 큰 고통을 가져다주고 있다는 것이다. 사실 많은 목회자들이 실제적인 사역 기술을 알지 못해 교회 내에 갈등과 충돌, 에너지 고갈, 부정적 느낌, 침체, 그리고 초조한 행동들을 얼마나 많이 유발시키고 있는가?

오늘날 많은 교회들은 리더십의 결여로 나아가야 할 방향성을 잃어

---

10) Timothy Keller, pp. 11-12.

가고 있다. 뿐만 아니라 리더십의 결여로 목회자들이 목회 철학이 무엇인지, 교회의 목적과 비전이 무엇인지, 그 목적을 성취하기 위한 전략이 무엇인지 알지 못하고 우왕좌왕하고 있다.

그렇기 때문에 오늘날 교회들이 비전에 사로잡힌 목회자를 찾고 있는 것이다. 분명한 목적을 가지고 그 목적을 성취하기 위해 타오르는 열정으로 사역에 뛰어드는 비전적 리더 말이다. 그 이유는 교회가 목회자의 열정으로 동일한 열정에 사로잡혀 동일한 목적과 비전을 향해 달려가기를 원하고 있기 때문이다.

변화에 대한 저항

세계는 급속히 변화하고 있다. 1850년까지 10억이었던 인구가 80년(1930년) 만에 20억이 되었고, 그 후 30년(1960년) 만에 30억이 되었으며 지금은 60억이 되었다. 또한 1900년도까지 3만 5천 권밖에는 출판되지 않았던 책이 1년에 40만 권 이상이 출판되는 시대를 맞이했다.[11] 그 결과, 오늘날은 믿을 수 없을 정도의 수많은 정보와 지식과 신기술들이 쏟아져 나오는 시대가 되어 가고 있다.

이렇게 급속하게 변화하는 이 시대에 교회는 어떠한 마음의 자세와 태도를 가져야 할까? 교회가 스스로 변화를 시도하지 않는다면, 아마도 이 거대한 변화의 물줄기에 휩쓸려 도태되고 말 것이다.

몇 년 전, 나는 서울의 한 교회에서 주일 오전 설교를 부탁받은 적

---

11) Charles R. Swindoll, 『겨울이 오기 전에 돌아오라』(서울: 기독교문서선교회, 2001), pp. 29-31.

이 있었다. 강단에 막 올라가려는데, 목사님이 가운과 장갑을 끼고 올라가라고 하는 것이었다. 나는 개혁주의 목사이고 지금껏 가운 입고 강단에 올라간 적이 없으므로 그냥 올라가면 안 되느냐고 간청했더니, 하나님의 말씀을 증거하는 신성한 강단에 어떻게 인간의 죄악된 모습을 그대로 갖고 올라갈 수 있느냐며 억지로 그의 크고 긴 가운을 나에게 입혀 주는 것이었다.

강단에 올라가기 전, 나에게 어떤 일이 벌어졌는지 아는가? 긴 가운에 발이 걸려 넘어질 뻔하였던 것이다. 게다가 장갑 낀 손으로 성경책을 넘기려고 애쓴 일 또한 나를 매우 당황스럽게 만들었었다. 가운을 입고 장갑을 끼는 것이 그 교회의 전통이며 신앙적이라나!

시대가 바뀐 오늘날에도 여전히 예전의 그 신앙 방식이 계속 유지되어야 한다고 강력하게 주장하는 교회들이 많이 있다. 어떤 교회들은 예배 시간에 복음성가를 불러서는 안 되고 찬송가만을 불러야 한다고 주장한다. 예배의 복장은 항상 정장이어야 하며 캐주얼해서는 안 된다고 한다. 찬양할 때도 드럼이나 기타를 사용해서는 안 되며, 오로지 오르간이나 피아노만을 사용해야 한다고 말하고 있다.

이들 교회의 주장에 따르면, 경건치 않은 축제적인 예배보다는 항상 엄숙하고 진지한 예전적인 예배가 드려져야 하며 예배 순서 또한 바뀌어서는 안 된다는 것이다. 새벽 기도를 비롯한 주일 저녁 예배, 수요 기도회, 금요 찬양 예배 등은 신성한 집회이므로 결코 없어져서는 안 되며, 교회 건물 구조와 내부 장식은 보수적인 양식으로 해야 하고, 이 시대의 멋과 편안함을 추구하는 현대적 양식은 안 된다는 것이다.

이에 대해 이성희 목사는 『미래목회 대예언』에서 교회가 시대에 맞게 새로이 변화되지 않는다면 도태될 수밖에 없다고 강조한다. 마치

시대에 맞게 변화한 기업들은 생존해 오고 있으나, 변화하지 못한 기업들은 지금 거의 도태된 것과 같이 말이다. 그에 의하면 변화는 생존을 의미한다.[12] 즉 급격한 사회의 변화와 함께 전통적 목회 패러다임은 이미 그 적응력을 상실했기 때문에 교회가 성장을 하기 위해서는 시대에 맞는 새로운 목회 패러다임을 가져야 한다는 것이다.

우리가 백 년 전에 사용했던 동일한
방법으로 지금도 일할 수 있다고 생각하는
사람은 매우 근시안적이며 눈먼 자이다.

　찰스 스윈돌 목사 또한 자신의 글 『거대한 변화들』에서 우리가 백년 전에 사용했던 동일한 방법으로 지금도 일할 수 있다고 생각하는 사람은 매우 근시안적이며 눈먼 자라고 지적하였다. 이것은 오늘날 교회들에게 옛 방식만을 고집하는 근시안적 생각에서 벗어나 진리를 왜곡시키지 않으면서 세상의 가치를 쫓지 않고 현 시대에 맞는 신앙 양식을 개발하고 발전시키기 위한 도전의 말이다. 이러한 점에서 우리는 교회의 변화에 대한 존 맥아더 목사의 조언에 귀를 기울일 필요가 있다.

　"내가 반대하는 것은 혁신 그 자체가 아니다. 나는 예배 형식이 끊임없이 변하는 것임을 알고 있다. 17세기 청교도가 내가 목회하고 있는 그 레이스커뮤니티교회에 들른다면 그는 우리의 음악에 큰 충격을 받을 것이다. 아마도 남녀가 같은 좌석에 앉은 것을 보고 경악할 것이며, 우

---

12) 이성희, 『미래목회 대예언』(서울: 규장문화사, 1998), pp. 12-15.

리가 사용하고 있는 확성 장치에 꽤 어리둥절해할 것이다. 또한 스펄
전도 우리 오르간을 탐탁해하지 않을지 모른다. 그러나 나는 정체 상
태의 교회를 좋아하지는 않는다. 나는 어떤 특정한 음악이나 예배 형
식을 고집하지 않는다. 본질적으로 이런 것들은 성경이 문제 삼는 논
쟁점이 아니다. …나의 불만은 교회에서 하나님과 그분의 말씀을 부수
적인 것으로 강등시킨 철학에 있다.[13)

삶과 신앙의 분리

제임스 니켈(James R. Nikkel) 목사가 쓴 『교회 개척을 위한 안디옥
청사진』에는 오늘날 교회 성장을 막고 있는 잘못된 신앙생활의 모습이
14가지로 묘사되고 있다.[14)] 그것들 중에서 현재 한국 교회에서 발견되
는 신앙생활의 모습들과 비슷한 몇 가지를 함께 살펴보도록 하자.

영적 생활에 대한 오해

영적 생활은 이 세상의 것보다는 저 세상의 것을 추구하며 예배하
고 전도하는 삶을 말하는가? 아니면 불우한 이웃을 도우며 봉사하는
삶을 말하는가? 일반적으로 자유주의자들은 세속화는 복음의 적이 아
니라 복음의 열매로 생각한다.[15)] 사회복지와 같은 세상 중심적인 삶을
참된 영적 생활로 보는 것이다. 이에 반해, 보수주의자들은 자연적인
것이 아닌 초자연적인 것을 영적인 것으로 본다. 예배하고 전도하는

---

13) John McArthur, pp. 20-21.

14) James R. Nikkel, *Antioch Blueprints for Church Planting* (British Columbia: James Nikkel, 2001), pp. 11-12.

15) 간하배, 『복음 전도와 사회정의』(서울: 엠마오, 1984), p. 65.

영혼 중심적인 삶을 참된 영적 생활로 보는 것이다.

그러나 스탠리 존스(Stanley Jones)는 복음 전도가 없는 세상 중심적인 영적 생활은 영혼 없는 육체와 같고, 문화적 사명이 없는 영혼 중심적인 영적 생활은 육체 없는 영혼과 같다고 하였다.[16] 즉 전자가 송장과 같은 존재라면, 후자는 유령과 같은 존재라는 것이다. 이런 이유로, 복음주의자들은 송장이나 유령과 같은 존재가 되지 않기 위하여 하나님께 대한 사랑과 이웃에 대한 사랑의 조화를 강조한다. 영혼이냐 육체냐, 또는 교회냐 사회냐 하는 선택의 문제가 아니라 복음 증거와 사회 참여를 균형 있게 하는 삶을 진정한 영적 생활로 보려는 것이다. 그럼에도 불구하고 이런 총제적인 접근 또한 잘못된 것이라 할 수 있다. 왜냐 하면 이런 접근 방법은 성도들로 하여금 영적인 것과 육적인 것을 이분법으로 보게 하기 때문이다.

참된 영적 생활은 세상 중심적인 삶과 영혼 중심적인 삶의 어느 한 면만을 강조하거나, 또는 그 두 면 모두를 균형 있게 조화하는 것을 의미하지 않는다. 간하배 교수는 『복음 전도와 사회정의』라는 책에서 아담과 하와가 범죄하기 전 에덴동산의 삶 자체가 영적 생활이었다고 강조한다. 아담이 에덴동산에서 하나님과 교제하며, 동물들의 이름을 지으며, 자연을 정복하고 사는 삶 자체가 참된 영적 생활이었다는 것이다.

이와 같이 영적 생활은 하나님이 함께하시는 모든 일상적인 삶을 의미한다. 성령의 통치를 받으며 성령의 인도하심 속에 성령의 기관으로 살아가는 삶이 영적 생활이요, 성령의 통치를 받지 않거나 그리스

---

16) Delos Miles, *Evangelism and Social Involvement* (Nashville: Broadman Press, 1986), p. 7.

도와 관계 없는 삶이 육적 생활이 되는 것이다. 이런 의미에서 예배나 복음 증거나 사회봉사를 한다 할지라도 그것이 하나님과 관계 없는 자신의 생각과 자신의 명예와 영광을 위한 것이라면 육적인 삶이 되며, 직장에 나가 일을 하거나 친구와 만나 교제하거나 또는 가족을 위해 날마다 음식을 준비하며 대접하는 일이라 할지라도 하나님 안에서 하나님의 말씀에 따라 행해진 것이라면 그것이 바로 영적인 삶이 된다.

헌신이 없는 지식

한국 교회만큼 교육을 강조하는 나라가 있을까? 교회마다 제자훈련이나 주일학교, 소그룹 모임, 정규적인 성경공부 시간을 통하여 말씀을 가르치기에 여념이 없다. 이러한 이유로 이제 한국의 웬만한 성도들은 성경 내용을 잘 알고 있다. 평신도들이 소그룹의 인도자가 되어 성도들에게 성경을 가르치는 일이 매우 자연스럽게 느껴질 만큼 말이다.

그런데 문제는 성도들이 알고 있는 것만큼의 헌신과 순종이 그들의 삶 속에는 없다는 것이다. 그들의 대부분은 교회나 가정, 또는 직장 속에서 성도가 어떻게 사는 것이 바른 삶인지 잘 알고 있다. 사람들과의 갈등이나 충돌이 생겼을 때 어떤 마음의 자세로 그 문제를 해결해야 할지도 잘 알고 있다. 그럼에도 불구하고 그들은 알고 있는 그 내용들을 삶에 잘 적용하지 못하고 살고 있는 것이다.

분노하거나 다투는 일이 잘못된 것임을 왜 모르겠는가? 또한 용서하고 사랑하는 일이 마땅히 행해야 할 일인지를 왜 알지 못하겠는가? 그러나 이를 알면서도 배우자의 사소한 실수나 허물을 용서하지 못하고 쉽게 분노함으로써 결국 이혼으로까지 발전하게 되는 것은 무슨 이유일까? 그것은 행함이 없는 지식과 믿음을 소유하고 있기 때문이다.

순종의 삶이 없는 예배

또 하나의 문제점은 순종의 삶이 결여된 예배이다. 한국 교회만큼 집회와 모임이 많은 나라도 없을 것이다. 매일 새벽기도를 비롯하여 주일 오전 예배와 저녁 예배, 수요 기도회와 금요 찬양 예배, 소그룹 모임, 심방 예배 등등, 마치 예배가 교회생활의 전부인 것 같은 느낌이 들 정도로 한국 교회에는 예배가 많다.

그런데 문제는 오늘날 성도들에게 예배는 많이 있으나 매일의 삶 속에서 순종의 삶이 없다는 것이다. 대부분의 성도들은 모든 예배에 빠지지 않고 잘 차려입은 정장과 흐트러짐이 없는 경건한 자세로 예배를 드리고 나면 그것으로 신앙의 의무를 다한 것으로 생각한다. '노미널 크리스천(nominal christian)', 이 말은 교회에 있을 때는 성도 같으나 교회를 떠나는 그 순간부터 세상 사람과 똑같이 세속적인 사고방식을 가지고 살아가는 그리스도인을 일컫는 말이다. 그런데 불행하게도 오늘날 교회에는 이런 노미널 크리스천들이 참으로 많다는 것이다.

주님의 이런 책망을 기억하는가? "헛된 제물을 다시 가져오지 말라 분향은 나의 가증히 여기는 바요 월삭과 안식일과 대회로 모이는 것도 그러하니 성회와 아울러 악을 행하는 것을 내가 견디지 못하겠노라"(사 1:13) 그리고 이사야의 이런 권면을 들어 본 적이 있는가? "스스로 깨끗게 하여 내 목전에서 너희 악업을 버리고 악행을 그치고 선행을 배우며 공의를 구하며 학대받는 자를 도와주며 고아를 위하여 신원하며 과부를 위하여 변호하라"(사 1:16-17) 즉 주님은 순종의 삶이 없는 예배는 가증한 것이나, 선행과 공의가 있는 예배는 크게 기뻐하신다고 말씀하고 계신 것이다.

다른 '말씀'에 기초한 헌신

성경이 아닌 다른 '말씀'에 근거해 헌신의 삶을 살고 있는 것 또한 한국 교회가 변화해야 할 문제이다. 과연 하나님의 말씀을 떠나 헌신하는 일이 가능한 일일까? 과연 말씀 없이도 신앙생활을 할 수 있으며 헌신의 삶을 살 수 있을까? 불행하게도 이런 모든 일들은 다 가능한 일이다.

당신은 오늘날 많은 성도들이 소유하고 있는 신앙과 헌신은 과연 무엇을 통한 것이라고 생각하는가? 성경 말씀을 통해? 꼭 그렇지만은 않다. 범람하고 있는 대중신학과 경건 서적들에 기초한 신앙들이라 할 수 있다. 성도들은 대중신학이나 여러 경건 서적들을 통하여 그들 나름대로의 신앙 규범을 갖게 되었고, 그 규범에 따라 헌신의 삶을 살아가고 있는 것이다. 또한 여기에 전통적인 민속 신앙과 불교와 유교 사상이 성도들에게 영향을 주어 성도들은 각자 그들만의 독특한 신앙관을 지니게 된 것이다.

성도들이 어떤 행동이나 판단을 할 때, '내 생각에는' '누구는 말하기를' 혹은 '전통적으로 볼 때'라고 말하는 것을 들어 본 적이 있는가? 이런 말들 속에는 어떤 일을 행하기 위해 성경이 무엇이라 말하고 있는지를 생각하며 그 일들을 추진해 보겠다는 뜻이 담겨져 있지 않다. 오히려 저명한 학자나 사상 혹은 유전, 개인적인 신앙적 경험 등에 근거해 일을 추진하겠다는 의도가 담겨져 있다. 이것은 오늘날의 성도들이 성경보다는 그들의 경험과 철학과 지식 등에 근거해 헌신하고 있는 모습을 간접적으로 보여 주고 있는 것이다.

그러나 문제는 그들의 신앙과 헌신이 여전히 성경에 기초하고 있다고 믿고 있는 성도들이 의외로 많다는 것이다. 마치 바리새인과 같이 하나님 말씀보다는 오히려 다른 '말씀'의 영향으로 살아가고 있으면서도 말이다.

다음의 말씀을 기억하는가? "사람의 계명으로 교훈을 삼아 가르치니 나를 헛되이 경배하는도다"(마 15:9) 하나님의 말씀보다는 사람의 유전이나 가르침을 교훈으로 삼아 신앙생활을 하면서도, 말씀에 따라 살아가고 있다고 믿고 있는 바리새인들에게 주신 주님의 경고의 말씀이다. 주님께서는 이런 신앙에 대해 "너희 유전으로 하나님의 말씀을 폐하는도다"(마 15:6)라고 책망하고 계신다. 이것은 주의 말씀이 그 어떤 유전이나 가르침보다 기독교인들의 순종의 삶에 중심이 되어야 할 것을 가르치고 계신 것이다.

변화가 없는 회심

또 하나의 영적 장애는 변화가 없는 회심이다. 사람들은 예수를 믿어 회심하게 될 때 어떤 변화들을 갖게 된다. 하나님의 크신 은혜를 깨닫게 되면서 마음속 깊이 자신들의 허물과 죄를 고백하며 회개한다. 모든 삶을 하나님께 맡기며 그분을 신뢰하며 살아가겠다는 결심도 한다. 그리고 하나님께서 기뻐하시는 삶을 살기 위해 자신의 모든 옛 성품을 버리고 거듭난 사람으로서의 거룩하고 의로운 삶을 살아가기로 결심한다. 바로 이런 변화들이 회심할 때 생겨나는 것이다.

그러나 문제는 회심을 하였는데도 불구하고 삶 가운데에서는 그리 큰 변화가 없다는 것이다. 주님을 수년, 혹은 수십 년을 믿었으면 성도의 삶에 어떤 변화가 생겨나야만 된다. 즉 회심한 후에는 성냄과 거짓말, 속임과 정욕과 탐욕 등이 점점 줄어들어야 되는데 여전히 옛날의 모습과 비슷하게 살아가고 있는 것이다.

이것이 바로 성도들의 삶에 있어서 심각한 문제인 것이다. 소금이 그 맛을 잃으면 어떻게 된다고 하셨는가? 밖에 버려져 사람에게 밟히게 될 것이라고 말씀하셨다. 결국 성도가 믿는 자로서의 변화된 모습을 보이지 못할 때, 그의 가족은 물론 주위 모든 사람들로부터 비난과 버림을 받게 되는 것이다. 그런데 얼마나 많은 성도들이 세상과 구별된 삶을 살지 못함으로 비웃음과 손가락질을 받아 오고 있는가? 이러한 점에서 교회는 무엇보다도 회심과 더불어 계속적인 변화의 삶을 살아야 할 것이다.

우선순위가 없는 삶

또 다른 신앙생활의 문제는 성도들의 삶에 우선순위가 없다는 것이다. 스티븐 코비(Stephen Covey)는 자신의 책 『성공하는 사람들의 7가지 습관』에서, 성공하지 못하는 사람들은 중요한 일보다는 긴급한 일부터 먼저 한다고 하였다. 사람들의 삶 속에 우선순위가 없기 때문에 날마다 뚜렷한 목표 없이 그날의 형편과 처지에 따라 살아가게 된다는 말이다.

우선순위가 없는 삶, 성도들에게도 이런 삶은 결코 예외가 될 수 없다. 무엇이 소중하고 중요한 일인지도 알지 못한 채, 사소한 일을 쫓아다니는가 하면 여러 잡다한 일에 우왕좌왕 정신없이 뛰어다니며 귀중한 시간들을 소비하고 있다. 그러다 마땅히 해야 할 중요한 일에는 손도 대지 못하고 하루를 마감하는 일들이 비일비재하다.

성도들에게 있어서 가장 중요한 일은 무엇이겠는가? 우선적으로 말씀을 보는 것과 기도의 시간일 것이다. 그리고 삶과 사역의 목적을 위해 설정된 목표들을 설정하여 행하는 일이 될 것이다. 그러나 뚜렷한 삶의 목표가 없는 성도들은 결코 이런 시간들을 갖지 못한다.

일상적인 삶 속에 우리의 시간을 손쉽게 빼앗아 가는 위기와 방해들이 얼마나 많이 있는가! 수없이 걸려 오는 전화나 예상치 못한 일들과 방문자들, 그리고 다른 사람과의 관계 속에서 생겨난 갈등, 스트레스, 속상함 등으로 허비하는 시간들…. 그러나 삶의 분명한 목적이 없는 성도들은 이런 장애물들을 잘 관리하지 못하고 그 일들을 정신없이 쫓아다니다 귀중한 시간들을 다 허비해 버리고 만다.

이 땅에서의 우리의 삶과 시간은 제한되어 있다. 그나마 먹고 마시며 자는 시간들을 빼 버린다면 주를 위해 일할 수 있는 시간은 극히 적다. 그렇다면 우리에게 주어진 그 귀한 시간들을 어떻게 관리해야 할 것인가? 그것은 우리가 무엇을 행해야 할지 생각하며, 가장 중요하고 긴급한 일들을 생각하여 그 우선순위에 따라 살아가는 것이다.

그리스도가 빠진 사역의 원리

마지막으로, 오늘날 교회에는 그리스도가 빠진 사역의 원리들이 너무 난무하고 있다. 교회마다 사람들 간의 사랑이나 용서, 화해, 인내, 희생 등이 크게 강조되고 있으며 뜨거운 예배와 봉사가 있다. 전도 방법부터 새 신자 관리, 그리고 구역 관리에 이르기까지 교회 성장을 위한 여러 원리들이나 방법론들도 크게 강조되고 있다. 그리고 이러한 것들이 잘 실천되고 있는 교회들은 자부심을 갖고 그것들을 자랑한다. 그런데 문제는 기독교의 생명이요 본질인 그리스도나 십자가에 대한 가르침이나 자랑은 거의 없다는 것이다.

오늘날 대부분의 교회의 강단을 통해 주로 어떤 주제들이 선포되고 있는가? 대부분 성도들의 윤리가 강조되어 선포되고 있다. 바울은 십자가 외에는 결코 자랑하지 않겠으며 십자가 외에는 모든 것을 배설물로 여기겠다고 고백하며 가는 곳마다 십자가만을 전하였는데 오늘날의 설교에는 이런 십자가에 대한 증거가 거의 없다. 오히려 가족들이나 성도들 그리고 이웃들 간의 도리나 의무를 강조하는 어떤 윤리나, 사상, 철학 등만이 강조되고 있다.

이것은 분명 사탄의 계략이며 농간이다. 왜냐 하면 이미 우리에게 구원과 승리를 가져다준 십자가 즉 구원의 유일한 길인 그리스도와 그 능력의 십자가를 잊어버린 삶을 살아가도록 하기 때문이다. 그리고 성도들로 하여금 십자가의 능력이 아닌 어떤 윤리적인 선한 행위로 주 앞에 당당히 설 수 있다는 착각을 갖게 하기 때문이다.

기독교의 참된 교제와 헌신은 주님과의 관계에 있다. 삶과 사역의 참된 의미와 승리의 삶은 그리스도 안에 있을 때 주어진다. 이러한 점에서 교회는 그리스도 안에서 그분과 교제하며, 그분과 더불어 사는 법을 강조하며 살아갈 필요가 있는 것이다.

그 외의 증상들

교회의 성장을 막는 증상들로 몇 가지를 더 생각해 보자. 첫번째가 바로 장년 중심의 사역이다. 오늘날 교회들의 재정의 대부분은 거의 장년들을 위해 쓰이고 있다. 교회 건물 또한 장년들 중심으로 사용되고 있다고 해도 과언은 아닐 것이다. 이에 비해 주일학교나 중고등부 또는 청년들을 위한 예배실이나 모임 장소 또는 프로그램들이 얼마나 제공되고 있는가? 재정은 또한 얼마만큼 그들을 위해 지출되고 있는가? 아마도 5% 이내의 재정과 한두 교실만 제공되고 있을 것이다. 그 결과 많은 젊은이들이 점점 교회를 떠나고 있음을 아는가?

또 다른 증상은 건물 구입이나 확장을 위한 많은 재정과 힘의 소비이다. 한국 교회는 성도수가 어느 정도만 되면 그때부터 교회 건물을 구하거나 짓겠다고 난리다. 그래서 무리를 하여 조그마한 교회 건물을 구하게 되면, 이제는 성도가 더 늘어났기 때문에 조금 더 큰 교회당을 지어야 한다고 성화다. 이와 같이 오늘날 교회들이 교회 건물이나 수양관, 묘지 등을 구입하기 위해 얼마나 많은 시간과 힘과 재정을 낭비하고 있는가? 그 결과 성도들은 재정을 충당하기 위해 늘 큰 부담감으로 시달려야 하며, 때로는 사역의 본질 이탈로 실망감을 느껴 신앙생활의 의욕마저 상실해 버리기도 한다.

이외에도 조지 바너(George Barna)에 의하면, 교회 성장을 막거나 쇠퇴케 하는 증상들로 부적당한 교육과 훈련, 허술한 건물들, 수시로 변동하는 리더의 위치, 목사 중심적인 사역과 평신도들에게 사역의 기회 제공 부재, 성도들 간의 감정적 충돌과 낙심, 신학적 불일치와 성경적 가르침의 부재, 재정적 위기, 핵심적인 평신도들과 역량 있는 교역자들의 부재, 그리고 새 신자 동화를 위한 프로그램의 부재 등이 있다.[17]

---

17) George Barna, *Turnaround Church* (Ventura: Regal Books, 1993), p. 39.

목회의 바른 목적

"그가 혹은 사도로, 혹은 선지자로,
혹은 복음 전하는 자로, 혹은 목사와 교사로 주셨으니
이는 성도를 온전케 하며 봉사의 일을 하게 하며
그리스도의 몸을 세우려 하심이라"(엡 4:11-12)

1. 교회의 목적은 무엇인가?

우리는 반석과 모래 위에 집을 짓는 사람에 대한 예수님의 비유를 잘 알고 있다.[18] 두 사람이 똑같은 크기와 모양의 집을 지었지만 한 사람은 반석 위에, 다른 한 사람은 모래 위에 집을 지었다. 나중에 비가 내리고 폭풍이 불자 반석 위에 지어진 집은 무사한데, 모래 위에 지어진 집은 모두 무너져 버리고 만 것이다. 주님의 말씀 위에 짓지 않은 모든 집은 이렇게 무너지게 될 것이라는 주님의 경고이다.

이와 유사한 또 하나의 비유가 있다.[19] 두 사람이 똑같은 반석 위에 집을 지었는데 한 사람은 금과 은과 보석으로 집을 지었고, 다른 한 사람은 나무와 풀과 짚으로 집을 짓게 되었다. 나중에 불로 이 집들을 시험하였을 때, 금과 은으로 지어진 집은 무사한데, 풀과 짚으로 지어진 집은 모두 불타 버리고 만 것이다. 진리의 말씀이 아닌 세상의 지혜와 철학으로 집을 지었기 때문이다.

그러하기에 교회는 무엇보다도 주의 말씀 위에 굳건히 세워져야 한다. 교회가 아무리 크게 성장한다 할지라도 성경적인 원리로 세워

---

18) 마태복음 7장 24-27절.
19) 고린도전서 3장 10-15절.

지지 아니한다면, 언젠가는 무너지고 말 것이기 때문이다. 이러한 점에서 우리는 먼저 목회에 대한 바른 목적을 규정해 놓을 필요가 있다.

교회를 향하신 주님의 뜻은 무엇일까? 교회는 왜 존재해야 하며, 교회가 이 땅에서 해야 할 일이 있다면 그것은 과연 무엇일까? 만약 당신이 이러한 교회의 존재 목적을 규정할 수 있다면, 목회의 목적 또한 자연스럽게 정의될 것이다. 교회의 목적이 곧 목회의 목적이 되기 때문이다.

교회의 목적이 곧
목회의 목적이 된다.

교회의 목적 또는 사명을 규정하기 위해서 우리에게는 먼저 교회가 무엇인지에 대한 바른 성경적 이해가 필요하다. 교회에 대한 본질을 이해하지 못하고선 교회가 왜 존재하는지 그 목적을 잘 알 수 없기 때문이다.

교회는 주의 백성을 의미한다. 예수를 믿고 구원받아 주님의 자녀가 된 모든 백성들을 총괄하여 교회라고 한다. 우리는 이러한 교회의 개념을 구약성경에서부터 찾아볼 수가 있다. 왜냐 하면 주의 백성은 이미 구약 시대에도 존재해 있었기 때문이다. 그러하기에 구약 시대에 살았던 주의 백성들의 사명을 발견해 낸다면, 신약 시대의 교회의 사명 또한 쉽게 규정될 것이다.

구약성경은 주의 백성들이 어떤 존재들이며, 그들에게 주어진 사명이 무엇인지 잘 보여 주고 있다. 특별히 하나님과 이스라엘 백성들과의 언약 관계는 주의 백성의 의무와 사명이 무엇인지 보다 구체적으로 잘 설명해 주고 있다. 하나님은 언약을 통하여 이스라엘을 제사장으로 부르셨고, 제사장으로서의 주의 백성은 세상 사람들에 대하여 어떤 사명을 가지고 살아야 하는지 그 역할에 관해 일러 주셨다.

그리고 이러한 사명의식은 예수 그리스도의 사역을 통해 더욱 구체화된다. 예수 그리스도는 이 땅에 오셔서 자신의 양들을 위해 목숨을 주심으로 선한 목자의 사명이 무엇인지 알게 하셨고(요 10:11), 교회로 하여금 그의 양들을 위해 목자의 사명을 잘 감당하라고 명하셨기 때문이다(벧전 5:1-3).

이러한 점에서 교회의 사명은 크게 세 범주 안에서 설명될 수 있다. 첫째는 언약 관계 속에서, 둘째는 예수 그리스도의 사역 속에서, 셋째는 교회론에서이다.[20]

2. 피언약자의 사명

주의 백성들의 사명은 언약 관계에서 잘 나타난다. 그 언약에는 크게 두 가지의 관계가 내포되어 있다.[21] 하나는 아버지와 아들로서의 관계로 언약을 맺었다는 것이며, 또 다른 하나는 주인과 종으로서의 관계로 언약을 맺었다는 것이다.

---

20) 이 내용은 저자가 천안대학교 신학 논문집 『진리가 너희를 자유케 하리라』에 게재한 것이며, 여기서는 그 내용을 다소 수정하여 보다 간결하고 단순한 내용이 되도록 하였다.
21) Timothy Keller, pp. 26-31.

이러한 언약의 관계는 언약 백성들로 하여금 하나님 앞에서 크게 두 가지의 의무를 갖게 했다. 하나는 아버지 되시는 하나님께 순종과 사랑을 행해야 하는 것이며, 또 하나는 주인 되신 하나님께 복종과 충성을 다해야 한다는 것이다.

아담과의 언약

첫번째 언약은 하나님이 아담과 맺은 언약이다. 하나님께서는 자신의 영광을 위해 아담을 "자기 형상 곧 하나님의 형상대로" 창조하셨다(창 1:27). 하나님의 형상대로 창조되었다는 말은 아담이 하나님의 아들로서 창조되었음을 의미한다(창 5:3). 아담의 창조는 완전한 것이었다. 그러나 하나님과 같이 무한한 존재로 지음 받은 것은 아니었다. 하나님은 전능하시고 전지하신 분으로, 모든 면에서 무한하신(unlimited) 분이시다. 그러나 아담의 능력과 지식과 선은 극히 제한된 유한한(limited) 존재로 지음 받았기 때문이다. 그는 내일의 일을 알지 못하는 유한한 존재였으며, 하나님의 뜻도 온전히 이해하지 못하는 존재였다.

이러한 의미에서 아담은 하나님을 더 알아 가고 그의 뜻을 보다 깊이 이해하는 일이 필요했다. 그리고 이 일을 위해 아담은 하나님과 지속적이며 온전한 교제를 가질 필요가 있었다. 그리고 이러한 온전한 관계를 위해 하나님께 존경심과 경외심 그리고 온전한 순종을 해야 했다.

하나님은 또한 "생육하고 번성하여 땅에 충만하라, 땅을 정복하라, 바다의 고기와 공중의 새와 땅에 움직이는 모든 생물을 다스리라"(창

1:28)는 말씀을 통해 아담에게 종의 사명을 주셨다. 아담은 하나님의 종으로서 하나님의 창조물들을 질서 있게 다스리며 지켜야 했고, 이 일로 하나님께 충성을 해야 했다.

그리고 아담은 선악을 알게 하는 나무의 실과를 먹지 말라는 하나님의 말씀(창 2:15-17)에 그 금지된 열매를 먹지 않음으로써 온전한 순종을 나타내야 했다. 바로 이런 충성과 순종의 삶이 바로 피언약자로서의 아담이 지켜야 할 의무이며 사명이었던 것이다.

시내 산 언약

또 하나의 언약은 시내 산 언약이다. 아담의 불순종으로 인해 깨어진 언약 관계를 다시 회복시키시기 위해 하나님은 열방 중에서 이스라엘을 선택하신 후, 그들과 시내 산에서 언약을 다시 맺으셨다. 하나님은 이 언약을 통해, "이스라엘은 내 아들 내 장자라"(출 4:22) 말씀하셨다. 이스라엘은 하나님과 아들과 아버지의 관계로 맺어진 것이다. 이스라엘은 아들로서 아버지 되신 하나님께 경외를 표하며 마음과 뜻을 다하여 순종해야 했다(신 26:16).

하나님은 이 언약을 통해 또한 이스라엘을 제사장 나라로 거룩한 백성으로 삼으셨다(출 19:6; 신 7:6). 제사장이란 다른 사람의 허물이나 죄를 중재하기 위해서 하나님 앞에 서도록 부름 받은 자를 말한다. 즉 이스라엘은 모든 이방 민족들을 중재하기 위해 하나님의 종, 다시 말해 제사장으로 부름 받은 백성이 된 것이다.

이러한 점에서 이스라엘은 하나님의 종으로서 "땅의 만민으로 주의 이름을 알고 주의 백성 이스라엘처럼 경외"(왕상 8:43)하도록 인도해야 했다. 그들만이 선민 백성으로 부름 받은 것이 아니었다. 오히려 하나님은 그들을 통해 모든 이방 민족들을 구원하시려는 계획을 가지고 계셨던 것이다. 그러므로 종으로서의 이스라엘은 하나님의 제사장으로서 모든 족속 앞에서 하나님을 섬겨야 했고, 모든 족속으로 하나님께 인도해야 하는 사명에 충성해야 했다.

새 언약

또 하나의 언약은 그의 독생자 예수 그리스도와 맺은 새 언약이다. 에드먼드 클라우니(Edmund P. Clowney)의 표현에 의하면, 예수 그리스도는 하나님의 아들, 참된 아담, 참 이스라엘로서 언약 백성을 대표한 언약의 머리시며 교회의 주가 되신다.[22] 즉, 예수님은 하나님의 아들로, 언약의 주로 이 땅에 오신 것이다. 그래서 그는 아들로서 하나님을 경외하며 그의 뜻에 순종해야 했고, 언약의 주로서 자신의 언약 백성들을 모으셔야 했다.

무엇보다도 언약의 주로 오신 예수님은 언약 백성을 대표하여 새로이 제정된 새 언약에 충성해야 했다. 즉 과거 하나님과의 언약에 실패해 왔던 언약 백성들을 대표하여 모든 죄 값을 대신 지불하셔야 했고, 동시에 그들을 대표하여 새 언약에 충실하셔야 했던 것이다.

결국 주님은 새 언약에 충성하심으로써 하나님과의 언약을 지키셨고, 그 결과 새로운 언약 백성으로서의 교회는 주와 더불어 새 언약에 새로운 동참자가 되었다. 주님의 구속으로 말미암아 교회는 하나님의

---

22) *Ibid.*, p. 30.

자녀요 종이 된 것이다.

이러한 점에서 교회는 하나님의 자녀로서 하나님을 온전히 사랑하고 말씀에 순종하고 그를 경외하며 살아가야 하며, 하나님의 종으로서 언약 백성을 모으고 세우는 일에 충성해야 한다.

3. 그리스도의 사명

예수 그리스도의 사명은 하나님나라와 밀접한 관계가 있다. 예수님은 공생애 대부분 동안 하나님나라를 소개하시며, 복음 전파에 전념하셨다(막 1:14-15). 주님은 부활하신 후에도 승천하실 때까지 그의 백성들에게 '하나님나라의 일'(행 1:3)을 가르치셨다. 그 이유를 아는가? 이는 예수 그리스도께서 하나님 나라를 회복하시기 위해 이 땅에 오셨기 때문이다.

원래 하나님나라는 우주 창조와 함께 시작되었다. 그러나 아담의 불순종으로 인하여 하나님나라는 왜곡되었고, 아담은 그 나라에서 영원히 소외되었다. 티모시 켈러는 죄로 인해 인간은 네 개의 영역으로부터 소외되었다고 말한다.[23]

첫째로, 인간은 하나님과 단절되어 영적으로 소외되었다(창 3:8). 인간은 죄로 인해 영적으로 죽게 되었고, 그 결과 하나님과의 교제가 단절되고 만 것이다.

둘째로, 심리적으로 소외되었다(창 3:10). 걱정과 정체의식의 결여

---

23) *Ibid.*, pp. 43-44.

와 생의 무의미와 죄책으로 인해 인간은 그 스스로 자신에게서 소외된 것이다.

셋째로, 사회적으로 소외되었다(창 3:7, 16). 범죄와 불의, 가정 파탄과 가난 등으로 사회에서 고통을 당하고 있는 것이다.

넷째로, 신체적으로 소외되었다(창 3:17-19). 인간은 죄로 인하여 질병이나 오염 또는 죽음을 맛보게 된 것이다.

그러나 하나님은 왜곡된 하나님나라가 다시 회복되기 원하셨다. 그래서 하나님은 그의 나라에서 소외되고 버림받은 자들을 회복시켜 다시 그의 백성으로 만드시기 위해 스스로 인간이 되어 이 땅에 내려오신 것이다(마 18:12-14).

> 주님은 그의 사명이 잃어버린
> 백성들을 찾아 다시 하나님의 거룩한 백성이
> 되게 하는 것임을 알게 하셨다.

이러한 이유로 주님은 이 땅에 오셔서 "소자 중에 하나라도 잃어지는 것은 하늘에 계신 아버지의 뜻이 아니었기"(마 18:14)에 죄로 방황하고 있는 잃어버린 자들을 찾아 다니셨다(눅 10:25-37). 하나님을 떠난 자들에게 말씀을 선포하시고 병든 자들을 치료하시고 소외된 자들을 위로하시고 소망을 주심으로써 하나님나라를 소개하기 시작하셨다. 그들로 회개시켜 하나님 나라의 능력을 경험케 하려는 것이었다(마 3:2, 10:7, 12:28, 13:11; 눅 17:21). 이를 통해 주님은 그의 사명이 잃어버린 백성들을 찾아 다시 하나님의 거룩한 백성이 되게 하는 것임을 알게 하셨다.

주님은 특별히 양의 비유를 통해 이러한 그의 사명이 무엇인지 구체적으로 알게 하셨다. 자신을 목자로, 잃어버린 백성들을 양으로 비유하시면서 목자는 양들을 돌보며 그들을 위해 죽을 준비가 되어 있다고 말씀하셨다. 주님의 이러한 사명의식에는 크게 두 가지의 사역적 특성이 있음을 보여 준다.

첫째로, 예수님은 자신의 백성들과 친밀하게 지내시며 그들을 신뢰할 만한 인격적 관계 속에서 돌보신다는 것이다(요 10:1-10). 주님은 양들을 먹이시고 그들의 필요를 채우시며 양육하셨다. 양들이 피곤하고 낙심하고 병들었을 때에는 위로와 격려를 아끼지 않으셨다. 뿐만 아니라 양들이 그릇된 길에 들어섰을 때, 그들을 긍휼히 여기시고 찾으셔서 바른 길로 인도해 주셨다. 주님은 이를 통해 그의 백성들을 돌보시고 인도하시는 것이 그의 사역의 목적임을 알게 하셨다.

둘째로, 예수님은 백성들이 위기에 처해 불안해할 때 그들을 지키시며 보호하신다는 것이다. 주님은 노략질하는 흉악한 이리로부터 양들을 지키셨고(마 7:15), 양 무리 속으로 들어온 거짓된 가르침으로부터 양들이 순결하게 살 수 있도록 지키시며 보호해 주셨다(마 5:21-6:8, 23:1-36). 그 결과 예수님은 이런 사역의 모습을 통해 그의 사명이 백성들을 다시금 잃어버리지 않도록 지키시고 보호하시는 것을 알게 하셨다.

4. 교회의 사명

예수님의 구속으로 말미암아 하나님나라에 참여하게 된 백성들은 성령의 도우심으로 '교회'라는 새로운 공동체로 탄생하게 되었다. 주님께서 자신의 생명을 내어 주심으로써 흩어졌던 언약 백성들이 다시 모여 교회가 세워진 것이다.

주님은 새롭게 태어난 교회에 명령을 하셨다. "그러므로 너희는 가서 모든 족속으로 제자를 삼아 아버지와 아들과 성령의 이름으로 세례를 주고 내가 너희에게 분부한 모든 것을 가르쳐 지키게 하라 볼지어다 내가 세상 끝날까지 너희와 항상 함께 있으리라"(마 28:19-20) 이 명령은 주님께서 교회를 통해 자신의 사역을 계속하시겠다는 사실을 보여 준다. 즉 교회로 하여금 주님의 사명을 계속 이어가는 존재임을 알게 하신 것이다.

주님은 이와 같은 명령을 통해 교회에 그 사명을 크게 두 가지로 알게 해 주셨다. 하나는 하나님을 알지 못하는 자들에게 나아가 복음을 증거하여 주의 백성으로 만드는 일이요, 또 하나는 주의 백성들에게 말씀을 가르쳐 주의 뜻에 순종하며 살도록 하는 일이다.

주님은 교회가 이러한 사명을 잘 감당할 수 있도록 성령을 보내 주셨다. 그리고 모든 성도들에게 서로 다른 직무와 은사를 부어 주셨다. 주님께서 교회에 이렇게 다양한 직무와 은사를 주신 이유는 "성도를 온전케 하며 봉사의 일을 하게 하며 그리스도의 몸"(엡 4:12)을 세우기 위함이었다. 즉, 성도들을 성장시켜 봉사의 일을 하게 하여 교회를 든든히 세울 목적으로 은사를 주신 것이다.

이러한 점에서 우리는 교회의 사명을 온전히 감당케 하는 목회의 목적을 크게 세 가지로 규정해 볼 수 있다. 첫째는 성도들을 온전케 하는 일이며, 둘째는 봉사의 일을 하게 하는 것이며, 셋째는 그리스도의 몸을 세우는 일이다.

성도를 온전케 하고

목회의 목적은 성도를 온전케 하기 위함이다. 온전케 한다는 것은 무슨 말인가? 역사적으로 이 말은 수많은 사람들에 의해 여러 가지 다양한 뜻으로 설명되어 오고 있다. 그것들을 간단히 살펴보도록 하자.

어거스틴(Augustine)

어거스틴의 신앙고백(Art. xii)에 의하면, 성도를 온전케 하는 일엔 크게 세 가지의 의미가 내포되어 있다. 첫째, 온전케 하는 일이란 사람들로 죄를 자복케 하고 그 길을 돌이키게 하는 일이요, 둘째, 죄인들을 회개시켜 믿음을 갖게 하는 일이요, 셋째, 회심자로 회개의 열매인 선행을 행하며 살아가게 하는 일이다.

마틴 부처(Martin Bucer)

마틴 부처의 정의 또한 어거스틴과 매우 흡사하다. 그러나 그는 에스겔 34장 16절의 말씀을 인용하여 온전케 하는 일의 의미를 조금 더 구체적으로 제시한다.[24] 첫째로, 온전케 하는 일은 하나님을 떠나 세상에 살고 있는 죄인들을 주님께 돌아오도록 하는 일이요, 둘째로 교회에 속하였다가 세상으로 나간 자들을 다시 불러들이는 것이며, 셋째로 죄에 빠진 성도들을 치료하는 것이며, 넷째로 믿음이 약한 성도들을 강한 자로 양육하는 일이요, 다섯째로 믿음이 성숙한 성도들로

---

24) Reinhold Friedrich, "Martin Bucer," in *Geschichte der Seelsorge in Einyelpotrats*, Bd. 2, p. 94.

하여금 선한 삶을 살도록 권면하며 도전하는 일이다.

제이 애덤스(Jay E. Adams)

제이 애덤스는 온전케 하는 일을 내적인 변화 즉 중생과 성화하는 일로 정의한다.[25] 예수를 믿어 주의 자녀로 새로 태어나는 일과 성숙한 인격과 삶으로 나아가는 성화의 삶을 살게 하는 일이라는 것이다.

애덤스에 의하면, 내적인 변화는 인간의 힘과 노력으로 되지 아니하고 성령의 능력으로만 가능케 된다. 그리고 이러한 성령의 역사는 말씀 안에서 말씀을 통해 이루어지기 때문에 성도를 온전케 하는 일은 말씀을 가르치고 훈계함으로써 이루어진다.

존 칼빈(John Calvin)

칼빈은 온전케 하는 일을 성도들이 죄에 빠지지 않도록 지키고 보호하며 주의 뜻 가운데에 순종하며 살아가도록 양육하는 일로 정의한다.[26]

칼빈에 의하면, 양육에는 크게 3가지 목적이 있다.[27] 첫째로 양육은 교회 자체를 죄악된 세상에서 지키기 위함이다. 교회가 세상의 가치와 철학에 흔들림 없이 순결과 진리와 거룩함을 지니고 살아가도록 하기 위해 양육이 필요한 것이다. 둘째로 성도들을 보호하기 위함이다. 세상의 계속적인 유혹에 넘어가 죄짓지 않고, 말씀에 순종하여 살아가도록 양육을 한다. 셋째로 죄의 삶을 부끄러워하고 회개하는 성

---

25) Jay E. Adams, 『상담신학』(서울: 기독신보출판사, 1990), p. 59.
26) John Calvin, 『기독교강요(하)』(서울: 생명의말씀사, 1986), p. 13.
27) *Ibid.*, p. 282.

도로 만들기 위함이다. 즉 죄악 된 삶을 사는 성도들로 그 불의한 길
에서 돌이키게 하고 그들로 다시 믿음을 붙잡고 의롭고 거룩한 삶을
살아가도록 하기 위해 양육을 한다.

리처드 백스터(Richard Baxter)

리처드 백스터는 온전케 하는 일은 죄인들을 사망에서 생명으로 옮
겨놓는 일이며, 성도들을 성숙시켜 하나님의 말씀에 온전히 순종하는
거룩한 자로 만드는 것이라 규정한다.[28]

성숙시키는 일은 곧 양육을 의미하는데 양육에는 다음과 같은 목적
이 있다.[29] 양육은 죄에 빠진 성도들과 열심이 식은 성도들과 첫사랑
을 잃은 성도들을 회복시키는 일이며, 커다란 시험에 처한 성도들을
돌보는 일이고, 성도들을 위로하고 평화를 주며 견고한 신앙을 가지
고 살도록 권면하는 일이며, 믿음이 성숙한 자들이 퇴보하지 않도록
도와주는 일이다.

투르나이젠(Eduard Thurneysen)

투르나이젠은 온전케 하는 일을 죄인으로 예수를 믿게 해서 진정한
자유를 누리며 살게 하는 것으로 정의한다.[30] 그는 인간의 모든 문제
와 고통과 불행이 죄로 인한 하나님과의 관계 단절에서 비롯되었다고
한다. 그러므로 인간은 죄악된 삶에서 벗어나 주님과의 관계가 다시
회복되어야 진정한 자유를 누릴 수 있게 된다.

---

28) Richard Baxter, 『참목자상』(서울: 생명의말씀사, 1996), p. 39.
29) *Ibid.*, pp. 45-50.
30) Eduard Thurneysen, 『목회학원론』(서울: 한국신학연구소, 1975), p. 54.

마르틴 루터(Martin Luther)

루터는 온전케 하는 일을 성도를 위로하는 일로 규정한다.[31] 여기서 '위로한다'는 것은 눈물을 닦아 주고 고통을 덜어 준다는 의미가 아니라 그리스도를 만나게 해 주는 일을 뜻한다. 즉, 죄인들이 그리스도를 만나게 되면 그 동안 죄로 말미암아 겪어 온 고통의 문제가 해결될 것이고 그 결과 진정한 위로를 갖게 된다는 것이다.

> 온전케 하는 일은 죄인들을 회개시켜
> 믿음이 자라게 하고 인격이 성숙되도록 하며
> 날마다 승리하는 삶을 살아갈 수 있도록
> 세워 주는 것으로 이해할 수 있다.

이상과 같이, 우리는 온전케 하는 일은 죄인들을 회개시켜 믿음이 자라게 하고 인격이 성숙되도록 하여 날마다 승리하는 삶을 살아갈 수 있도록 세워 주는 것이라고 이해할 수 있다.[32] 이러한 점에서 목회의 목적은 죄인들이 죄의 삶에서 벗어나 새로운 믿음의 삶을 영위하며 잘 성장할 수 있도록 돌보는 것으로 정의될 수 있을 것이다.

오늘날 성도들은 방황하고 있다. 그 이유를 아는가? 사도 바울은 성도들에게 "하나님의 아들을 믿는 것과 아는 일에 하나가 되어 온전한 사람을 이루어 그리스도의 장성한 분량이 충만한 데까지"(엡 4:13) 자라 가라고 권면하고 있다. 이는 모든 성도로 하여금 "사람의 궤술과

---

31) Christian Moller, "Martin Luther," in *Geschichte der Seelsorge in Einzelpotrats*, Bd. 2, p. 32.
32) 옥한흠, 『평신도를 깨운다』(서울: 국제제자훈련원, 2000), p. 196.

간사한 유혹에 빠져 모든 교훈의 풍조에 밀려 요동치 않게"(엡 4:14)
하기 위해서이다.

성도의 방황은 하나님을 믿고 아는 일에 온전하지 못하여 그리스도
의 장성한 분량까지 자라나지 못했기 때문이다. 이런 이유로, 성도들
은 세상의 유혹과 풍조에 밀려 흔들리고 있는 것이다. 즉 그 자신이
인생의 왕이 되어 말씀에 순종하여 살기보다는 세상의 가치와 사고를
가지고 살아가고 있는 것이다.

그렇다면 성도들이 주의 백성답게 살아갈 수 있도록, 빛과 소금으
로 살아갈 수 있도록, 주님과 깊이 교제하며 살아가도록 하기 위해 교
회가 해야 할 일이 있다면 그것은 무엇이겠는가? 그들을 온전케 하는
일일 것이다. 이러한 의미에서 '교회는 성도를 양육하고 훈련하기 위
해서 존재'한다고 볼 수 있다.[33]

교회는 성도를 양육하고
훈련하기 위해서 존재한다.

여기서 한 가지 기억해야 할 사항은, 양육은 그 자체가 목적이 되어
야지 교회 성장을 위한 수단이 되어서는 안 된다는 것이다. 오늘날 대
부분의 목회자들이 성도들을 훈련하며 양육하는 이유가 어디에 있다
고 생각하는가? 아마도 성도들을 성숙시켜 교회의 일들을 맡겨 교회
를 성장시키려는 데 있다 할 것이다. 다시 말해 교회를 성장시키기 위
한 하나의 도구로 만들기 위해 성도들을 양육하며 훈련시키고 있다는

---

33) *Ibid.*, p. 112.

것이다.

그러나 기억하라. 목회는 성도의 성숙 그 자체가 목적이 되어야 한다. 성도가 믿음이 자라고 장성한 그리스도인이 되어 주님과 친밀히 교제하고, 주님을 더욱 알아 가고, 삶 속에서 주님의 뜻을 실천하는 자가 되도록 하기 위해 목회를 해야 하는 것이다. 그렇게 될 때, 성도는 주의 충성된 일꾼이 될 것이고, 교회는 아름답게 성장할 것이다.

그러므로 성도들은 결코 교회 성장을 위한 도구로 만들어지기 위해 양육되어서는 안 되며, 하나님이 원하시는 거룩한 존재로 자라나기 위해 양육되어야 한다.

봉사의 일을 하게 하고

목회의 또 하나의 목적은 성도들로 봉사케 하기 위함이다. 성도들이 온전해져야 하며 영적 성숙을 위해 양육을 받아야 하는 이유는 무엇인가? 슐라이어마허(Friedrich Schleiermacher)는 성도들로 봉사(사역)하게 하기 위해서라고 하였다.[34]

모든 성도들은 봉사를 위해 부르심을 받았다. 봉사라는 말은 '종' 또는 '섬김'을 뜻하는 라틴어에서 유래된 말이다.[35] 이것은 성도들이 섬기기 위해 또는 사역하기 위해 부르심을 받았음을 보여 준다.

예수님은 이 땅에 섬기기 위해 오셨다. "인자의 온 것은 섬김을 받으려 함이 아니라 도리어 섬기려 하고 자기 목숨을 많은 사람의 대속

---

34) Heinrich Scholz, 『신학 연구 입문』(서울: 대한기독교출판사, 1982), p. 138.
35) Warren W. Wiersbe, 『목회자 안내서』(서울: 나침반사, 1988), p. 38.

물로 주려 함이니라"(막 10:45)

그러하기에 주님과 한 몸 된 성도들 또한 주님과 같이 섬기는 삶을 추구할 필요가 있다. 그렇다면 성도들은 이 땅에 사는 동안 누구를 섬기며 살아가야 할 것인가? 성경은 우리에게 그 대상자를 크게 세 종류로 제시한다.

성도들은 이 땅에 사는 동안
누구를 섬기며 살아가야 하는가?

첫째로 교회가 섬겨야 할 대상은 '주님'이시다. 성도들은 하나님의 영광을 위해 부름을 받았다(엡 1:6, 12, 14). 성도들은 그들의 몸으로 하나님께 영광을 돌려야 하며(고전 6:19-20), 먹든지 마시든지 무엇을 하든지 다 하나님의 영광을 위해 해야 한다(고전 10:31).

둘째로 섬겨야 할 대상은 교회의 모든 '지체들'이다. 한 성도가 주님과 관계를 맺게 되면, 그는 자동적으로 다른 모든 성도들과 관계를 맺게 된다. 부름 받은 모든 성도들은 "그리스도의 몸이요 지체의 각 부분"(고전 12:27)이 된다. 그리고 각 지체들은 "서로 같이하여 돌아보게" 하기 위해 존재한다(고전 12:25).

성경은 그리스도의 몸을 양적으로 질적으로 성장시키기 위해 각 지체들에게 각양 다른 직무와 은사를 주셨다고 말한다. 이것은 모든 지체들이 서로 다른 지체들을 그리스도의 장성한 분량에 이를 때까지 각자의 은사를 가지고 섬겨야 함을 의미한다.

셋째로 교회가 섬겨야 할 대상은 '세상'이다. 하나님은 교회를 왕 같은 제사장으로 부르셨다(출 19:6; 벧전 2:9). 제사장의 가장 중요한 직무는 다른 사람들을 하나님께 중재하는 일이다. 이것은 교회가 세상 사람들을 하나님께 중재하는 직무를 맡았음을 의미한다.

이러한 점에서 티모시 켈러는 교회는 섬김을 위해 존재한다고 말한다.[36] 즉 교회는 봉사하기 위해 존재해야 한다는 것이다.

그렇다면 우리가 생각해야 할 그 다음 문제는 "무엇을 가지고 섬길 것인가?"이다. 교회는 어떤 사역 또는 봉사를 통해 주님께 영광을 돌리며, 각 지체들을 세우며, 세상 사람들을 주님께 인도할 수 있을까?

우리는 교회의 본질을 통해 그 섬김의 방법을 찾아볼 수 있다. 교회는 본질적으로 무엇인가? 본질적으로 교회는 죄악 된 세상에서 '부름 받은 자들'이며, 세상을 주님께 인도하기 위해 다시 세상으로 '보내심을 받은 자들'이다.[37] 이런 의미에서 교회에는 크게 5가지의 기능이 부여된다.

첫째로, 부름 받은 교회에는 하나님의 구원에 대해 감사하고 찬양하는 '예배'가 있어야 한다.

둘째로, 부름 받은 교회에는 각 지체 간의 돌봄 즉 '성도 간의 교제'가 있어야 한다.

셋째로, 부름 받은 교회에는 각 지체들이 잘 성장할 수 있도록 양육하는 '교육'이 있어야 한다.

넷째로, 보내심을 받은 교회에는 세상 사람들을 하나님께 인도하기 위한 '선교와 전도'가 있어야 한다.

---

36) Timothy Keller, p. 71.
37) 김승년, 『리더십과 경영』(서울: 기독교문서선교회, 2001), p. 197.

다섯째로, 보내심을 받은 교회에는 하나님의 자녀로서 빛과 소금의
역할을 감당하기 위한 '사회 참여'가 있어야 한다.

예배와 교제와 교육과 복음 전파와 사회 참여가
교회에 부여된 기능이라면, 교회는 이러한
기능을 통해 효과적인 섬김을 가질 수 있을 것이다.

만약 예배와 교제와 가르침과 복음 전파와 사회 참여가 교회에 부
여된 기능이라면, 교회는 이러한 기능들을 통해 효과적인 섬김을 가
질 수 있을 것이다.

예배를 통한 섬김

교회는 주님의 구속으로 말미암아 탄생되었다. 그러므로 교회는 주
님의 구속에 대해 감사하며 그분께 경배와 찬양을 돌릴 필요가 있다.
이것은 교회가 예배를 통해 주님을 섬겨야 함을 가르친다.

'예배(worship service)'라는 말에는 섬긴다는 뜻이 담겨 있다. 이것
은 예배를 드리는 그 자체가 주님과 교제하며 주님을 섬기는 행위가
된다는 말이다.

그러므로 예배는 주의 구속하심에 대해 결코 의무적이거나 형식적
인 마음으로 드려서는 안 되며, 오히려 구원에 감격하고 감사하여 "신
령과 진정으로"(요 4:23) 손뼉치고 춤추며 소고와 수금과 현악과 퉁소
와 나팔 소리로 찬양하는 축제의 예배가 될 필요가 있다(시 149:3,
150:3, 4).

뿐만 아니라, 성도들은 삶 전체를 통해 주님을 섬길 필요가 있다.

성경은 성도들의 삶 자체가 예배의 행위라고 말하고 있다(롬 12:1). 이 것은 성도들이 삶의 모든 영역에서 선한 삶을 통해 하나님을 예배하고 섬길 수 있음을 보여 준다.

가르침을 통한 섬김

주님은 교회를 향하여 "내가 너희에게 분부한 모든 것을 가르쳐 지키게 하라"(마 28:20)고 명하셨다. 이는 성도들로 하여금 "하나님의 아들을 믿는 것과 아는 일에 하나가 되어 온전한 사람을 이루어 그리스도의 장성한 분량이 충만한 데까지"(엡 4:11-13) 자라나게 하기 위해서다. 즉, 성도들로 하여금 바른 기독교 인생관을 갖게 하고, 성숙하고 올바른 인격을 갖게 하며, 모든 삶 속에서 하나님의 말씀에 순종하며 살아가도록 하기 위해서다.[38]

이러한 면에서 교회는 양육의 어머니가 된다.[39] 모든 성도들이 성숙한 신앙인으로 자라도록 교회는 그들을 돌보고 가르치고 훈계하며 훈련해야 하기 때문이다.

성경은 그리스도 몸의 모든 지체들이 서로 간의 훈계와 권면과 가르침을 통해 서로의 믿음을 성장시켜 나가야 한다고 말한다(엡 4:11-16). 이것은 모든 지체들이 영적 성숙을 위해 서로 간의 훈계와 가르침으로 섬길 수 있음을 일깨워 준다.

---

38) 정성구, 『실천신학 개론』(서울: 총신대출판부, 1991), p. 273.
39) John Calvin, p. 13.

교제를 통한 섬김

주님은 사람들을 섬기기 위해 오셨다(막 10:45). 주님은 이 땅에 계시는 동안에 특별히 어렵고 고통당하는 자들과 함께 지내시며 그들을 위로해 주시고 격려해 주셨다. 때로는 병들고 고통당하는 사람들을 찾아가 그들의 고통과 필요를 해결해 주셨으며 그들을 치료해 주셨고 돌보심으로 그들을 섬기셨다.

바울은 교회들에게 이러한 주님의 섬김을 본받아 "형제를 사랑하여 서로 우애하고 존경하기를 서로 먼저 하고…성도들의 쓸 것을 공급"(롬 12:10-13)하라고 권면하고 있다.

성경은 몸의 각 지체는 상호 의존되어 있으므로, 각 지체들이 자신에게 주어진 은사를 가지고 서로를 섬길 때 그 몸은 유지될 수 있다고 말한다(고전 12:12-31). 주님은 교회의 모든 지체들에게 각양 직무와 은사를 주셨다. 이는 각자의 은사를 가지고 다른 지체들을 보살핌으로써 서로를 섬길 수 있도록 하기 위해서이다. 그러하기에 각 성도들은 각자의 은사를 활용하여 다른 지체들을 돌아보는 섬김의 교제를 통해 그리스도의 몸을 든든히 세워 갈 필요가 있다.

복음 증거를 통한 섬김

주님이 이 땅에 오신 목적은 하나님나라를 이루기 위함이셨다. 자신을 떠난 백성들을 다시 모아 하나님나라로 불러들이기 위해 오신 것이다. 그러하기에 주님의 사랑과 은혜로 죄를 용서받고 하나님나라에 참여하게 된 교회에는 이 복된 소식을 다른 사람들에게 전해야 할 사명이 있는 것이다. 주님은 아직도 죄악 된 세상에서 방황하고 있는 잃어버려진 백성들이 그의 나라로 계속 인도되기를 원하고 계시기 때문이다.

따라서 교회가 주님으로부터 위임받은 사역이 하나 있다면 그것은 바로, 주님을 증거하여 모든 족속을 그리스도게 인도하는 일일 것이다(막 16:15; 행 1:8). 주님은 '그의 이름으로 죄 사함을 얻게 하는 회개가 예루살렘으로부터 시작하여 모든 족속에게 전파될 것'(눅 24:47)이라 하며 제자들에게 "너희는 이 모든 일의 증인이라"(눅 24:48)고 말씀하셨다.

복음 전파는 하나님나라의 완성을 위한 필수적인 요소이다. 교회는 복음 전파에 의해 성장하며 하나님나라는 교회 성장에 의해 완성된다. 그러하기에 교회는 복음 증거를 통해 세상 사람들을 하나님나라로 인도하는 섬김의 삶을 살아야 한다.

사회 참여를 통한 섬김

주님은 교회를 향해 세상의 빛과 소금이라고 말씀하셨다(마 5: 13-14). 존 스토트(John R. W. Stott)는 빛과 소금으로 부름 받은 성도의 가치를 이렇게 표현한다. "세상은 썩어져 가고 악해져 가는 것을 스스로 막을 수 없다. 외부에서 들어온 소금만이 이 부패를 방지할 수 있다. 교회는 세상의 부패를 막는 소금으로서 그리고 어둠을 쫓아내는 빛으로서의 역할을 가지고 이 세상에 존재한다."[40] 이것은 교회가 세상의 부패를 막기 위해 희생과 헌신과 선한 삶으로써 세상을 섬겨야 함을 가르친다.

하나님은 가난한 자들에게 많은 관심을 가지셨다. 하나님께서는 그

---

40) John Stott, *Christian Counter-Culture* (Downers Grove II: InterVarsity Press, 1978).

의 백성들에게 "네 동족이 빈한하게 되어 빈손으로 네 곁에 있거든 너
는 그를 도와 객이나 우거하는 자처럼 너와 함께 생활하게 하라"(레
25:35)고 말씀하셨다.

프랭클린 지글러(Franklin M. Segler)는 교회가 사회의 악을 책임져
야 하며, 세상에 자비와 친절과 사랑을 베풀어야 하고, 병든 자와 가
난한 자, 그리고 불행한 자를 섬겨야 하는 공동체가 되어야 한다고 말
한다.[41] 존 웨슬리(John Wesley) 또한 성도들의 개인적인 신앙생활이
세상에서 사회적인 봉사로 나타나야 한다고 강조한다.[42] 이것은 교회
가 세상의 모든 삶의 현장에서 사랑과 희생과 헌신의 선한 삶을 통해
세상을 섬겨야 함을 강조하는 말이라 할 수 있겠다.

그리스도의 몸을 세우기 위해

왜 성도는 온전해야 하며 봉사를 해야 하는가? '그리스도의 몸을'
세우기 위함이다(엡 4:12). 존 매카이(John A. Mackay)는 그리스도인이
성숙하게 되면 교회는 그 성숙함을 통해 건강하게 세워지게 될 것이
라 하였다.[43] 그에 의하면, 성숙함을 이루는 일이 곧 그리스도의 몸을
세우는 일이다.

티모시 켈러는 에베소서 4장 13, 16절의 말씀을 인용하여 그리스
도의 몸을 세우기 위해 성도는 다음의 세 가지 면에서 성숙해야 한다

---

41) Franklin M. Segler, 『목회학 개론』(서울: 요단출판사, 1994), p. 50.
42) 윤주봉, "웨슬리의 목회와 계획", 『웨슬리 복음주의 총서』, 웨슬리복음주의협의회 편(서울: 광림, 1992), p. 131.
43) John A. Mackay, *God's Order* (New York: The Macmillan Co., 1953).

고 말한다. 첫째는 개인적으로 성장해야 하며(13절, "그리스도의 장성한 분량이 충만한 데까지 이르리니"), 둘째는 공동체의 차원에서 성장해야 하며(13절, "우리가 다 하나님의 아들을 믿는 것과 아는 일에 하나가 되어"), 셋째는 양적으로 성장해야 한다(16절, "그 몸을 자라게 하며 사랑 안에서 스스로 세우느니라").[44] 이 세 종류의 성장은 상호 밀접한 관계로 맺어져 있으며 각각의 성장은 곧 다른 두 종류의 성장에 서로 영향을 끼친다고 하였다.

성숙함을 이루는 일이 곧
그리스도의 몸을 세우는 일이다.

티모시 켈러의 이와 같은 말에는 그리스도의 몸이 한두 사람이 아닌 모든 성도들의 영적 성숙에 의해 세워진다는 뜻이 담겨 있다. 어거스틴은 그리스도의 몸을 세우는 일은 그 몸을 구성하는 모든 지체들이 함께 협력하여 감당해야 한다고 말한다.[45] 프랭클린 지글러 또한 그리스도의 몸을 세우는 일은 교회의 모든 성도들이 져야 할 책임이지 일부 지도자들의 책임만이 아니라고 하였다.[46]

앞에서 언급한 대로, 주님은 자신의 몸을 양적, 질적으로 성장시키기 위해 교회에 다양한 직분과 은사를 주셨다. 그러하기에 교회의 모든 지체들은 다 하나가 되어 각자의 직무와 은사를 활용하여 그리스도의 몸을 건강하게 세워 나가야 한다. 특정한 사역자들에 의해서만

---

44) Timothy Keller, pp. 35-36.
45) 김한옥, "목회학", 『복음주의 실천신학 개론』(서울: 도서출판 세복, 1999), p. 177.
46) Franklin M. Segler, pp. 56-58.

세워져서는 안 된다. 모든 성도들에 의해 세워져 나가야 한다. 성도들 모두가 그리스도의 몸을 세우기 위해 귀한 직무와 은사를 부여받았기 때문이다.

덧붙여서 각 성도들은 그리스도의 몸을 세워 나갈 때 사랑 안에서 해야 함을 기억할 필요가 있다. 바울은 "오직 사랑 안에서 참된 것을 하여 범사에 그에게까지 자랄지라"(엡 4:15)고 하였다. 이것은 모든 지체들이 사랑 안에서 그리스도의 몸을 세워 나가야 함을 강조한다.

그리스도의 몸은 사랑 가운데 세워져야 한다. 그리스도의 몸을 세우는 일과 각 지체들 간의 사랑의 증진은 불가분의 관계에 놓여 있기 때문이다. 모든 지체들은 서로의 사랑이 증진될수록 더욱 조화된 관계 속에서 영혼에 대한 돌봄과 섬김을 갖게 될 것이다. 그러하기에 교회는 그리스도의 몸을 세우기 위해 다른 형제에 대한 사랑을 증진시킬 필요가 있는 것이다.

지금까지 우리는 피언약자의 사명과 그리스도의 사명, 그리고 교회의 사명을 통해 목회의 목적이 무엇인지를 살펴보았다. 우리는 목회의 목적이 언약을 통해 백성들로 하나님을 경외하고 순종하며 충성된 자로 만드는 것임을 발견하였고, 그리스도의 사명을 통해 잃어버린 백성을 하나님의 나라로 모으는 것임을 발견하였고, 교회의 사명을 통해 교회에 부어 주신 다양한 은사들을 활용하여 그리스도의 몸을 세우는 것임을 발견하였다.

이러한 점에서 우리는 목회의 목적을 '불신자들을 완전히 그리스도께 헌신된 자로 변화시켜, 주님의 구속적 목적이 세상 안에서 잘 성취될 수 있도록 하고, 그들 모두가 그리스도의 몸의 지체로서 각자의 기능을 잘 감당하는 공동체가 되게 하여 그리스도의 몸을 온전히 세우는 것'이라 결론지을 수 있다.

바람직한 교회 모델

"저희가 사도의 가르침을 받아 서로 교제하며 떡을 떼며
기도하기를 전혀 힘쓰니라"(행 2:42)

"날마다 마음을 같이하여 성전에 모이기를 힘쓰고
집에서 떡을 떼며 기쁨과 순전한 마음으로 음식을 먹고
하나님을 찬미하며 또 온 백성에게 칭송을 받으니
주께서 구원받는 사람을 날마다 더하게 하시니라"(행 2:46-47)

I. 교회 모델에 대한 시대별 이해

시대마다 교회에 대한 이해는 각각 다르다. 각 시대마다 교회들은 성경적인 교회 모델을 설정하여 그러한 교회가 되기 위해 연구하고 고심하며 많은 노력들을 해 왔다. 과거의 교회들이 어떠한 교회가 되기를 원해 왔으며, 그들이 본받기를 원했던 교회의 모델은 어떠한 것들이었을까?

초대 교회 시대에는 예배하는 공동체를 성경적 교회 모델로 생각했었다(행 2:42-47). 초대 교회는 구원받은 백성들이 함께 모여 주의 말씀을 들으며 기도하고 찬양하며 교제하고 복음 증거하는 일이 교회가 감당해야 할 사명으로 알고 있었던 것이다.

4세기에 이르러 극단적인 기독교 분파인 도나티스트(Donatist)는 그 당시 사회의 도덕적 방종을 지켜보는 가운데 교회의 순결을 강조하면서 참된 제자가 있는 공동체만을 참된 교회로 생각했다.[47] 세상과 타협하지 아니하고 주님 앞에 의롭고 거룩한 삶을 살려는 참된 제자들이 있는 교회가 가장 이상적인 교회라는 것이었다.

어거스틴은 사랑의 공동체를 성경적 교회 모델로 생각하였다.[48] 그

---

47) Kenneth Scott Latourette, 『기독교사』(상)(서울: 생명의말씀사, 1979), p. 231.

는 성도들이 현재 순결한 삶을 살고 있지 않다 하더라도 성령의 도우심으로 점점 성화가 될 것이고 언젠가는 성도다운 면모를 갖추게 될 것이라고 믿고 있었다. 그러하기에 그는 모든 성도들이 한마음으로 서로를 이해하고 용납하고 인내하면서 서로의 신앙이 성숙하도록 도와주는 사랑의 공동체만을 진정한 성경적 교회로 보았던 것이다.

16세기에 이르러 칼빈은 왜곡된 말씀으로 인해 타락해 버린 교회들의 모습을 지켜보면서 말씀 위에 바르게 세워진 교회를 이상적인 교회로 보았다. 즉 성도들이 일평생 말씀 위에 굳게 서서 바른 믿음과 올바른 삶을 가지고 살아갈 수 있도록 말씀의 가르침과 양육이 있는 교회를 참된 교회로 보았던 것이다.[49]

근세에 들어 웨슬리는 지나치게 제도적이며 외식적으로 변해 버린 교회들과, 지성에 치우친 신앙생활과, 방종과 퇴폐적인 향락에 빠져 있는 당시의 백성들을 지켜보면서 경건한 신앙과 성결한 생활이 있는 교회를 이상적인 교회로 생각했다.[50] 그는 참된 기독교 신앙을 단순한 지적인 삶이 아닌, 실제적인 성결한 삶으로 믿고 있었다. 그러하기에 그는 경건한 삶과 더불어 가난하고 어렵고 옥에 갇힌 자들을 실제적으로 돌아보는 신앙의 생활 윤리가 있는 교회를 성경적 교회로 보았던 것이다.

오늘날의 교회들은 어떠한가? 오늘날은 어떠한 교회를 성경적 교회 모델로 생각하고 있는가? 1964년을 전후로 두 세대로 나눠 각 세대의 교회 모델과 그들의 신앙적 특성이 무엇이었는지 한번 살펴보도

---

48) 박영관, 『역사신학 강의』(서울: 기독교문서선교회, 1980), p. 98.
49) John Calvin, p. 7.
50) 박영관, p. 229.

록 하자.

1964년 이전에 출생한 세대

이 세대는 1946년에서 1964년 사이에 태어난 세대로서 흔히 '베이비 부머(baby boomers)' 라고 불린다. 이 세대는 텔레비전과 록 뮤직 그리고 번영된 사회와 개방된 성 문화에 영향을 받아 왔다. 이 세대의 신앙적 특징은 한마디로 사람 중심적이라 할 수 있다. 일 자체보다는 다른 사람들과 어울리며 교제하기를 더 좋아하기 때문이다.

이 세대의 신앙적 특징은
한마디로 사람 중심적이라 할 수 있다.

베이비 부머는 사람들과의 관계를 중요시하기 때문에 다른 사람들과 화목한 관계를 유지하기 위해 헌신을 아끼지 아니하는 특성이 있다. 그래서 그들은 자신들이 존경하는 사람이나 지도자에 대해서 죽기까지 충성하며 후원하기도 한다. 그러하기에 이들의 지도자는 협력자가 아닌 촉진자로서의 리더십을 발휘하도록 요구되기도 한다.

신앙적인 면에서 발견되는 베이비 부머의 한 가지 특성은, 교회의 집회와 모임에 거의 빠지지 않고 정기적으로 출석한다는 것이다. 그래서 어떤 모임에 가 보든지 많은 사람들이 항상 참여하고 있다는 것이 그들의 한 특징이다.

각 모임의 일반적인 성격은 한마음과 한뜻을 이루기 위한 단일성이 강조된다. 이 세대는 특별히 가족과의 관계를 중요시하기에 언제나 가족 중심적인 삶을 추구하며, 설교나 성경공부 역시 그들의 삶과 연관된 주제를 다루어 주기를 원한다.

사역의 특성도 대부분 사람 중심적이라 할 수 있다. 베이비 부머가 주축인 교회는 성도들 모두가 만족할 수 있도록 항상 다양한 프로그램들을 제공하기를 힘쓰며, 어떤 사역이든지 사람들에게 친밀감을 주는 프로젝트를 계획하고 추진하려고 힘쓴다. 이들은 또한 사역의 결과를 중요시하기에 어떤 사역을 하든지 성취감과 만족감을 얻기 위해 최대한 노력한다.

마지막으로 베이비 부머에게 있어서 또 하나의 특성이 있다면, 그들은 매우 형식을 중요시하는 자들이라는 것이다. 이 세대는 형식에서 벗어난 노래나 새 노래보다는 보편적으로 전통적인 옛 노래나 찬송가를 선호하는 편이다. 복장도 격식이 있는 것을 선호하며 교회 건물 양식이나 장식 또한 실용적인 것보다는 보기에 매력적이고 전통적인 것을 선호한다.

1964년 이후에 출생한 세대

그러나 1964년 이후에 태어난 세대는 베이비 부머 세대와는 전혀 다른 특성을 지니고 있다. 우리는 흔히 이 세대를 일컬어 '베이비 버스터(baby busters)' 라고 부른다. 또한 급격한 변화 속에 살고 있는 이 세대는 시대별로 다른 여러 이름으로 불려 오고 있다. 1960년대에 출생한 자들은 386세대로, 1970년대의 출생자들은 X세대로, 1980년대의 출생자들은 N(Network)세대로, 2002년 월드컵을 계기로 탄생한 W(Worldcup)세대로, 그리고 2003년도에 들어와선 이 모든 세대들의 특성을 합쳐 P세대로 지칭한다.

제일기획이 제공한 한 자료에 의하면, 베이비 버스터의 특성은 시대별로 다음과 같이 묘사된다. 386세대는 높은 학력과 사회의식이 강하며, X세대는 높은 소비 성향과 자유분방한 가치관을 가지고 있고, N세대는 인터넷과 컴퓨터, 휴대전화에 익숙하며, W세대는 공동의 가치 실현을 위해 개인의 열정을 대중 안에서 자유롭게 표출하는 세대이며, P세대는 과거 386세대가 가졌던 사회의식과 X세대의 소비문화와 N세대의 라이프스타일과 W세대의 공동체 의식과 행동을 모두 종합한 컨버전스 시대에 걸맞은 신세대다.

> P세대는 과거 386세대가 가졌던 사회의식과
> X세대의 소비문화와 N세대의 라이프스타일과
> W세대의 공동체 의식과 행동을 모두 종합한
> 컨버전스 시대에 걸맞은 신세대다.

이와 같은 P세대는 사회활동에 대한 적극적인 참여(participation)와 더불어 열정(passion)과 힘(potential power)을 바탕으로 사회적 패러다임의 변화(paradigm-shift)를 주도하는 특성이 있다. 제일기획은 이 세대의 특성을 기존 질서에 대한 도전과 네트워크를 통한 관계, 다양성에 바탕을 둔 개인, 다양한 분야에 대한 경험, 그리고 재미와 즐거움을 추구하는 감성이라고 했다.

한마디로, 베이비 버스터는 매우 사회 지향적인 세대라 할 수 있겠다. 그러면서도 이 세대는 공동체와 더불어 개인의 이익도 매우 중시하는 특성이 있다. 개인적이면서도 집단적인 양면이 존재한다는 것이다.

　대인 관계에 있어서 이 세대는 어느 공동체에 헌신하기를 선호하며, 그 공동체의 목적을 위해 충성과 후원을 아끼지 않는 특성이 있다. 사역 또한 누구와의 관계에 의해 하는 것이 아니라 그들 스스로 원하여 참여하기를 좋아하는 특성이 있다. 그러므로 이들은 리더가 이들이 맡고 있는 일을 최상으로 이끌어 주기 위한 하나의 협력자로 그들 옆에 서 있기를 언제나 바라고 있다.

이 세대는 베이비 붐 세대와는 달리
사람보다는 어느 공동체에 헌신하기를
선호하며 그 공동체의 목적을 위해
충성과 후원을 아끼지 않는 특성이 있다.

　신앙적인 면에서 베이비 버스터는 교회의 모임과 집회에는 적당히 출석하는 경향들이 있다. 그래서 어떤 모임에 가 보든지 그 모임에 참석한 사람들이 언제나 적다는 것이 그들의 한 특성이다. 그러나 이들의 모임에는 각 모임마다 그 독특성과 다양성이 있다. 때로는 이런 독특성으로 인해 이들은 가족 중심적인 삶보다는 독신 중심의 삶을 추구하는 경향을 갖기도 한다.

　베이비 버스터 세대의 또 하나의 특성은 미래보다는 현재의 행복을 매우 중요시하고 있다는 것이다. 이러한 삶의 특징으로 인해 이들은 미래보다는 현재의 삶에 초점을 맞춰 사역을 계획하고 추진하려 한다.

　설교와 성경공부도 현재 당면하고 있는 삶의 문제와 연관된 주제로 성도들이 나아갈 방향과 해결책을 제시하며, 사역의 프로젝트 또한 그들이 현재 당면하고 있는 문제들을 해결하기 위한 것들로 제시하기를 선호한다. 그래서 이들 세대에 의해 제공된 사역의 프로그램들은 대부분 단편적인 것들이라 할 수 있다.

이 세대의 또 하나의 특성은 사역의 결과보다는 과정을 중시하고 즐긴다는 것이다. 그러하기에 이들은 사역의 즐거움을 증진시키기 위해 어떤 형식에 얽매이기보다는 자유로운 분위기 속에서 사역하기를 매우 좋아한다.

이러한 특성으로 인하여 이 세대는 어떤 형식이나 순서에 얽매이지 않은 예배나 모임을 선호하며, 노래나 찬송도 항상 새롭고 신선한 것을 선택하여 부르기를 좋아한다. 예배나 모임에 참석할 때도 격식 있는 복장보다는 실용적이며 편한 복장을 선호하며, 교회 건물이나 내부 구조에 있어서도 모양과 형식보다는 실용적인 것을 선호하는 경향이 짙다.

버스터 시대에 나타난 사역 모델

우리는 보다 성경적이고 효과적인 미래의 교회를 계획하기 위해서는 이 베이비 버스터 시대에 나타난 대표적인 사역 모델들을 보다 세밀히 연구할 필요가 있다.

제임스 니켈은 베이비 버스터 시대를 네 부분으로 나눠 각 시대마다 강조된 사역의 모델이 서로 달랐다고 말을 한다. 그에 의하면, 네 종류의 사역 모델은 모두가 그 시대의 문화적 가치와 특성을 반영하여 하나의 모범된 사역으로 등장하게 된 모델들이 된다. 그렇다면 각 시대마다 강조되었던 사역 모델과 그 특성들이 무엇인지 간단히 살펴보자.[51]

1960년대: 교회 성장 원리에 기초한 사역

1960년대에 나타난 사역 모델은 한마디로 교회 성장 원리에 기초한 사역이었다. 이 사역 모델은 도날드 맥가브란(Donald McGavran)과 조지 피터스(George W. Peters)에 의해 제시된 모델이다. 그들은 교회가 성장하기 위해 영적으로 충만한 상태에 있어야 할 뿐만 아니라 무엇보다도 선교에 대해 깊은 관심과 열정이 있어야 한다고 주장했다.

도날드 맥가브란에 의하면, 교회는 토착화 원리에 입각해 지역사회에 문화적으로 적절한 사역 방법을 가지고 접근해야 하며 사회적 문제에도 깊은 관심을 가지고 있어야 한다는 것이다. 특별히 추수신학에 입각하여 마지막 때에 하나님께서 구원받을 자를 모두 부르신다는 것을 믿고 교회 성장을 기대해야 하며, 사탄에 의한 방해에도 적절한 준비를 하고 있어야 한다.

조지 피터스에 의하면, 교회는 성장을 위해 영적으로 충만해야 하며 모든 사역에 대해 희생적인 헌신을 하여야 하고, 희생과 고통을 기쁨으로 감당하려는 마음이 있어야 하며, 이 모든 것을 위해 끊임없는 기도 생활을 하여야 한다. 또한 사역자는 경건한 리더십과 기능적인 사역 구조로 교회를 세워 나가야 하며, 강해 설교와 가르침과 훈련을 통해 성도들을 성숙한 제자로 만드는 일에 전력해야 한다고 하였다.

1970년대: 표지들에 기초한 사역

1970년대의 대표적인 사역 모델은 생동력 있는 표지들을 강조한 사역이었다. 이런 모델을 주장하며 다른 여러 교회들에 큰 영향력을

---

51) James R. Nikkel, pp. 77-78.

끼쳐 온 대표적인 사람으로 피터 와그너(C. Peter Wagner)와 로버트 슐러(Robert Schuller)가 있다.

피터 와그너는 교회가 성장하기 위해서는 무엇보다도 교회 속에 사람들의 관심을 끌 만한 표지가 있어야 한다고 강조하였다. 교회에는 강한 리더십이 있어야 하고, 교회의 모든 모임과 집회에는 기동성이 있어야 한다. 교회 건물은 너무 큰 것보다는 적당한 크기가 좋으며, 예배는 의식적인 양식보다는 축제적인 예배가 제공되어야 한다. 그리고 교회의 프로그램은 지역 사회에 적절한 것이 되어야 하며, 교회의 동질성이 강조되어야 하고, 사역의 우선순위에 따라 교회가 움직여 나가야 한다.

로버트 슐러 목사도 교회가 성장하기 위해서는 교회 속에 사람들의 관심을 끌며 매력을 느끼게 할 만한 생동력 있는 표지들이 있어야 한다고 강조하였다. 그에 의하면, 교회는 사람들이 찾기 쉽고 접근하기 좋은 곳에 위치에 있어야 하며, 주차장은 충분해야 한다. 프로그램과 예배는 사람들에 유익하고 만족할 만한 것으로 제공되어야 하며, 교회의 건물과 장식은 높은 가시도가 있어야 한다. 무엇보다도 교회는 성도들이 긍정적인 사고방식을 갖고 살도록 강조해야 하며, 교회의 모든 사역과 프로그램을 원활하게 움직이도록 하기 위해서 헌금은 언제나 충분히 유통되어야 한다.

1980년대: 핵심 가치에 기초한 사역

1980년대에 나타난 사역 모델은 핵심 가치에 기초한 사역이었다. 이 시대에 핵심 가치에 기초하여 교회를 크게 성장시켜 온 대표적인 목회자로서 릭 워렌(Rick Warren)과 빌 하이벨스(Bill Hybels) 목사가 있다.

릭 워렌 목사는 '교회를 어떻게 세워 나가느냐'에 초점을 두어 그 세움의 방법들에 가치를 부여하고 그 가치에 따라 교회를 세워 나간 목회자다. 그에 의하면, 교회는 목적에 의해 세워져 나가야 하며, 특별히 지역사회의 필요와 구도자에 많은 관심을 갖고 있어야 한다고 하였다. 그리고 신입 교우들에게 큰 관심과 친절을 보여야 하며, 그들이 교회에 잘 정착할 수 있도록 적절한 프로그램을 제공하여야 한다. 설교는 사람들이 현재 당면하고 있는 삶의 문제들을 이끌어 내어 그것을 해결해 주는 방법으로 전해져야 하며, 예배는 문화적으로 적절한 양식과 음악 그리고 분위기가 있어야 한다. 무엇보다도 교회 교육은 평신도들을 사역자로 세우는 것이 그 목적이 되어야 하며, 이를 위해 성도들이 영적으로 잘 성장할 수 있도록 체계적이고 효과적인 양육 전략과 시스템을 가지고 있어야 한다.

빌 하이벨스도 교회가 성장하기 위해서는 구도자에게 관심을 가지고 그들의 문화에 적절한 예배와 프로그램을 제공해야 한다고 강조하였다. 그에 의하면, 모든 사역에 있어서 질이 강조되어야 하며, 사람 지향적이어야 하고, 목적과 비전에 초점을 두고 사역을 계획하며 긍정적인 태도로 실행하여야 한다. 교회는 리더십의 은사를 가진 자들에 의해 인도되어야 하지만, 모든 성도들에 의해 수행되어야 하며 교회는 이를 위해 성도들을 능력 있는 사역자로 세우기 위해 전력해야 한다.

1990년대: 질적 특성에 기초한 사역

1990년대에 들어서서 등장한 사역 모델은 질적 성장 요인들에 기초하여 세워진 사역이었다. 이러한 사역 모델은 크리스티안 슈바르츠

(Christian Schwartz)와 조지 헌터 3세(George Hunter III)에 의해 강조되었다.

크리스티안 슈바르츠는 그의 책 『자연적 교회 성장 첫걸음』 서두에서 "왜 오늘날 교회들이 잘 성장하지 않는가?"에 대해 그것은 교회들이 네모난 바퀴를 달고 있는 수레를 끌고 가려고 하기 때문이라고 하였다. 하나님께서는 교회에 풍성한 둥근 바퀴들을 주셨는데, 교회가 그 바퀴들을 사용하려 하지 않고 오히려 인간이 만든 네모난 바퀴를 수레에 달고 끌려고 하기 때문에 교회가 성장하지 못하고 있다는 것이다. 다시 말해 하나님께서는 교회가 성장할 수 있는 성장 요인들을 많이 주셨는데, 인간이 그 요인들을 사용하지 않고 자신들의 지혜와 힘으로만 교회를 성장시키려고 애쓰기 때문에 교회가 잘 성장하지 못하고 있다는 것이다.

그렇다면 하나님께서 교회에 주신 둥근 바퀴, 즉 성장 요인들은 무엇일까? 세계적으로 크게 성장하고 있는 교회들 중 50개국의 나라들로부터 1,000개 이상의 교회들을 선택하여 연구하고 분석한 결과, 성장한 교회들 모두가 공통적으로 8가지 질적 특성을 갖고 있음이 발견되었다. 슈바르츠는 교회가 성장하기 위해서는 그 우주적인 질적 특성 즉 사역자를 세우는 리더십과 은사 중심적 사역, 열정적 영성, 기능적 조직, 영감 있는 예배, 전인적 소그룹, 필요 중심적 전도, 그리고 사랑의 관계와 같은 성장 요인들을 균형 있게 갖추고 있어야 한다고 강조하고 있다.

그러나 조지 헌터 3세는 슈바르츠와는 달리 교회가 건강하게 성장하기 위해서는 다시금 사도적 신앙으로 돌아가야 한다고 강조한다. 그에 의하면, 교회의 모든 사역은 성경 말씀에 기초하여 행해져야 하고, 한 믿음을 가져야 하며, 끊임없는 기도가 동반되어야 한다. 그러나 무엇보다도 교회는 주님의 대명령에 순종하여 복음 증거하는 일에 힘써야 하며, 문화적으로 적절한 전도 방법을 가지고 구도자들에게 접근하여 교회로 인도해야 한다. 그리고 교회는 믿는 자와 구도자로 구성된 소그룹 사역에 초점을 두어 제자 삼는 일에 집중해야 하며, 사역자들의 목회적 돌봄과 은사에 따른 성도들의 적극적인 사역에로의 참여가 있어야 한다.

2. 네 종류의 교회 모델

교회는 성경적이면서도 동시에 이 시대의 가치와 특성이 잘 반영된 교회 모델을 설정할 필요가 있다. 우리는 앞에서 교회를 성장시키기 위해서 각 시대마다 어떤 사역 모델이 강조되었는지에 대해 간단히 살펴보았다. 대부분의 교회들은 자신들의 전통적인 신앙 노선과 문화적 이해 속에 각 시대마다 두드러지게 나타난 교회 모델들을 참고하여 그들 나름대로의 사역 모델을 설정하여 교회를 세워 나갔다.

제임스 니켈은 정통적인 신앙 노선과 시대의 변화와 사역 특성에 따라 오늘날까지 꾸준히 발전되어 온 교회 모델로 크게 전통적인 복음 교회, 현대인을 위한 교회, 구도자를 위한 교회, 그리고 성령의 능력을 강조하는 교회 등이 있다고 하였다. 각각의 모델들에 대해 간단히 살펴보자.[52]

---

52) *Ibid.*, p. 85.

전통적인 복음 교회

일반적으로 동시대의 문화적 가치와 특성보다는 전통적인 신앙 노선을 더 추구하며, 구도자들보다는 성도들에게 초점을 두어 사역하는 교회를 전통적인 복음 교회라 한다. 물론 이러한 정의는 이 모델에 속한 교회들이 구도자들에 대해 관심이 없다는 것을 의미하는 것은 아니다. 단지 교회의 사역의 대부분이 기존 성도들을 위해 계획되고 실행되고 있다는 점에서 그렇게 칭해져 오고 있을 뿐이다.

전통적인 복음 교회의 한 특징이 있다면, 성도들 대부분이 베이비부머로 구성되어 있으며 기존 신자들의 믿음을 성장시키기 위해서 예배와 성경공부에 많이 강조를 두고 있다는 점이다. 그러하기에 이들 교회의 대부분의 예배나 설교, 성경공부는 초신자들이나 구도자들이 이해하기 힘든 내용들로 다루어지고 있다.

예배는 전통적인 의식과 격식 속에서 드려지며, 기존 성도들에게 익숙한 예배 양식과 용어들이 사용되고 있다. 설교는 성경 구절을 하나하나 풀어 주는 주해 설교가 대부분이며, 찬송은 거의 고전적인 찬송가가 사용되고 있으며 화음에 맞춰 찬송하기를 선호한다. 물론 성가대의 찬양은 이들 교회의 예배에서 빠질 수 없는 필수적인 한 요소라 할 수 있다.

성경공부는 말씀에 대한 적용보다는 성경의 내용과 원리를 단순한 지식 전달 방법으로 이루어진다. 성경공부 내용에 있어서도 일상적인 삶의 내용보다는 신학적인 면들이 많이 다루어진다. 그리고 성도들이 신학적 사상 속에서 스스로 그 원리를 발견하여 자신들의 삶 속에서 적용하며 살아가게 한다.

사역 활동에 있어서도 교회의 모든 프로그램과 사역은 주로 회중들의 참여와 결정으로 이루어지며, 대부분의 사역은 회중적 리더십에 의해 인도된다.

전도에 있어서도 이들 교회는 구도자와의 우호적 관계를 맺은 후 복음을 증거하는 방법보다는 일방적으로 그들에게 선포하는 형식으로 복음을 증거한다.

이러한 점에서 전통적인 복음 교회는 기존 신자들에게 매우 편안하고 유익함을 주는 장점은 있으나, 초신자들이나 구도자들에게는 매우 불편하고 가까이 접근하기 힘든 단점이 있다 하겠다.

현대인을 위한 교회

현대인을 위한 교회란, 시대적 특성과 전통적 신앙 노선의 균형 속에 성도와 구도자 모두를 중시하여 그들 모두에게 초점을 맞춰 사역하는 교회를 말한다. 이 모델에 속한 교회의 성도들은 베어비 부머와 버스터로 균형있게 구성되어 있다. 이들 교회는 무엇보다도 구도자들에게 특별한 관심을 갖고 있으며, 그들을 교회로 인도하기 위해 그들과 우호적인 관계를 맺어 그들과 먼저 하나 되기를 힘쓰는 교회이다. 그러하기에 이들 교회는 구도자들을 효과적으로 교회로 인도하는 프로그램에서부터 성도들이 성숙하게 자라가도록 양육하는 프로그램에 이르기까지 모두에게 유익하고 다양한 프로그램들을 많이 가지고 있다는 것이 큰 특징이라 할 수 있다.

일반적으로 이들 교회의 큰 장점이 있다면, 예배와 봉사와 참여를 크게 강조하고 있다는 것이다. 즉, 구제하는 일과 전도하는 일, 예배

드리는 일, 가르치고 양육하는 일에 사역의 가치를 크게 두고 있는 것이다. 물론 교회마다 그들의 목회철학에 따라 강조되는 사역 분야는 조금씩 다르지만 말이다.

이들 교회의 예배는 형식은 있으나 그 형식에 얽매여 있지 않으며, 상황에 따라 종종 그 형식을 바꾸기도 한다. 예배와 찬양은 거의 예배 팀에 의해 인도되며, 찬양곡은 주로 동시대의 노래와 복음성가에서 선택되어 불린다.

설교나 성경공부는 주로 성도들이 당면하고 있는 현재의 삶과 그에 관련된 문제들을 다루는 데 초점을 두어 전해지거나 가르쳐진다. 그래서 이들 교회는 강해 설교나 삶과 연관된 주제별 성경공부를 선호하는 경향이 짙다.

주요한 사역과 프로그램은 대부분 당회에 의해 결정된다. 그러나 이들 교회의 모든 사역 활동은 리더십의 은사를 가진 자들에 의해 인도된다.

구도자를 위한 교회

구도자를 위한 교회는 전통보다는 현대인의 삶의 가치와 특징을 교회에서 인정하고 그들의 삶에 맞추어 사역하는 교회이다. 이 모델에 속한 교회들의 한 가지 큰 특징은 구도자들을 교회로 인도하기 위해 그들의 관심을 끌 만한 매력적인 프로그램들을 제공하는 데 있다.

이러한 점에서 이들 교회는 구도자들에게 매우 친절하며, 한번 그들이 교회를 방문하게 되면 그들을 환대한다. 환영의 파티나 식사를 베푸는가 하면 각종 기념품이나 선물들을 제공하는 일에 있어서도 거의 아낌이 없다.

예배에 있어서 이들 교회에서는 어떤 전통적인 예배나 사역 방식을 찾아보기가 매우 힘들다. 대부분의 설교는 구도자에게 지루함을 주지 않기 위해 짧게 전해지며, 종종 드라마나 촌극으로 설교를 대신하기도 한다. 찬양은 거의 무대 음악으로 진행된다. 대부분의 찬양은 찬양 팀들에게 의해 독창 또는 중창으로 불리고 회중들은 대개 박수로 참여하는 특징이 있다.

말씀에 대한 가르침은 성경을 성도들에게 지식적으로 전달하는 방식보다는 성도들이 현재 당면하고 있는 삶의 문제들을 끄집어내 말씀으로 그 해결책을 제시해 주는 방법을 선호한다.

그리고 이들 교회는 전도나 선교, 구제나 교제에 사역의 가치를 크게 부여하며, 성도 각 개인의 비전이 반영된 그룹들이 중심이 되어 이러한 사역들을 행한다. 즉, 이들 교회에서는 대부분의 사역과 봉사와 교제가 대부분 소그룹 모임을 통해 행해지며, 각 그룹의 모임의 목적과 사역의 내용은 리더를 중심으로 멤버들이 자체적으로 결정하며 실행한다.

성령의 능력을 강조하는 교회

성령의 능력을 강조하는 교회란 전통적 신앙이나 시대의 변화와 특성에 관계없이 성령의 능력과 인도하심에 초점을 두어 신앙생활을 추구하는 교회를 말한다. 이 모델에 속한 교회들은 말씀에 의한 교훈보다는 거의 성령에 의한 실제적인 경험들, 즉 이적이나 방언 같은 경험들을 더욱 중시하며 신앙생활을 해 나간다는 것이 하나의 특징이다.

일반적으로 이들 교회의 성령의 능력을 받기 위한 소원과 열정은 참으로 대단하다. 예배를 드리는 일에 있어서 이들은 예배의 그 어떤 순서보다도 기도나 찬양의 시간을 중시한다. 설교는 미리 준비된 내용보다는 예배 시간에 설교자가 직접 성령의 음성을 듣고 전파하는 일종의 예언적 설교를 더욱 선호한다.

이들 교회는 설교나 성경공부를 통해 주의 교훈과 뜻을 알고 분별하여 그 뜻에 따라 살기보다는, 직접 성령의 음성을 듣고 그 음성의 가르침에 따라 살아가기를 선호한다. 그러하기에 이들 교회에서 체계적인 교육 프로그램을 찾아보기는 힘들며 사역의 내용 또한 그다지 다양하지가 않다.

교회의 조직과 구조 또한 매우 단순한 편이다. 왜냐 하면 단지 이들에게는 모여 기도할 수 있는 공간과 이 기도 모임에 대한 프로그램만 있으면 되기 때문이다. 그러나 이들 교회에서 발견되는 큰 장점이 있다. 그것은 매우 뜨거운 찬양과 기도가 있는 예배와 어려운 자들에 대한 큰 관심과 긍휼의 구제 사역과 믿지 않는 자들에 대한 열정적인 전도와 선교가 있다는 것이다.

3. 바람직한 교회 모델 설정

이상과 같이 우리는 네 종류의 교회 모델을 살펴보았다. 그렇다면 오늘날의 시대에 가장 이상적인 교회 모델은 과연 어떤 것일까?

오늘날 많은 교회들은 시대의 변함에 따른 적응과 생존을 위해 여러 사역 모델들이 서로 섞인 그들만의 독특한 교회 모델을 설정하여 교회를 세워 나아가고 있다. 다시 말해, 교회들이 위에서 언급된 교회 모델 중 어느 하나의 유형에 속해 있음에도 불구하고 교회 성장을 위하여 버스터 시대에 나타난 여러 사역 모델들을 자신들의 교회에 접목시킴으로써 그들만의 독특한 교회로 세워 나가고 있다는 것이다.

그렇다면 우리는 이 수많은 교회들 가운데 과연 어떤 교회를 모델로 삼아 교회를 세워 나가야 할까? 먼저 분명히 말할 수 있는 것은 이 땅에서는 우리가 본받을 완벽한 교회 모델이 없다는 것이다. 그리고 어느 교회든 똑같은 교회가 되어서도 안 된다는 것이다. 그 이유는 교회마다 성도들의 사명과 은사가 서로 다르고 그 교회가 속해 있는 지역사회의 필요와 욕구가 서로 다르기 때문이다.

이러한 점에서 오늘날 교회들은 성경적 원리를 고수하면서도 현 시대의 문화적 특성을 반영한 교회 모델을 설정하는 일이 필요하다. 그렇다면 우리는 성경적이면서도 이 시대에 적절한 교회 모델을 어떻게 설정할 수 있을까?

바람직한 교회 모델은 목사와 성도들의
은사와 사명, 그리고 지역사회의 필요와 특성이
서로 균형 있게 조화되어 설정된다.

일반적으로 바람직한 교회 모델은 다음의 3가지 요소에 의해 설정된다. 첫번째 요소는 지역사회의 욕구와 필요이며, 두 번째 요소는 성도들의 은사와 사명이고, 세 번째 요소는 목사의 은사와 사명이다.[53]

---

53) 이 주제는 필자의 책 『리더십과 경영』(pp. 203-206)에서 언급되었던 내용들의 일부를 수정하고 보완한 것이다.

즉, 바람직한 교회 모델은 목사와 성도들의 은사와 사명, 그리고 지역 사회의 필요와 특성이 서로 균형 있게 조화되어 설정된다는 말이다. 이것은 만약 이 세 요소가 서로 일치하지 못하거나 조화되지 못한다면, 결코 바람직한 교회 모델을 설정할 수 없게 된다는 것을 뜻하는 것이기도 하다.

지역사회의 욕구와 필요를 발견하라

릭 워렌 목사는 교회 성장에 있어서 가장 큰 장애물을 '인맹'이라 하였다. 다시 말해서 사람들 사이의 사회적, 문화적 차이를 감지하지 못하는 것이 교회 성장에 가장 큰 장애물이라는 것이다.[54] 교회가 성장하기 위해선 지역 주민들의 관심사가 무엇인지, 가치관은 무엇인지, 살아가는 방식은 무엇이며 아파하고 두려워하는 것은 무엇인지, 가장 좋아하는 TV 프로그램이나 라디오의 채널은 무엇인지 발견해야 한다는 것이다.

지역마다 서로 다른 특수성과 기질과 성향이 있다. 어떤 지역은 노년층의 비율이 높은가 하면, 어떤 지역은 젊은층이 많다. 어떤 지역은 부자나 사무직에 종사하는 사람이 많은가 하면, 어떤 지역은 가난하고 노동직에 종사하는 사람이 많다. 그리고 어떤 지역은 대단히 보수적인 기질을 가진 사람들이 많이 있는가 하면, 어떤 지역은 진보적인 사람들이 많이 있다.

지역사회의 이러한 특성과 기질들은 교회가 어떤 특정한 사역을 강

---

54) *Ibid.*, pp. 188-189.

조하여 교회를 세워 나아가야 할지에 대해 영향력을 끼치게 된다. 즉, 지성인이 많은 지역이라면 교육을 강조하는 교회가 되도록, 가난한 자가 많다면 구제와 봉사를 강조하는 교회가 되도록 영향력을 끼치게 된다는 말이다.

지역의 이러한 기질과 성향은 또한 교회 사역의 양식을 바꾸어 놓기도 한다. 젊은층이 많은 지역은 교회로 하여금 주로 복음성가와 캐주얼한 복장과 형식이 없는 예배를 드리도록 만들고, 노년층이 많은 지역은 전통적인 찬송가와 형식적이고 문어적인 양상의 예배를 드리도록 만든다. 교육에 있어서도 성숙한 성도나 지성인들이 많은 지역은 리더를 양성하는 제자훈련 같은 교육 방법을 선택하도록 만드나, 초신자나 불신자가 많은 지역은 체계적으로 쉽게 성경을 가르치는 교육 방법을 택하도록 만든다.

지역 조사는 교회로 하여금 지역의 필요가 무엇인지를 보게 하며, 바른 비전을 갖게 하고, 교회가 성장하기를 소원하도록 영향력을 주며, 전반적인 전략을 갖도록 돕고, 사역에 참여하도록 도전하며, 동기부여를 한다.[55]

> 교회는 지역사회에 적절한 교회가 되기 위하여
> 지역에 대한 정확한 조사를 할 필요가 있다.

이러한 점에서 교회는 지역사회에 적절한 교회가 되기 위하여 지역에 대한 정확한 조사를 할 필요가 있다. 즉 지역 조사를 통해 지역 주

---

55) Don Schafer, *Value of Scientific Research in Developing Churches*, 1977.

민들의 필요와 욕구가 무엇인지를 찾아내야 하며, 그들의 성향과 취미생활은 무엇인지, 성별이나 연령별 비율은 어떠한지, 그리고 그 지역의 기질과 특성은 무엇인지 발견해 내야 한다는 것이다.

릭 워렌 목사는 지역 조사를 위해 목회자가 직접 거리로 나가 사람들과 접촉하고 대화함으로써 얻어내는 것이 좋다고 권면한다. 주민들의 필요가 무엇인지, 그들의 관심사가 무엇인지 실제 피부로 느껴 실제적인 교회의 비전이나 사역의 양식을 설정할 수 있기 때문이다. 그는 다음의 질문들을 통해 필요한 정보들을 얻었을 뿐 아니라, 주민들의 삶의 현장을 직접 목격하게 됨으로써 실제적이고 효과적인 사역계획을 가질 수 있게 되었다고 한다.[56]

* 이 지역에서 가장 필요한 것이 무엇이라고 생각하십니까?
* 당신은 교회에 활동적으로 참여하고 있습니까?
* 왜 많은 사람들이 교회에 다니지 않는다고 생각하십니까?
* 교회를 찾고 계시다면 어떤 종류의 교회를 찾고 계십니까?
* 내가(우리 교회가) 당신을 위해 할 수 있는 일은 무엇입니까?

다음의 질문들 또한 교회로 하여금 지역사회에 대한 필요한 정보들을 얻도록 도움을 줄 것이다.

* 사역의 대상 지역을 어디까지로 한정할 것인가?
* 그 지역의 주민들이 증가하고 있는가?
* 그 지역 주민들의 경제 상태와 교육 수준은 어느 정도인가?
* 그 지역의 독신과 미혼자, 자녀들, 노인들의 비율은 어떠한가?

---

56) Rick Warren, pp. 216-217.

* 그 지역에 각 연령 그룹별로 얼마나 있는가?
* 그 지역 주민들은 어느 직업에 종사하고 있는가?
* 그 지역의 필요와 관심사와 흥미는 무엇인가?
* 그 지역에는 교회로 인도될 구도자가 얼마나 되는가?
* 그 지역에서 효과적으로 성취할 수 있는 사역은 무엇인가?
* 우리 교회는 지역 주민의 어떠한 부류에게 적합한가?

성도들의 은사와 사명을 발견하라

성도들에게는 각각의 은사와 사명이 있다. 봉사에 관심이 많은 성도가 있는가 하면, 교제하는 일에 관심이 많은 성도가 있다. 찬양하기를 좋아하는 성도가 있는가 하면, 기도하기를 좋아하는 성도가 있다. 전도하는 일에 자신감이 있는 성도가 있는가 하면, 가르치는 일에 자신감이 있는 성도도 있다.

교회는 이러한 성도들이 기쁨과 즐거움으로 봉사할 수 있도록 그들의 은사와 소명을 먼저 발견해 낼 필요가 있다. 교회는 대부분의 성도들이 깊은 관심과 흥미와 자신감을 가지고 봉사할 수 있는 사역 분야를 발견하여 그 분야를 강점으로 교회를 세워 나가야 한다.

만약 성도들 대부분이 선교나 구제에 관심이 많은데 교회가 교육을 강조하는 교회로 세워 나가려 한다면, 그 교회는 결코 순탄하게 세워질 수가 없게 된다. 성도들의 은사와 사명이 교회가 강조하고 있는 사역 분야와 일치하지 않으면, 교회의 사역은 비효과적인 결과를 초래하게 되기 때문이다.

목사의 사명과 은사를 발견하라

또한 교회는 바람직한 교회 모델을 설정하기 위하여 목사의 사명과 은사가 무엇이지를 발견해야 한다. 주님은 목사들에게도 서로 다른 사명과 은사를 부여해 주셨다. 어떤 목사는 도시에서, 어떤 목사는 시골에서, 어떤 목사는 지역 교회에서, 어떤 목사는 교단이나 봉사 단체에서, 그리고 어떤 목사는 선교지에서 사역을 하도록 부르셨다.

은사에 있어서도 어떤 목사는 설교하는 일에, 어떤 목사는 교육에, 어떤 목사는 전도나 선교에 많은 관심을 가지고 있다. 설교에 자신감이 있는 목사는 설교하는 일에서 기쁨과 즐거움을 찾으며, 성도들과 교제하며 그들을 돌보는 일에 관심이 많은 목사는 성도들을 일일이 찾아다니며 그들을 돌보고 보살피는 심방 사역을 통해 큰 즐거움과 보람을 느낀다.

이러한 목사의 사역은 교회 성장과 직접적인 연관이 있다. 교회의 성도들은 목사의 사역으로 인하여 만족해하기도 하고, 도전을 받기도 하고, 성숙해지기도 하고, 때로는 원망과 불만과 낙심으로 지내기도 한다.

그러하기에 목사에게 있어서 자신감을 가지고 기쁨과 즐거움으로 사역에 임할 수 있는 자신의 소명과 은사가 무엇인지를 발견하여 개발하는 일은 대단히 중요하다. 이때 목사가 기억해야 할 사실은, 어떤 목사가 심방이나 상담목회를 통해 교회를 크게 성장시켰다 해서 자신도 그 사역을 강조하여 교회를 세워 나가려 해서는 안 된다는 것이다. 즉, 그의 은사가 가르치는 것이라면, 심방이나 상담목회보다는 오히려 교육을 강조하는 교회로 세워 나가야 한다는 것이다.

서로의 관심사가 일치하는지 점검하라

마지막으로, 교회는 바람직한 교회 모델을 설정하기 위하여 지역사회의 특성과 목사와 성도들의 소명과 은사를 발견해 낸 후, 서로의 관심사가 일치하고 있는지 살펴보아야 한다. 그리하여야 어떤 사역을 강조하여 교회를 세워 나갈지 결정할 수 있지 않겠는가!

먼저 교회는 목사의 은사와 성도들의 은사 및 소명이 서로 일치하는지 살펴보아야 한다. 목사의 사명과 은사와 함께 동역할 성도들의 사명과 은사가 서로 일치하지 않는다면, 그 교회는 그들 모두에게 적합한 교회 모델을 설정할 수 없게 된다. 다시 말해, 목사는 교육에 관심이 많은데 성도들은 선교에 더 많은 관심을 갖고 그 사역에 집중하려 한다면, 교회는 공통된 사역 목적이나 비전을 가질 수 없게 되며, 그 결과 어떠한 교회 모델도 설정할 수 없게 된다.

이러한 점에서 교회는 목사와 성도들이 어떤 사역 분야에 서로 공통된 관심과 흥미를 가질 수 있는지 점검해 볼 필요가 있는 것이다. 그런데 만약 둘 사이에 일치점이나 공통점을 찾을 수 없다면 어떻게 되는가? 아마도 그 둘 중, 어느 한 쪽이 자신의 사명과 은사에 맞는 교회를 찾아가는 것이 좋을 것이다.

다음으로, 교회의 사명과 은사가 지역사회의 필요와 욕구에 적합한지 살펴보아야 한다. 그 지역 주민들이 가난하여 매일 생계에 시달리고 있는데 교회가 교육을 강조하여 교회를 세워 나가려 한다면 교회의 사역은 효과적이라 할 수 없을 것이다.

일반적으로 지역 주민들이 가난하다면, 그 지역 교회는 구제나 봉사를 강조하는 교회로 세워 나가야 한다. 그리고 불신자가 많은 지역이라면, 전도나 봉사를 강조하는 교회 모델을 설정해야 한다. 그런데 교회가 가난하고 불신자가 많은 지역의 특성을 무시하고 구도자보다는 기존 신자들의 신앙 성숙에 더 많은 관심을 갖고 예배나 교육을 강조하여 교회를 세워 나가려 한다면, 교회는 지역 주민들을 교회로 인도하는 데 적지 않은 어려움을 겪게 될 것이다.

교회가 지역 주민들 모두에게
적절한 교회 모델을 가질 필요는 없다.

그럼에도 불구하고 교회가 꼭 지역사회의 특성에 맞춰 그곳에 적합한 교회가 되기 위해 애쓸 필요는 없다. 한 교회가 지역 주민 모두를 위한 교회가 될 수 없기 때문이다.

어느 지역사회이든 매우 다양한 계층의 사람들로 구성되어 있다. 이것은 한 지역사회에 보다 많은 종류의 교회가 필요함을 암시해 준다.[57] 교회는 모든 지역 주민들에게 관심을 끄는 교회가 될 필요는 없다. 오히려 교회는 자신들의 소명과 은사를 효과적으로 발휘할 수 있는 지역 주민의 한 부류를 선정하여 그들에게 적절한 교회 모델을 설정하는 것이 좋다.

릭 워렌 목사도 지역사회의 특성과 상관없이 목적에 의해 움직이는 교회가 가장 성경적인 교회 모델이 될 수 있다고 말했다. 이러한 점에서 교회는 자신들의 은사와 소명에 기초를 두고 예배와 교육과 교제

---

57) Rick Warren, p. 178.

와 복음 전파와 사회 참여 등을 균형 있게 행할 수 있는 교회 모델을
설정하는 것이 좋다.

목회 패러다임

"형제들아 너희 가운데서
성령과 지혜가 충만하여 칭찬 듣는 사람 일곱을 택하라
우리가 이 일을 저희에게 맡기고
우리는 기도하는 것과 말씀 전하는 것을 전무하리라 하니"(행 6:3-4)

목회 모범, 목회 패러다임? 아마 당신에게 이 말은 매우 생소하게 들릴지도 모르겠다. 우리는 앞 장에서 이미 목회의 목적이 무엇인지 고찰해 보았다. 그리고 그리스도의 몸을 세우는 것이 바로 목회의 목적인 것을 발견하게 되었다. 우리는 또한 오늘날의 대표적인 네 종류의 교회 모델이 무엇인지에 대해서도 살펴보았다.

이에 우리는 자연스럽게 이러한 질문을 갖게 된다. "그럼, 그 모델이 되기 위한 가장 성경적이며 효과적인 목회는 무엇인가?" 이때 목회 패러다임은 "어떤 목회 사역에 중심하여, 어떤 사역 구조를 가지고 그 모델을 세워 나갈 것인가?"에 대한 답변이라 할 수 있다.

다음의 질문들에 대해 한번 생각해 보라. 목회는 섬기는 것인가, 아니면 설교하는 것인가? 목회는 치유하는 것인가, 아니면 이 모든 것이 모두 포함된 것인가? 그리고 목회는 누가 하는 것인가? 목사가 하는 것인가, 아니면 성도가 하는 것인가?

목회는 섬기는 것인가? 목회는 설교하는 것인가?

목회는 치유하는 것인가?

아니면, 이 모든 것이 모두 포함된 것인가?

교회들은 "어떻게 교회를 세울 것인가?"의 물음에 대한 많은 논쟁과 연구를 계속해 오고 있다. "누가 주체가 되어 교회를 세워 나갈 것인가?" 목사가 주체가 되어야 하는가? 아니면, 성도가 주체가 되어야 하는가? 그리고 "어떤 사역에 기초하여 교회를 세워 나갈 것인가?" 말씀 선포에 기초하여 세워 나갈 것인가, 아니면 치유하고 상담하는 사역에 기초하여 세워 나갈 것인가?

이러한 질문들은 대단히 중요한 것들이다. 이 질문들에 대해 어떠한 답변들을 하느냐에 따라 목회 패러다임도 다양한 형태로 변할 수 있기 때문이다. 교회 역사를 보면, 시대마다 목회 개념에 대한 해석의 차이로 목회 패러다임이 다양한 형태로 발전되어 왔음을 알 수 있다. 이것은 똑같은 세계와 자료를 어떤 눈으로 바라보느냐에 따라 서로 다른 입장과 견해로 발전되는 원리와도 같은 것이다.

아프리카에 신발을 팔기 위해 두 신발 회사가 직원을 각각 한 명씩 뽑아 아프리카에 파견한 이야기가 있다. 파견된 두 직원은 얼마 동안 그 지역을 돌아보고 각자 자신의 회사에 보고를 하였다. 한 직원은 이곳의 사람들 중에 신발을 신은 사람은 한 사람도 없으니 한 켤레의 신발도 팔 수 없다고 보고하면서 이곳에 신발공장을 세우는 것과 신발을 판매하려는 계획은 다 포기하는 것이 좋을 듯하다며 보고하였다. 그러나 다른 한 직원은 이 지역의 사람들은 아무도 신발을 신고 있지 않기에 신발을 무한대로 팔 수 있으니 회사에 있는 신발을 모두 보내어 달라고 보고하였다.

왜 이들의 보고가 서로 달랐을까? 한 사람은 신발을 신고 있지 않은 상황을 본 것이고, 또 다른 사람은 그렇기 때문에 많은 신발을 팔 수 있겠다는 가능성을 본 것이었다. 이처럼 사람이 어떤 사물을 바라볼 때, 그가 어떤 눈으로 이해하고 판단하느냐에 따라 이렇게 서로 다른 결론이 나오게 되는 것이다.

목회도 마찬가지이다. 교회가 목회를 어떻게 바라보고 이해하느냐에 따라 목회 패러다임도 달라진다. 그렇다면 지금까지 발전되어 온 목회 패러다임은 얼마나 될까?

지금까지 발전되어 온 목회 모범은 크게 네 종류로 구분된다.[58] 첫째는 목사의 인격과 소명과 사역에 중점을 둔 목회 모범이고, 둘째는 말씀 선포에 기초한 목회 모범이며, 셋째는 상담과 치유 지향적인 목회 모범이고, 그리고 넷째는 소그룹 중심의 목회 모범이다.

그렇다면 교회들은 어떠한 성경적 근거로 이러한 목회 패러다임을 주장하며 발전시켜 왔을까? 각각의 목회 패러다임에 장단점이 있다면 그것들은 무엇일까? 그리고 오늘날 교회들이 본받을 만한 목회 패러다임이 있다면 그것은 무엇일까? 이들의 모범에 대해 살펴보자.

1. 목사의 직분에 초점을 둔 목회 모범

목사의 직분에 초점을 둔 목회 모범은 전통적으로 많은 교회들이 가장 성경적인 것으로 믿어 오고 있는 모범들 중의 하나로서, 칼빈에 의해 많이 강화되고 발전되어 오늘날까지 널리 선호되어 오고 있는 목회 모범이다.

칼빈에 의하면, 하나님께서는 친히 직분자를 세우시고 그 직분자를 통해 일하신다.[59] 여기서 직분자란 목사와 교사와 장로와 집사들을 말

---

58) 김한옥, pp. 188-202.
59) Otto Weber, 『칼빈의 교회관』(서울: 풍만출판사, 1985), p. 66,

하는데, 칼빈은 이러한 직분들 가운데에서 가장 중요한 것을 목사의 직분이라고 하였다. 다른 직분들은 교회에 의하여 선택되지만 목사는 하나님에 의해 직접 선택되어 말씀의 수종자로 교회에 보내어지기 때문이다. 그러므로 그는 목사가 교회 직분의 중심이 되어야 하며 다른 모든 직분자들은 목사를 지원하는 자들이 되어야 한다고 주장한다.[60]

칼빈의 직분론에 의하면,
목회는 교역의 의미를 지닌다.

이와 같이 칼빈의 직분론에 의하면, 목회는 교역의 의미를 지닌다.[61] 목사가 하는 모든 일은 목회이며, 평신도들이 하는 일은 목회가 아닌 것이다.[62] 즉 목회는 전적으로 하나님에 의해 목사로 부름 받은 자들에 의해 행해져야 하는 사역으로 생각되고 있는 것이다.[63]

이러한 목회 모범에 의해 나타난 사역에는 여러 특징들이 있다. 그들 중, 대표적인 특징은 교회 구조가 대개 중앙집권적이며, 목사가 교회의 모든 성도들의 목자가 되어 그들을 양육하고 지도하며 대부분의 교회의 사역을 혼자 주관해 나간다는 것이다. 다시 말해 예배와 설교, 교육과 훈련, 선교와 전도, 구역 모임, 심방, 상담, 행정, 교인들 관리 및 대부분의 교회의 사역이 목사의 몫이고 평신도들은 단순히 예배나 성경공부에 참여만 하면 되는 것으로 여겨지고 있다는 것이다.

---

60) *Ibid.*, p. 71.
61) *Ibid.*, p. 189.
62) 이주영, 『현대목회학: 목회의 원리와 실제』(서울: 성광문화사, 1987), p. 26.
63) 김한옥, p. 189.

이 목회 모범에서 쉽게 발견되는 목회 현상은, 목사는 교회의 모든 사역에 책임의식을 갖고 하루 종일 교회의 사역으로 정신없이 뛰어다니지만, 성도들은 대부분 목사에게 의존되어 수동적이며 편안하고 안일하게 신앙생활을 하는 모습이다.

일반적으로 우리는 이러한 목회 모범에 속한 교회들에게서 목사가 부득이한 사정으로 얼마 동안 자리를 비우게 되면, 교회는 물론 떠나 있는 목사까지 불안해하고 초조해하는 모습을 흔히 볼 수 있다. 대부분의 사역이 목사에게 많은 부분 의존되어 있기 때문에 목사가 교회에 없는 동안 그를 대신하여 교회를 이끌어 갈 리더가 없는 부재의 공백이 크기 때문이다. 때로 유능한 부교역자가 있는 교회의 경우 그 불안감이 덜하여질 수 있으나, 부교역자가 유능하지 않거나 부교역자가 없는 교회일 경우 그 불안감은 더욱 크게 나타나게 되기 때문이다.

<blockquote>
또 하나의 특징은 성도들이 교회의
성장과 쇠퇴가 목사 한 사람에게
달려 있다고 믿고 있다는 것이다.
</blockquote>

이러한 목회 모범에서 볼 수 있는 또 다른 특징은 목회를 전적으로 목사의 사역으로 보고 있다는 것이다. 그러하기에 성도들이 교회의 성장과 쇠퇴를 목사 한 사람에게 달려 있는 것으로 믿고 있다는 것이다. 이 모범에 속한 교회의 성도들은 자신들의 헌신과 능력이 교회 성장에 크게 영향을 끼칠 것이라고 생각하지 않고 있다. 오히려 능력 있는 목사 한 사람만 교회에 있게 되면, 교회는 크게 잘 성장하게 될 것이라고 믿고 있다.

실제 과거의 교회 역사를 보면, 이들의 이런 생각이 어느 정도 일리가 있음을 알 수 있다. 실제적으로 크게 성장했던 교회들 중 많은 교회들이 목사 한 사람의 능력이나 자질에 의해 성장되어 왔기 때문이다. 오늘날 한국과 미국만 하더라도 능력 있는 한 사람의 목사로 인해 크게 성장하고 있는 교회들이 얼마나 많이 있는가. 이들은 이와 같은 교회들의 성장 모습을 지켜보며 목사의 뛰어난 설교나 가르침, 성숙한 인격, 효과적인 교회 구조, 분명한 목회철학과 비전 등에 의해 교회가 크게 성장될 것이라고 믿고 있는 것이다.

그래서 이 목회 모범을 따르는 교회의 성도들은 교회가 잘 성장하게 되더라도 그 모든 결과를 목사에게 돌리고 칭찬과 존경을 아끼지 아니한다. 그리고 교회가 잘 성장하지 않을 때도 그 모든 책임을 목사에게 돌려 비난을 하게 된다.

<blockquote>
이 목회 모범에 속한 교회들은
목회자의 능력과 자질을 대단히 중시한다.
</blockquote>

이러한 점에서 이 목회 모범에 속한 교회들은 목회자의 능력과 자질을 대단히 중요시한다. 목사 한 사람에 의해 교회가 울 수도 있고 웃을 수도 있다고 생각하고 있기 때문이다. 그래서 이들에게는 목사 한 사람을 잘못 만나게 되면 그만큼 고통을 겪게 될 것이라고 생각하여 인격적으로 미성숙하거나, 소명의식이 결여되어 있거나, 또는 사역을 행하는 데 있어 무능력한 목사는 매우 꺼리는 경향이 있다.

그렇다면 이 모범에 속한 교회들이 목사에게 원하는 사역의 태도는 무엇일까? 이들은 목사가 그리스도와 같이 선한 목자가 되어 성숙한 인격과 소명의식을 가지고 성도들을 돌보아 주는 영적 리더가 되기를 기대한다. 또한 목사는 삶의 모든 부분에 있어서 성도들의 본보기가 되며, 사랑과 희생과 헌신으로 양들을 돌보아 주기를 원한다. 그리고 양들이 위기를 만났을 때에는 목숨 걸고 그들을 보호하고 지켜 주며, 양들이 잘못된 길로 들어섰을 때에도 그들을 찾아가 말씀으로 권면하며 바른 길로 인도해 주기를 기대한다.

이 목회 모범의 또 다른 특징으로 이 모범에 속한 교회들은 목사직을 평생 감당해야 하는 직분으로 생각한다. 이 모범을 따르는 교회들은 목사직이 하나님에 의해 세워진 직분이기에 인간 마음대로 그 직분을 수행하거나 그만둘 수 있는 성격이 아니라고 생각한다. 한번 목사가 하나님께 부름받게 되면 그는 평생 그 목사의 직분을 감당해야 하는 것으로 믿고 있는 것이다.

목사직에 대한 교회의 이와 같은 생각은 목사와 성도들로 하여금 크게 두 가지의 강박관념을 갖게 하였다. 하나는 목사로 하여금 어떤 상황에서도 목사직에서 벗어나지 못하게 만들었다. 건강이 안 좋아 오랫동안 아니 평생 침상에 누워 있게 되었을 때에라도, 때로는 목사로서의 자질이 너무 부족하다는 생각에 목사직을 그만두고 싶어질 때에도, 심지어 자신이 목회자로 부르심을 받지 않은 것 같은 의심이 들어 그만두고 싶을 때에라도 그는 그 직분을 그만둘 수가 없다. 왜냐하면 그러한 행위를 하나님의 부르심에 대한 도전으로 생각하기 때문이다.

또 하나는 성도들로 하여금 목사의 자질이 부족하여도 이에 대한 노골적인 불만이나 대적을 할 수 없게 만들었다. 비록 목사가 인격이나 자질이 많이 부족하여도 성도들은 그를 있는 모습 그대로 받아들이고 수용해야만 한다. 하나님께서 그를 목사로 부르셔서 교회로 보내 주셨기 때문이다. 그러하기에 목사가 아무리 능력이 부족해도 그가 주장하는 대로 따라가야 하며, 그가 아무리 인격에 흠이 많아도 그 모든 것을 용납하고 순종해야 한다.

우리는 이러한 목사의 직분에 중심을 둔 목회 패러다임에서 몇몇 문제점들을 발견할 수 있다. 먼저는 목사 한 사람에 의해서 모든 교회의 사역이 좌지우지되는 목회 사역의 구조이다.

<blockquote>
교회는 어느 한 사람에
의해서 세워지는 것이 아니다.
</blockquote>

교회는 어느 한 사람에 의해서 세워지는 것이 아니다. 성경은 주님께서 교회의 모든 성도들에게 각양 다른 직무와 은사를 주셨다고 말하고 있다. 이것은 교회의 모든 지체들이 교회를 함께 세워 나가야 할 책임이 있음을 말하고 있는 것이다. 그러므로 목사 한 사람에 의해 교회의 모든 사역들을 맡아 주관되어야 한다는 생각은 잘못된 것이며 성경적이지 못한 것이다. 마찬가지로 한 성도나 혹은 몇몇 성도들에 의해 교회의 모든 사역들이 주관되어 교회가 세워지는 것도 결코 바람직한 일이 되지 못한다.

<blockquote>
교회는 목사와 평신도가
협력하여 세워 가야 한다.
</blockquote>

교회는 목사와 평신도가 협력하여 세워 가야 한다. 존 웨슬리는 목

회 사역은 두 그룹 모두에 의해 수행되어야 한다고 강조한다.[64] 하나는 목사의 그룹이고, 또 다른 하나는 평신도의 그룹이다. 그는 설교와 복음 전하는 일과 성례전은 목사가 맡아야 하고, 그 외 모든 사역들은 평신도가 맡아야 한다고 말한다.[65] 이것은 교회의 지체들이 어떻게 서로 협력하여 그리스도의 몸을 세워 나가야 할지를 잘 가르쳐 주는 말이다.

물론, 목사가 중심이 되어 교회를 세워 나가는 일은 바람직한 일이라 할 수 있다. 그러나 목사가 평신도의 사역까지 다 맡아 혼자 주관해서는 안 된다.

주님께서 목사에게 주신 교회에서의 역할은 무엇인가? 바로 말씀을 선포하고 가르치는 일이다. 목사는 설교와 가르침을 통해 성도들에게 교회를 어떻게 섬길 것이며, 어떠한 삶을 살아가야 하는지 등, 그들이 나아갈 목적지와 방향을 정확히 제시해 주면 되는 것이다. 그리고 성도들은 그 말씀을 따라 자신들의 직무에 충실하며 주어진 목적지와 방향을 향해 달려가면 되는 것이다. 이것이 목사와 평신도가 서로 어떻게 협력하여 교회를 세워 나가야 할지 성경이 가르쳐 주는 사역 방법이다.

2. 설교에 기초한 목회 모범

설교에 기초한 목회 모범은 신학자 투르나이젠(Thurneysen)의 영향

---

64) 김한옥, p. 184.
65) 윤주봉, p. 128.

으로 오늘날까지 발전되어 온 목회 모범이다.[66]

인간은 말씀에 의해 창조되어 하나님과 교제할 수 있도록 지음 받은 자로서 하나님과의 온전한 관계에서 참된 행복과 기쁨을 누릴 수 있는 존재가 되었었다. 그러한 인간은 하나님의 말씀에 불순종하여 그 결과 하나님과의 교제가 단절되어 버렸고 고통을 겪는 존재가 되어 버린 것이다. 투르나이젠은 인간에게 잃어버린 행복을 다시 찾아 줄 수 있는 길은 말씀 되신 예수 그리스도를 선포하여 인간으로 하여금 다시 말씀 가운데 살게 하는 것밖에 없음을 이야기하며, 이때에 말씀을 전달하는 행위가 바로 목회라고 하였다.[67]

이와 같이 설교에 기초한 목회 모범에서는 목회가 하나님의 말씀을 개개인에게 전달하는 행위가 된다. 투르나이젠은 말씀의 전달이 설교와 일상적인 삶의 대화를 통해 이루어질 수 있다고 하였다. 즉 목사는 설교를 통하여 말씀을 전할 수 있고, 또한 삶 속에서 대화를 통하여 하나님의 말씀을 전할 수 있다는 것이다. 이러한 점에서 투르나이젠은 대화의 주제가 만약 하나님의 말씀이 아니라면 그것은 목회의 대화가 되지 못한다고 한다.[68] 즉 단순히 남을 돌봐주고 도와주는 행위는 목회가 아니라는 것이다.

> 이 목회 모범을 따르고 있는 교회들은
> 교회의 사역들 중에서 설교가 성도들을
> 가장 많이 변화시키는 것으로 믿고 있다.

---

66) 김한옥, p. 192.
67) Thurneysen, p. 7.
68) *Ibid.*, p. 88.

오늘날 이러한 투르나이젠의 영향으로 적지 않은 교회들이 설교에 기초한 목회 패러다임을 추구하며 교회를 세워 나가고 있다. 이 목회 모범을 따르고 있는 교회들은 교회의 사역들 중에서 설교가 성도들을 가장 크게 변화시키는 것으로 믿고 있다. 이들은 역사적으로 세계의 모든 영적 각성과 부흥은 설교를 통해 일어났으며, 오늘날에도 하나님은 여전히 설교를 통해 교회를 변화시키시고 영적 부흥을 주실 것이라고 믿고 있다.

얼마 전, 나는 어느 목사들의 모임에 참석한 적이 있었다. 모임 도중에 어느 한 목사가 "요즘 많은 교회들이 제자훈련을 통해 교회를 성장시키고 있다."고 말을 하니, 다른 한 목사가 "제자훈련이 무슨 교회를 성장시킨다고 그렇게 난리냐?"고 반문한 것이었다. 그리고 그는 교회의 진정한 변화와 성장은 말씀을 통해 온다고 주장하며, 사람이 자신의 잘못된 삶을 청산하거나 헌신된 삶을 살기로 결심하게 되는 것은 말씀을 듣는 어느 한 순간에 이루어지는 것이라고 말하였다. 그리고 제자훈련을 통해서 잘못된 삶을 인정하고 헌신된 삶도 결심하지만 실제로 삶 가운데서 변화는 일어나기 매우 힘들다고 하였다. 교회를 진정으로 변화시키기 원하거나 성장시키기 위해서는 설교 중심의 목회를 해야 한다는 것이었다.

어느 면에서는 일리가 있는 말이었다. 소망교회의 곽선희 목사, 금란교회의 김홍도 목사, 온누리교회의 하용조 목사, 남포교회의 박영선 목사, 갈보리교회의 박조준 목사, 지구촌교회의 이동원 목사, 삼일교회의 전병욱 목사 등 이 모든 교회들이 한결같이 목사의 뛰어난 설교와 그 영향력으로 의해 성장된 교회들이 아니던가.

이 목회 모범을 따르는 교회들은
설교를 잘하는 목사만 있으면 교회는
금방 성장하게 될 것이라고 믿고 있다.

　그래서 이 목회 모범을 따르는 교회들은 설교를 잘하는 목사만 있으면 교회는 금방 성장하게 될 것이라고 믿고 있다. 그러나 이들 교회가 기억해야 할 것이 하나 있다. 그것은 목사의 설교가 훌륭하다 하더라도 교회의 성장이 단순히 목사 한 사람의 설교에 의해서 이루어진 것이 아니라는 것이다.

　일반적으로 교회가 건강하게 자라나기 위해서는 크게 두 가지 요인이 강조된다. 하나는 목사의 설교이다. 목사에게는 성도들로 하여금 하나님의 뜻을 온전히 알게 하여 그들이 처한 상황과 나아갈 방향과 목적지를 분명히 알게 하고 그렇게 살아가도록 도전하고 권면하는 뛰어난 설교가 있어야 한다.

　그리고 교회에는 헌신적인 성도들이 있어야 한다. 목사가 전한 말씀에 도전을 받고 순종하는 마음으로 그들의 사역에 충성하는 성도들이 있어야 한다는 것이다. 아무리 뛰어난 목사의 설교가 있다 하더라도 성도들이 그 말씀에 따라 헌신적인 봉사를 하지 않는다면 아무런 의미가 없기 때문이다.

　생각해 보라. 목사의 설교가 좋아 수천, 수만의 성도들이 모였다 하자. 그러나 성도들이 그 말씀에 따라 헌신하지 아니한다면, 아니 말씀만 듣고 모두 각자의 집으로 흩어져 아무 일도 하지 아니한다면, 이것은 단지 몸짓만 부풀린 교회에 불과할 뿐이다. 교회가 수적으로 성장했는지는 몰라도 결코 건강한 교회는 되지 못한다는 것이다.

이에 대한 좋은 예가 하나 있다. 남가주에 목사의 설교로 크게 성장한 교회가 있었다. 이 교회는 그 목사를 청빙하기 전엔 2백여 명의 성도가 출석하는 자그마한 교회였다. 그러나 그 목사가 부임한 후, 몇 년이 안 되어 2천여 명이 넘는 교회로 성장하게 되었다. 성장 요인은 바로 목사의 뛰어난 설교 때문이었다.

그 목사의 설교의 특징은 성도들의 삶을 위로하는 것이었다. 목사는 설교를 통해 가족이나 이웃과의 불화나 충돌로 고통하고 힘들어하는 성도들을 위로하였다.

그러던 어느 날 교회에 문제가 발생했다. 그 동안 위로의 말씀을 받고 힘을 얻어 온 성도들이 조금 더 단단한 영적 양식을 먹을 수 있도록 해 달라고 한 것이었다. 즉 위로받는 자가 아닌 다른 성도들을 섬길 수 있는 자가 될 수 있도록 다양하고 깊이 있는 말씀을 전해 달라는 것이었다. 그런데 목사는 계속해서 위로의 설교를 했던 것이다. 결국 이것이 문제가 되어 많은 성도들이 교회를 떠나게 되는 일이 발생하게 되었다.

그리고 얼마의 시간이 지난 후, 이 교회는 성도들을 보다 효과적으로 돌보고 지도하고 관리하기 위해 구역 모임을 조직하게 되었고, 각 구역의 리더들이 성도들을 섬기며 사역하는 변화를 시도하였다.

이러한 점에서 설교에 기초한 목회 패러다임은 근본적인 문제점이 하나 있다. 그것은 목회를 설교라는 테두리 안에서 제한시켜 이해하려 한다는 것이다.

성경은 목사에게 양들을 돌보고 치료하고 보호하고 권면하고 가르치는 모든 행위를 '목회'라고 말하고 있다. 그리고 바울은 교회의 모든 지체들이 그들의 은사를 가지고 교회를 섬기는 것도 목회라고 말하고 있다. 이것은 설교 이외의 다른 사역 분야들도 모두 목회에 포함된다는 말일 것이다. 말씀을 전하는 행위만을 목회로 이해한다면, 그 나머지 사역들은 무엇이 되겠는가? 결국 이러한 이해는 교회의 다른 모든 사역들을 약화시키는 결과를 초래하게 될 것이다.

> 이 목회 모범을 따르는 교회들에게는
> 목사의 뛰어난 설교와 성도들의
> 헌신적인 사역의 참여가 필요하다.

그러므로 이 목회 모범을 따르는 교회들에게는 목사의 뛰어난 설교와 성도들의 헌신적인 사역의 참여가 필요하다. 목사에게는 설교자로서의 직분과 은사를 충실히 감당하도록 기도와 말씀 연구에 전념하는 삶이 있어야 한다. 그리고 성도들에게는 말씀에 순종하여 자신의 직무와 은사에 따라 맡은 사역에 충실할 수 있는 적극적인 사역 참여가 있어야 한다.

그렇게 될 때에 교회는 목사와 성도가 균형 있게 서로의 사역 역할에 충실하게 됨으로써 교회를 건강하게 세워 나갈 수 있게 될 것이다.

3. 상담과 치유 중심의 목회 모범

상담과 치유 중심의 목회 패러다임은 현대의 많은 교회들이 선호하고 있는 목회 모범이다. 이 목회 모범은 일반 심리학이 목회에 영향을 끼쳐 1920년 미국의 보이슨(Boisen) 목사에 의해 목회상담으로 발전하게 되었다. 오늘날에는 시워드 힐트너(Seward Hiltner), 하워드 클린벨(Howard J. Clinbell), 제이 애덤스 등에 의해 보편화된 목회 모범이다.[69]

힐트너는 목회를 상담을 통해 성도들을 올바른 신앙으로 인도하는 사역으로 규정하였다. 즉 목회는 상담을 통해 사람들을 치료하는 일이라는 것이다. 그리고 이러한 치료 사역은 고정된 틀이 아닌 대상과 상황에 따라 유동적으로 행해져야 한다고 말한다.[70] 어떤 때는 치유의 사역을, 어떤 때는 지탱하는 사역을, 어떤 때는 인도하는 사역을 해야 한다는 것이다.

힐트너는 목회상담에는 세 가지의 목적이 있다고 한다. 첫째는 사람의 훼손된 기능을 회복시키기 위해 사람의 신체와 정신을 치료하는 일이다. 둘째는 목회 대상자의 세속적 삶의 가치와 사고를 변화시키되 그의 변화가 더 이상 불가능하다고 생각될 때에는 그 상태라도 유지하도록 격려하며 지탱시켜 주는 일이다. 그리고 마지막은 사람들로 하여금 이 땅에서의 삶의 공허함을 깨닫게 하고, 인간의 참된 목적과 의미를 발견케 하여 결단의 삶을 살도록 도우며 인도하는 일이다.

이러한 목회상담의 목적은 게리 콜린스(Gary R. Collins)에 의해 조금 더 구체적으로 발전되었다. 콜린스는 목회상담의 목적을 사람들에게 복음을 제시하며, 그리스도인으로서의 헌신을 권고하며, 영적 성장을 도우며, 죄를 고백하고 하나님의 용서를 체험하도록 도우며, 그리스도의 표준과 태도 그리고 삶의 모습에 대한 모델을 제공하며, 그

---

69) 김한옥, pp. 196-197.
70) Seward Hiltner, p. 117.

리고 기독교적인 가치관을 갖게 하여 진리의 말씀에 따라 살도록 도
전하는 일이라 하였다.[71]

목회상담자인 클린벨도 목회를 상담과 치유를 통하여 성도들을 성
장시키는 일로 보았다. 그는 인간을 무한한 가능성을 지닌 존재로 보
았고, 잠재된 인간의 능력을 계발하여 성장의 길로 나아가도록 돕는
것을 목회로 본 것이다.[72] 인간의 마음속에는 성장과 자아실현을 방해
하는 세력이 있는데 이 세력은 인간의 잠재력에 의해 극복될 수가 있
다는 것이다. 그러하기에 목회자는 사람의 성장과 자아실현을 위해
그 안에 잠재된 능력을 개발시켜 주어야 한다는 것이다.

상담 지향적인 목회 모범은 한마디로
심리학과 신학이 혼합된 목회라 할 수 있다.

이러한 점에서 상담 지향적인 목회 모범은 한마디로 심리학과 신학
이 혼합된 목회라 할 수 있다. 이 목회 패러다임에서 발견할 수 있는
한 가지 특징은 신학과 심리학을 통해 인간의 존재를 이해하려고 한
다는 것이다. 이 모범에 속한 교회들은 신학을 통해 인간을 죄로 말미
암아 고통과 문제 속에 있는 존재로 보며, 심리학을 통해 인간에게서
그 회복 가능성을 보고 있다. 다시 말해, 인간은 비록 문제가 있는 존
재이나 그에게는 어떤 문제를 해결하고 극복해 나갈 만한 능력이 있
다고 보는 것이다.

---

71) Gary R. Collins, 『왜 그리스도인이 상담을 받아야 하는가』(서울: 솔로몬, 1992).
72) Howard J. Clinbell, 『성장상담학』(서울: 광림, 1990), p. 13.

그 결과, 이 목회 모범에 속한 교회들은 성도들에게 긍정적인 사고 방식을 심어 줌으로써 그들로 하여금 신앙생활에 더욱 열심을 품을 수 있도록 도울 수 있다고 믿고 있다. 그 대표적인 교회가 바로 미국의 수정교회이다. 수정교회의 로버트 슐러(Robert Schuller) 목사의 설교의 대부분은 성도들에게 무한한 꿈과 희망을 던져 주는 메시지이다. 그의 설교는 인간이 노력만 한다면 어떠한 인생의 목표도 넉넉히 성취할 수 있다고 도전하며 용기를 북돋우는 내용으로 가득 차 있다.

이 목회 패러다임에 속한 교회들을 방문하여 목사의 설교를 들어 보라. 거의 모든 설교가 성도들의 허물과 죄에 대해 책망하기보다는 오히려 연약함을 이해해 주고 격려하고 힘과 용기를 주는 내용으로 가득 차 있는 것을 발견하게 될 것이다.

이 목회 모범의 또 하나의 특징이 있다면, 교회의 비전이 높다는 것이다. 이 목회 모범에 속한 교회들은 사역 목표를 설정하고 그것을 성취하는 일에 불가능이 없다고 확신하고 있다. 힘써 노력하면 무엇이든지 성취할 수 있다고 믿고 있기 때문이다. 그래서 이 교회들은 이러한 확신 가운데 사역의 목표와 비전을 항상 크고 높게 잡으려고 한다.

그러나 이러한 긍정적인 사고방식에는 문제가 있다. 성경은 우리에게 인간의 무능력을 가르치고 있기 때문이다. 성경은 우리에게 이 땅의 어느 인간도 스스로 선을 행하거나 죄악에서 벗어날 수 없다고 가르친다. 그리고 모든 선한 생각과 행위는 오로지 성령의 역사와 사역으로만 이루어진다고 가르친다.

이러한 점에서 제이 애덤스가 제시한 권면적 목회상담은 적극적인 사고방식의 목회상담에 비해 보다 바람직한 것이라 할 수 있겠다. 권면적 상담이란 사람으로 하여금 죄인임을 깨닫게 하여 그 삶에서 벗어나 진정한 내적 변화를 가져오도록 권면하는 상담을 말한다.[73] 이 권면적 목회상담은 심리학보다는 성경적 가르침에 근거하여 사람들을 권면하고 인도하는 목회 사역이라 할 수 있다.

심리학에 근거한 목회상담보다는
성경적 원리에 입각한 권면적 목회상담을
교회 모범으로 가져야 한다.

　　제이 애덤스는 심리학에 근거한 목회상담은 인간의 외적인 변화는 가져오나 결코 내적인 변화는 가져올 수 없다고 말한다. 내적인 변화 즉 중생은 성령의 사역에 의해서만 가능하다. 인간이 스스로 노력하여 변화되는 것이 아니라 성령께서 변화를 시켜 주셔야 가능하다는 것이다. 그러하기에 애덤스는 심리학에 근거한 목회상담보다는 성경적 원리에 입각한 권면적 목회상담을 교회 모범으로 가져야 한다고 강조한다.

　　목회의 목적은 성도들을 내적으로 변화(중생)시켜 그리스도의 장성한 분량까지 자라나도록 하는 데 있다. 그렇다면 목회상담은 성도들을 변화시켜 성숙한 인격과 생활을 하도록 하는 데 그 목적을 두어야 한다.[74]

　　이러한 점에서 이 목회 패러다임에 속한 교회들은 심리학보다는 성경적 원리에 더 입각하여 상담할 필요가 있다. 그리고 인간의 심리나 상담 기술에 의존하기보다는 성령의 사역을 의지하여 사람들을 상담

---

73) 정정숙, 『기독교상담학』(서울: 베다니, 1994), p. 300.
74) 정정숙, p. 304.

하고 치유할 필요가 있다. 그 이유는 앞에서도 언급하였듯이 성도들의 온전한 변화와 성숙은 오로지 성령의 사역만으로 가능하기 때문이다.

그러나 이 목회 모범에도 다소의 문제는 있다. 상담이 무엇인가? 아르민 슈에츠(Armin W. Schuetze)는 내담자가 당면한 문제를 상담자가 개인적으로 돌보는 것을 상담이라 하였다.[75] 즉 내담자가 겪고 있는 어떤 문제들을 상담자가 대화를 통해 그를 돌보아 주는 것을 말한다.

일반적으로 이러한 상담은 대개의 경우 내담자가 자신의 문제를 가지고 상담자에게 찾아와 그것을 털어놓을 때에만 가능한 일이 된다. 만일 내담자가 그의 문제를 상담자에게 가져오지 않는다면 어떻게 되겠는가? 상담자는 그의 문제를 알 수 없기에 그의 문제를 도와줄 수 없게 된다. 더군다나 만약 상담자가 인격적으로 존경받는 사람이 아니라면, 더욱 그를 찾아와 상담을 요청하는 내담자는 없게 될 것이다.

> 목회란, 가만히 앉아서 성도들이 찾아올
> 때까지 기다리는 것이 아니다.

목회란, 가만히 앉아서 성도들이 찾아올 때까지 기다리는 것이 아니다. 오히려 목회는 성도들을 찾아가서 바르고 성숙하게 살아가도록 안내해 주고 돌보아 주고 가르치고 지도해 주는 사역이다. 삶의 여러 문제로 고통과 신음 속에 있는 성도들을 찾아가 그러한 삶에서 잘 벗어날 수 있도록 위로하고 도전해 주며, 열심히 봉사하며 헌신하고 있는 성도들에게도 찾아가 더욱 사역에 충실하도록 격려하고 도전해 주

---

75) Armin W. Schuetze, Irwin J. Habeck, *The Shepherd under Christ*(Wisconsin: Northwestern, 1981), p. 185.

는 일이 목회인 것이다.

그리고 목회는 성도들의 삶을 돌보는 사역에만 국한되지 않는다. 교회의 각 지체들이 직무와 은사에 따라 교회의 여러 사역 분야에서 봉사하는, 즉 예배와 설교와 교육과 성도 간의 교제와 전도하는 이 모든 일들도 모두 목회가 되기 때문이다.

복잡하고 변화가 심한 세상 속에서 크고 작은 삶의 문제로 힘들어하는 사람들이 너무 많이 있다. 그러하기에 교회 내에 성도들의 문제들을 돌보아 줄 전문적인 목회상담자들이 필요하다. 따라서 목회를 목회상담으로 규정하여 그 사역을 제한시키기보다는, 목회상담을 목회의 한 사역 분야로 정착시켜 발전시켜 나가는 것이 옳은 일일 것이다.

4. 소그룹 지향적인 목회 모범

이 목회 모범은 변화하는 21세기 현실에 맞춰 도입된 또 하나의 보편화된 목회 모범이다. 이것은 소수의 사람들이 한 그룹이 되어 예배, 교육, 봉사, 교제, 전도 등 사역을 책임 맡아 그 그룹에서 감당하는 목회 패러다임이다.

크리스티안 슈바르츠(Cristian A. Schwarz)는 교회 조직 자체는 궁극적인 목표가 될 수 없으며 오히려 조직이 목적을 위한 수단이 되어야 한다고 한다. 그래서 교회 성장을 저해하는 모든 조직은 버리고, 교회 성장에 효과적이며 기능적 조직인 소그룹 사역을 도입해야 한다고 한다.[76] 성장하는 대부분의 교회들은 소그룹 사역을 도입하여 이 소그룹

을 통해 교인 개개인의 친밀한 교제와 삶의 현실적인 영역에서의 상
호간의 도움과 강한 영적 교제를 서로 나누고 있다는 것이다.[77]

오늘날 세계적으로 소그룹 사역을 통해
성장하고 있는 교회들은 참으로 많다.

오늘날 세계적으로 소그룹 사역을 통해 성장하고 있는 교회들은 참
으로 많다. 미국과 캐나다에만 해도 수천 개의 교회들이 메타 교회(소
그룹의 한 형태)를 통해 탁월한 성장을 하고 있다.[78] 예를 들어, 윌로우
크릭커뮤니티교회(Willow Creek Community Chruch)나 새들백침례교회
(Saddleback Valley Community Church), 스카이라인웨슬리안교회
(Skyline Wesleyan Church), 또는 뉴호프커뮤니티교회(New Hope
Community Church) 등이 이러한 소그룹 사역을 통해 성장해 온 대형
교회들이라 할 수 있다.

한국에서는 이러한 소그룹 사역이 셀 목회, 가정 교회, 제자훈련,
구역 모임, G12, NCD, 세렌디피티, 메타 교회 등의 여러 형태로 교회
에 전해졌으며, 일부는 교회에 잘 정착되어 효과적인 교회 성장을 가
져오고 있다. 서울의 사랑의교회와 여의도순복음교회가 그 좋은 예라
할 수 있겠다. 현재 사랑의교회는 제자훈련과 소그룹 사역을 통해 크
게 성장해 오고 있으며, 여의도순복음교회 또한 소그룹 모임에 기초
한 사역 구조로 오늘날 세계에서 가장 큰 대형 교회로 성장해 왔다.

<hr>

76) Christian Schwarz, 『자연적 교회 성장 첫걸음』(서울: NCD, 2000), pp. 36-37.
77) *Ibid.*, p. 41.
78) Carl George, 『다가오는 교회 혁명 이렇게 대비하라』(서울: 요단출판사, 1999), p. 38.

교회 성장을 가져올 수 있는 이러한 소그룹에는 어떤 사역적 특성들이 있을까? 소그룹 사역에는 일반 목회에서 찾아보기 힘든 여러 가지 사역적 특성들이 있다. 일반적으로 그 특성들은 크게 여섯 가지로 제시될 수 있다.[79]

소그룹은 성도의 친밀한
교제를 가능케 한다.

첫째로 소그룹은 성도의 친밀한 교제를 가능케 한다. 일반목회에서는 사람들의 교제가 결여된 편이나, 소그룹에서는 10여 명 안팎의 성도들이 함께 모여 서로의 신앙의 삶을 나눔으로써 보다 친밀한 관계를 형성할 수 있다.

둘째로 각 개인에 대한 적절한 목회적 돌봄이 가능하기에 양질의 목회가 이루어질 수 있다. 일반목회에서는 성도들을 가까이에서 개인적으로 돌볼 수 있는 기회가 적어 목회적 관심에서 소외되는 자가 많았지만, 소그룹에서는 각 개인에게 보다 가까이 접근하여 돌볼 수 있기에 양질의 목회적 보살핌이 가능하다는 것이다.

셋째로 상호 격려와 후원을 통해 성도 간의 신앙 성장에 도움을 준다. 밀접한 교제를 통해 소그룹에서는 서로에 대한 신앙의 모습을 이해할 수 있다. 그래서 서로의 신앙 성장을 위해 격려와 위로와 도전으로 자연스럽게 도움을 줄 수 있게 된다. 이것은 예배에만 참석하는 성도들보다 소그룹에 속한 성도들이 빨리 영적으로 성장하는 것을 통해

---

79) 이성희, pp. 129-130.

알 수 있다.

넷째로 구도자들에 대한 자연스러운 전도와 빠른 정착을 도와준다. 소그룹은 식사나 행사를 통해 가까운 친구나 이웃들을 자연스럽게 그 모임에 참석시킬 수가 있다. 그리고 그 모임에 참석한 구도자들에게 친밀한 관심을 보이며 관계를 유지함으로써 그 모임 속에 빠른 정착을 가져오게 할 수 있다.

다섯째로 개인적 질문이 가능하여 말씀을 삶에 적용시키는 일이 매우 용이하다. 일반적으로 강의식 성경공부를 할 때에는 개인적인 질문을 하기가 쉽지가 않다. 그러나 소그룹 모임은 가족 같은 분위기이기에 자연스럽게 자신의 생각을 말하거나 질문들을 할 수가 있다. 그러므로 궁금한 것이나 신앙의 경험들을 서로 나눔으로써 말씀을 삶에 잘 적용할 수 있도록 도움을 주고받을 수 있다.

여섯째로 리더 양성에 있어서 매우 효과적이다. 소그룹의 리더가 그 모임에 속해 있는 성도들 가운데 리더의 자질이 있는 한 사람을 선택하여 계속적인 돌봄과 도전 그리고 가르침을 줌으로써 리더로 양성할 수 있다. 만약 각 소그룹마다 이렇게 1년에 한 명의 리더를 양성하게 되더라도, 리더의 수는 해마다 배로 늘어나게 될 것이다.

오늘날에는 소그룹 사역의 이러한 장점들로 인해 이 목회 모범을 정착시키려는 교회들이 많다. 그러나 사실 소그룹 모임은 한국 교회에서는 그다지 생소한 것은 아니다. 오래 전부터 한국 교회는 구역 예배라는 형태로 소그룹 모임을 가져오고 있었기 때문이다. 한국 교회는 옛날부터 같은 지역에 살고 있는 성도들을 한 구역으로 묶어 보통 일주일에 한 번씩 구역 모임을 갖도록 하고 있었다.

그러나 여기서 언급되고 있는 소그룹과 한국 교회의 구역 예배가 그 모임의 성격에 있어서 크게 다름을 알아야 한다. 일반적으로 소그룹 모임은 대략 10명 정도의 성도들로 구성된다. 이것은 성도들 상호 간에 보다 효과적인 사역과 돌봄을 갖게 하기 위해서다. 그리고 소그룹은 모임의 목적에 따라 여러 종류의 모임으로 구분된다. 어떤 소그룹은 사역이나 봉사를 위해, 어떤 소그룹은 성경 연구를 위해, 어떤 소그룹은 교제를 위해, 어떤 소그룹은 후원과 지원을 위해 모임을 갖게 된다. 이와 같이 소그룹은 같은 관심과 흥미를 가진 성도들이 자원하여 조직된 모임이기에 대개는 소그룹마다 독립적인 성격을 띠게 된다.

그러나 구역 예배는 그렇지가 않다. 한국의 구역 모임은 다소의 강제성이 있다. 교회에서 일방적으로 구역을 나눠 권유하여 갖게 된 모임이기 때문이다. 모임의 특성 또한 예배의 형태와 별로 다를 것이 없다.

구역 예배의 특성을 보면, 주로 예배나 성경공부 형식으로 모임을 갖게 되는데 일반적으로 예배를 드린 후, 성경공부를 갖는 형식으로 모임을 갖는다. 그리고 이러한 구역 예배는 보통 교회에 의해 통일된 주제나 내용을 가지고 모이게 되기 때문에 어느 구역이든지 거의 동일한 성격의 모임을 가지게 된다. 또한 구역에 속한 교인들이 모두 모이기에 보통 모임의 인원수가 20여 명에 이르기도 하고, 더군다나 연령별 특성도 없이 모이기 때문에 교인들이 구역 예배에 흥미를 느끼지 못하고 피상적으로 참석하게 되는 경우가 허다하다.

그럼에도 불구하고 소그룹 사역은 본질적으로 구역 모임과 큰 차이

점은 없다. 구역 예배 또한 성도들을 여러 그룹으로 나눠 더욱 친밀하게 교제하며 서로의 영적 삶을 돌아보도록 하기 위한 모임이기 때문이다. 소그룹 모임이 한국 교회에서 구역 예배라는 특성과 맞물려 더욱 빨리 효과적으로 정착해 나가고 있다고 할 수 있겠다. 이러한 정착은 앞으로 한국 교회가 보다 건강하게 성장할 수 있을 것이라는 점에서 매우 바람직하며 권장할 만한 사역이다.

물론, 지금까지 언급한 목회 패러다임 중 어느 것이 보다 바람직하며 효과적인 것이라고 말할 수는 없다. 그 나름대로 모두 성경적 원리 위에 세워진 목회 모범이며, 장단점이 있기 때문이다.

그러나 교회에 주어진 두 큰 사명, 즉 세상 곳곳에 흩어져 방황하고 있는 양들을 찾아 주님께 인도하며 또한 우리 안에 있는 양들을 보호하고 잘 자라날 수 있도록 돌보고 양육하는 교회의 사명을 보다 효과적으로 성취하게 하는 데에는 이 목회 모범만한 것이 없다. 이러한 이유로 인해 소그룹 지향적인 목회 패러다임은 다른 목회 패러다임에 비해 교회를 향하신 주님의 뜻을 보다 온전히 성취할 수 있다 하겠다.

이 목회 모범에 대한 보다 더 자세한 내용은 다음 장에서 구체적으로 언급될 것이다.

바람직한 사역 구조

"그대와 그대와 함께한 이 백성이
필연 기력이 쇠하리니 이 일이 그대에게 너무 중함이라
그대가 혼자 할 수 없으리라"(출 18:18)

"또 재산과 소유를 팔아 각 사람의 필요를 따라 나눠 주고
날마다 마음을 같이하여 성전에 모이기를 힘쓰고
집에서 떡을 떼며 기쁨과 순전한 마음으로 음식을 먹고"(행 2:45-46)

1. 위기 속에 있는 교회들

어느 날 모세는 그의 장인 이드로에게 심한 책망을 듣게 된다. 모세가 백성들의 여러 가지 문제들을 해결해 주기 위해 동분서주하는 모습을 이드로가 보았기 때문이다. 모세를 찾는 사람들의 줄은 끊이지 않고, 모세는 혼자서 이 일들을 감당하느라고 기력이 쇠하였음에도 여전히 도움을 받지 못한 백성들의 수가 많았다. 이드로는 그 일들을 보고 모세에게 이렇게 말하였다. "어찌하여 그대는 홀로 앉았고 백성은 아침부터 저녁까지 그대의 곁에 섰느뇨"(출 18:14) 그는 모세의 그런 행위가 선하지 못하다고 책망을 하고 있는 것이다.

그리고 그는 모세에게 이렇게 조언을 했다. "자네, 왜 이렇게 기력이 쇠하여졌나. 자네에게 이 일이 너무 중하였기 때문이네. 그러하니 내 말을 듣게. 이제 자네를 대신하여 일할 사람들을 뽑아 작은 일들은 그들에게 맡기도록 하게. 그리고 자네는 큰일만을 맡고… 그래야 자네도 힘이 덜 들고, 백성들의 문제는 재빨리 해결될 것이 아니겠나."

모세는 장인의 조언을 받아들여 백성들 가운데에서 재덕이 겸전한 자들을 뽑아 천부장, 백부장, 오십부장, 십부장으로 임명하고 작은 일들을 주관하도록 하였다. 그리고 자신은 큰일들을 맡아 봄으로써 피로에 지쳐 탈진하지 않게 되었으며, 백성들 또한 문제를 빠르게 해결

받아 만족하며 평안히 자기 집으로 돌아갈 수 있게 되었다.

오늘날의 교회들도 이러한 이드로의 조언에 반드시 귀를 기울여 마음에 새길 필요가 있다. 칼 조지(Carl George)는 리더가 자신의 책임 범위를 제한하지 않는다면, 고도로 숙련된 사람이라 할지라도 피로로 지쳐 쓰러질 것이라고 하였다. 오늘날 얼마나 많은 목회자들이 교회의 모든 일을 혼자 다 주관하여 뛰어다니느라고 기력이 쇠하며 탈진한 상태에 있는가! 이제 교회들은 보다 효과적인 목회 사역을 위해 성도들이 함께 사역을 분담하여 서로 협력하는 사역 구조를 가질 필요가 있다.

> 교회들은 보다 효과적인 목회 사역을 위해
> 모든 성도들이 함께 사역을 분담하여 서로
> 협력하는 사역 구조를 가질 필요가 있다.

요즈음 산업엔 컨베이어 시스템(conveyor system)이 아닌 모듈라 셀(modular cell) 방식이 점점 도입되고 있다.[80] 이것은 세 사람이 한 조가 되어 조립, 검사, 수리, 포장까지 한 곳에서 마무리하는 산업 방식이다. 이 방식은 세 사람이 확실한 책임 부여를 받아 모든 공정을 마치는 것으로 컨베이어 시스템보다 1.75배의 생산성 향상을 가져오는 이점이 있다고 한다. 따라서 근래에 많은 회사들이 이 모듈라 셀 방식을 점점 선호하여 생산 라인의 구조를 변화시켜오고 있다.

이렇게 시대는 변해 가고 있다. 대가족에서 핵가족으로 바뀐 지 얼

---

80) 이성희, p. 124.

마 되지 않은 지금엔 핵가족도 아닌 독신으로 살겠다고 난리들이다.
사람들과 함께 어울리는 삶보다는 혼자 지내는 삶이 훨씬 편하게 느
껴지는 시대가 된 것이다. 그래서인지 요즈음 젊은이들은 사람들을
직접 만나 대화하기보다는 인터넷에서 이메일을 통해 사람들과 만나
고 대화하기를 더욱 편안해한다.

그 결과 사람들은 이웃이 누구인지, 그 이웃이 무엇을 하고 사는지
에 대해 점점 관심이 없어지고 있다. 어느 아파트이든지 한번 그곳의
엘리베이터를 타 보라. 한 동에 살고 있음에도 불구하고 서로가 누구
인지 알지 못하기에 엘리베이터 안에서 어색한 침묵과 함께 멍하니
앞만 쳐다보는 사람들을 쉽게 만나게 될 것이다.

몇 년 전, 내가 한국에서 경험한 일이다. 하루는 한밤중에 누군가가
도와달라고 큰 소리를 지르며 우리 집 문을 두드리는 것이었다. 무슨
일인가 하고 나가 보니 한 여인이 문 앞에 쓰러져 있는 것이었다. 나
중에 알고 보니 그 집에 강도가 들었었는데 강도가 물건을 훔치는 도
중에 그 여인이 잠에서 깼고, 이에 당황한 강도가 들고 있던 쇠뭉치로
그 여인의 머리를 내리치고 도망쳤던 것이었다. 그래서 머리를 많이
다친 그 여인은 생명의 위협을 느껴 다급히 이웃들에게 도움을 청하
였던 것이었다. 그런데 아는가? 그 여인이 그렇게 외쳤음에도 불구하
고 단 한 사람도 밖으로 나와 보지 않았다는 사실을 말이다. 나중에
경찰이 도착한 후에야 겨우 몇 명의 사람들이 밖에 나와 보긴 했지만
말이다. 그때 나는 '참으로 무심하고 냉정한 시대가 되어 가고 있구
나.' 하는 생각을 하게 되었었다.

이것이 오늘날 우리가 살고 있는 현실이요, 삶의 현주소이다. 오늘
날은 직장이나 삶의 문제로 인한 잦은 이사와 철저한 개인주의로 인

하여 서로 간에 친밀하고 밀접한 교제를 하기 힘든 시대가 되었다. 그 결과 혼자 지내는 것이 더 편한 세상이 되어 버렸고, 남에 대한 관심 또한 점점 사라지는 시대가 되어 버렸다. 그런데 아이러니하게도 혼자 지내는 삶이 편하고 좋으면서도 자신을 이해해 주고 인정해 주는 사람이 날로 그리워져 가는 세상이 되어 버린 것이다.

오늘날 교회들은 이러한 현대인들에게 손쉽게 접근할 수 있는 좋은 방법을 가지고 있는가? 사람들로 하여금 교회에 관심을 갖게 하며 그들을 효과적으로 정착시킬 수 있는 방법은 있는가? 개인적인 관심과 돌봄이 약한 전통적인 사역 구조로, 사람들에게 접근하여 그들을 교회로 인도하고 정착시키는 일은 결코 쉽지 않다.

P세대를 기억하는가? 개인적이면서도 공동체적인 이중적인 삶의 특성을 가지고 있는 P세대 말이다. 이들은 개인의 이익을 중시하면서도 공동체 속에 있기를 원하는 특성이 있다. 사역에 있어서도 사람들과의 관계에 의해서가 아니라 스스로 자발하여 공동체에 참여하며 그 목적을 위해 충성하는 특성이 있다. 그러하기에 이들은 리더가 지시를 하면 잠자코 순종하며 따라오기를 바라는 오늘날 교회의 사역 구조로는 교회로 인도하기도 힘들거니와 교회에 정착시킬 수도 없다.

2. 소그룹 사역

오늘날 교회에는 현대인들을 교회로 인도하고 정착시킬 수 있는 사역 구조가 절실히 필요하다. 조엘 코미스키(Joel Comiskey)는 현 시대에 교회가 건강하게 성장하기 위해서는 소그룹 사역밖에 없다고 하였다. 그는 오늘날의 역동적인 교회 성장과 소그룹 사역은 결코 분리될 수 없는 관계라고 하였다.[81] 왜냐 하면 세계에서 가장 두드러지고 빠르게 성장하는 교회들이 모두 소그룹 사역에 의해 성장을 가져왔기 때문이다. 크리스티안 슈바르츠는 세계적으로 성장하고 있는 천여 개 이상의 교회들을 조사한 후, 이 교회들은 모두 전인적인 소그룹 사역을 하고 있다고 보고한 적이 있다.[82] 이러한 점에서 조엘 코미스키는 소그룹 사역과 역동적인 교회 성장은 불가분의 관계에 있다고 한 것이다.

소그룹과 현대인의 공통적 특성

우리는 이러한 질문을 할 수 있다. 소그룹 사역이 무엇이기에 이렇게 교회의 성장에 큰 영향력을 미치는 것일까? 바로 소그룹 사역의 특성이 현대인의 삶의 특성과 일치하고 있기 때문이다. 일반적으로 우리는 이 둘 사이에서 세 가지의 공통점을 발견할 수 있다.

첫째로 소그룹은 보통 10여 명의 사람들로 구성된다. 소수의 사람들로 구성되기 때문에 서로 간의 관심과 필요를 충분히 충족시켜 줄 수 있다. 이것은 각 개인의 관심과 흥미를 충족시키며 동시에 공동체에 속해 헌신하기를 원하는 현대인의 특성과도 잘 조화된다.

둘째로 모든 소그룹에는 분명한 목적이 있다. 소그룹은 동일한 관심과 흥미를 가진 사람들이 자발적으로 모여 모임의 목적과 내용을 설정하고 그 목적을 성취하기 위해 충성하며 헌신한다. 이것도 사람

---

81) Joel Comiskey, 『셀 그룹 폭발』(서울: NCD, 2000), p. 18.
82) Christian A. Schuwarz, p. 27.

보다 공동체의 목적을 위해 충성하고 헌신하기를 원하는 현대인들의 특성과 일치하는 모습이라 할 수 있겠다.

셋째로 소그룹은 자발적인 모임이다. 소그룹은 그 모임의 목적에 동의하여 스스로 자원한 사람들로 구성된 모임이다. 현대인들의 특성도 마찬가지다. 그들은 어떠한 강요로 공동체에 참석하지 않으며 스스로 자원하여 참여하고 헌신하기를 좋아한다. 이러한 점에서 소그룹 모임은 현대인의 특성과 일치된다 하겠다.

이와 같이 소그룹 사역에는 현대인의 필요와 욕구를 잘 충족시켜 주는 좋은 특성들이 있다. 소그룹은 단순히 형식적으로 모여 교제만 하고 헤어지는 모임과는 전혀 다른 성격의 모임이다. 이것은 오히려 소그룹의 목적을 성취하기 위해 구성원들이 스스로 자원하여 사역에 임하는 충성과 헌신이 있는 모임이며, 교회의 역동적인 성장을 가져오게 하는 모임이라 할 수 있다.

두 종류의 사역 구조

피터 와그너는 한 공동체의 목적에 헌신하는 모임의 성격을 소댈리티(sodality)라 하였다. 그리고 소댈리티 구조를 가진 교회들이 보편적으로 잘 성장하고 있다고 말했다. 그에 의하면 교회에는 두 종류의 사역 구조가 있다. 하나는 모댈리티(modality)이며 또 하나는 소댈리티이다.[83] 각 구조에 대해 간단히 살펴보자.

---

83) C. Peter Wagner, pp. 158-179.

모댈리티

　모댈리티는 사회적인 용어로, 도시 자체의 구조를 의미한다. 일반적으로 도시는 사람 지향적인 특성을 가지고 있다. 어느 도시이든 그 도시의 시민이 되기 위한 특별히 까다로운 절차나 규정을 갖고 있지 않다. 단지 그 도시에서 출생하든지, 그 도시로 이사만 하면 된다. 그러면 자동적으로 그 도시의 시민이 되며, 동시에 시민으로서의 권리와 의무가 주어지게 된다.

　여기에서 한 가지 재미있는 사실은, 어느 도시이든 시민이 그의 의무를 행치 않았다 해서 시민으로서의 그의 권리가 박탈되지는 않는다는 것이다. 시장 선거 때, 시민들의 투표 참여율이 평균 얼마나 되는지 아는가? 보통 적게는 15퍼센트이고 많으면 30퍼센트 정도가 된다. 분명 투표하는 일은 시민의 권리이며 의무일 것이다. 그러나 시민의 의무인 투표를 하지 않았다 해서 벌을 받거나 그 도시에서 쫓겨나는 일은 결코 없다. 심지어 몇십 년 동안 아무 일도 하지 않고 하루 종일 집에서 잠만 잔다 하여 그 도시에서 쫓겨나지 않는다. 이와 같이 도시는 어느 한 사람이 시민의 의무를 행사하지 않는다 하더라도 범죄 행위만 없다면, 그 도시 안에서 자유롭게 살아가도록 내버려 두는 특성이 있다.

<blockquote>교회 내의 이러한 사람 중심적인
사역 구조를 모댈리티라 한다.</blockquote>

　교회도 마찬가지다. 교회 내의 이러한 사람 중심적인 사역 구조를 모댈리티라 한다. 모댈리티 구조를 가지고 있는 교회들은 사람들이

그 교회를 방문하거나 등록만 해도 그를 교인으로 조건 없이 받아들인다. 그리고 교인으로 등록하게 되면, 예배 출석이나 십일조와 같은 교인으로서의 의무를 행하지 않는다 해서 그를 교회 밖으로 쫓아내거나 그의 이름을 교회 명부에서 삭제하지 않는다. 그가 교회 안에서 큰 죄만 짓지 않는다면, 그는 그 교회의 등록 교인으로 행사하며 자유롭게 신앙생활을 할 수 있다. 이와 같이 모댈리티 구조를 갖고 있는 교회들은 보편적으로 성도들에게 헌신을 강요하거나 영적 훈련을 강요하는 일이 매우 드물다.

일반적으로 모댈리티 구조를 가진 교회들은 사람 지향적이기 때문에 때로는 많은 사람들이 몰려드는 특성이 있다. 교회가 그들의 삶을 간섭하거나, 교회의 사역에 참여하라고 성가시게 하지 않기 때문이다. 그러나 모댈리티 구조를 갖고 있는 교회의 성도들은 대부분 믿음이 적고 헌신이 매우 약하다. 이러한 이유로 피터 와그너 목사는 만약 교회가 모댈리티 구조를 갖게 된다면, 그 교회는 건강하게 성장하기가 매우 힘들게 될 것이라고 하였다.

소댈리티

소댈리티는 도시 안에 있는 회사나 병원, 식당, 식품점 같은 산업체를 의미한다. 소댈리티는 사람보다는 과업을 지향하는 특성이 있다. 소댈리티는 모댈리티와는 달리 사람들이 원한다고 하여 자동적으로 그 구성원이 될 수 있는 것이 아니다. 어떤 자격과 요구 조건이 갖추어져 있어야 한다. 그리고 계속 구성원으로 남아 있으려면 꾸준한 노력도 하여야 한다. 설령 이곳의 구성원이 되었다 할지라도 이곳의 목적에 기여하는 능력이나 헌신을 계속 보여 주지 아니한다면 쫓겨날 수도 있는 것이다. 소댈리티 구조 안에서는 권리보다 의무가 강조되고 규율 또한 매우 엄격하기 때문이다. 이러한 점에서 소댈리티의 리더는 언제나 엄격하게 구성원들의 자격을 심사하고 감독한다.

교회의 과업 지향적인 구조도 소댈리티라 한다. 소댈리티 교회는 사람이 그 교회를 몇 번 방문하였다고 해서 자동적으로 등록 교인으로 받아주지 않는다. 교회의 어떠한 요구 사항에 충족되어야만 등록 교인이 될 수 있다. 이러한 교회에서는 교인의 권리보다 의무를 중시한다. 등록 교인으로서의 의무에 충실하지 못할 때에는 봉사나 사역의 기회가 거의 주어지지 않는다. 이러한 교회는 교인들에게 충실한 믿음과 헌신을 요구하며, 그들의 영적 성숙을 위한 고된 훈련도 요구한다. 그렇다고 소댈리티가 사람과의 관계를 전혀 무시하는 구조라고 생각해서는 안 된다. 다만 과업을 사람과의 관계보다 더욱 중시하고 앞세우기 때문에 그런 모습으로 비쳐지는 것뿐이다.

일반적으로 소댈리티 구조를 가지고 있는 교회들은 큰 비전을 가지고 있다. 그리고 교회는 성도들로 하여금 그 비전을 향해 열심히 달려가도록 권면하며 도전하는 일에 힘쓴다. 교회의 리더들은 비전 성취를 위해 교인들에게 높은 헌신을 강조하며, 그들의 재능과 은사에 적절한 사역을 배정함으로 그들이 최선을 다해 사역에 임할 수 있도록 한다.

피터 와그너는 오늘날 성장하고 있는 교회들은 대부분 소댈리티 구조를 가지고 있다고 하였다. 이것은 어떠한 면에서는 교회가 성장하기 위해서는 소댈리티 구조를 가져야 할 필요가 있음을 보여 주는 것이다.

그렇다손 치더라도 교회는 소댈리티와 모댈리티 중 한 구조만을 선택할 필요는 없다. 왜냐 하면 대부분의 교회에는 방문자에서부터 성숙한 성도에 이르기까지 다양한 종류의 사람들이 섞여 있기 때문이다.

따라서 교회는 모댈리티의 특성과 소댈리티의 특성을 둘 다 취하는 것이 옳을 것이다. 모댈리티에는 사람과의 관계를 윤택하게 하고 넓은 눈을 가지고 교회의 사역을 바라보게 하는 특성이 있다. 그리고 소댈리티에는 사람들로 하여금 어떤 한 사역 분야에 집중하여 그것을 성취하도록 하는 특성이 있다. 그러하기에 교회는 지혜롭게 두 가지 사역 구조를 모두 가지고 있을 필요가 있다.

그렇다면 이 두 가지 사역의 특성을 모두 가지고 있는 목회 사역은 무엇일까? 바로 소그룹 사역이다. 소그룹 사역은 모임의 목적을 위한 적극적인 참여와 헌신적인 믿음을 요구하는 과업 지향적인 면과, 서로를 이해해 주고 감싸 주고 격려하고 보살펴 주는 사람 지향적인 면을 모두 가지고 있기 때문이다.

소그룹 사역의 기능들

초대 교회에는 성전 모임과 더불어 성도들이 소그룹으로 집에 모여 사도들의 가르침을 받고 서로 교제하며 떡을 떼고 기도하는 모임이 있었다.[84] 이러한 소그룹 모임을 통해 많은 사람들이 주님께로 인도되었으며, 믿음이 성장하였고, 주의 제자로 양육되었다. 즉 사람들은 소

---

84) "유익한 것은 무엇이든지 공중 앞에서나 각 집에서나 꺼림이 없이 너희에게 전하여 가르치고"(행 20:20), "라오디게아에 있는 형제들과 눔바와 그 여자의 집에 있는 교회에 문안하고"(골 4:15), "자매 압비아와 및 우리와 함께 군사 된 아킵보와 네 집에 있는 교회에게 편지하노니 "(몬 2)

그룹 사역의 기능들로 인해 주님께 인도되고 성숙되어 갔던 것이다.

초대 교회의 소그룹 모임에는 어떠한 특징적인 기능들이 있었을까? 사도행전 2장 42, 46-47절에 의하면, 소그룹에는 크게 네 종류의 사역적 기능들이 있었음을 알 수 있다.

첫째는 가르침이 있었다. 초대 교회의 소그룹에는 "하나님의 아들을 믿는 것과 아는 일에 하나가 되어"(엡 4:13) 그리스도의 장성한 분량까지 이르기 위한 말씀의 가르침과 배움이 있었다.

둘째는 성도 간의 교제가 있었다. 성도들은 소그룹 안에서 서로 친밀한 교제를 나누며 서로 돌아보는 일을 하였다. 하나님의 역사와 인도하심의 간증을 통해, 서로를 위로하고 격려하고 도전함으로써 상호 간의 영적 성숙을 도모하는 양육을 하였던 것이다.

셋째는 기도와 찬미가 있었다. 성도들은 각자에게 베풀어 주신 하나님의 은혜에 감사하며, 계속적인 주님의 역사와 인도를 간구하는 찬미와 기도의 시간들을 가졌다.

넷째는 전도와 동화와 나눔이 있었다. 초대 교회의 소그룹에는 구도자에 대한 관심이 있었다. 구도자를 인도하기 위해 물질이나 시간으로 그들의 필요를 채워 주는 봉사가 있었다. 그리고 인도된 사람들이 정착하여 믿음 생활을 잘할 수 있도록 그들을 동화하는 사역도 있었다.

이러한 사역적인 기능들은 오늘날의 소그룹 사역에서도 동일하게 적용되어 서로 균형 있게 배분되어 행해질 필요가 있다. 그렇다고 항상 이 네 가지 기능들이 균등하게 배분되어야 할 필요는 없다. 소그룹마다 강조하는 부분이 서로 다르기 때문이다. 만약 성경 연구를 위한 소그룹이라면, 말씀 공부에 더욱 많은 시간을 할애하여 모임을 가지면 되는 것이다. 그러하기에 소그룹은 유동성 있게 그 모임의 목적에 따라 다양한 성격으로 모임을 가질 수 있다.

소그룹의 여섯 가지 형태

한국소그룹목회연구원/세렌디피티 코리아의 대표인 채이석 목사는 현재 교회들이 가지고 있는 소그룹의 유형이 크게 다섯 가지로 구분된다고 한다.[85] 그 유형들로는 제자훈련 그룹, 통합 그룹, 협력과 회복 그룹, 기초 언약 그룹, 셀 그룹이 있다. 그리고 최근에 많은 교회들이 관심을 갖고 교회에 정착시키려고 하는 또 하나의 소그룹 유형이 있다. 바로 G12이다. 그렇다면 각 유형마다 어떤 사역의 특징들이 있을까? 한번 살펴보자.

제자훈련 그룹

제자훈련 그룹은 열두 명의 제자들을 선택하여 훈련시키시고 세상으로 파송하신 예수님의 사역 모델을 본받은 소그룹의 한 유형이다. 이 소그룹은 잠재력이 많은 평신도들을 초대 교회의 제자들처럼 복음의 증인으로 사랑의 봉사자로 무장시키는 일을 그 목적으로 한다.[86]

이러한 목적을 달성하기 위한 제자훈련 그룹에는 세 가지의 목표가 있다. 첫째는 평신도들을 큰 믿음과 헌신을 소유한 강하고 성숙한 제자들로 양육하는 일이며, 둘째는 그들로 세상에서 빛과 소금의 역할

---

85) 채이석, 이상화, 『건강한 소그룹 사역 어떻게 할 것인가?』(서울: 기독신문사, 2000), pp. 29-36.
86) 옥한흠, 『평신도를 깨운다』(서울: 국제제자훈련원, 2000), p. 86.

을 감당하며 복음을 증거하는 자가 되게 하는 일이며, 셋째는 주님의 성숙한 제자가 된 자들로 또 다른 사람들을 제자 삼아 양육케 하는 일이다.

이러한 소그룹의 전형적인 모델이 있다면, 그것은 바로 사랑의교회이다. 사랑의교회는 "평신도를 깨운다"라는 비전 아래 엄격한 제자훈련을 감행하고 있는 교회이다. 이 교회의 제자훈련 목적은 주님의 인격과 삶을 본받는 신자의 자아상을 확립하게 하는 일이다.[87] 이러한 목표 설정은 교역자의 사역을 훈련된 제자들에게 분담하여 함께 교회를 세워 나가게 하기 위함이다.[88]

> 제자훈련의 목적은 주님의 인격과 삶을
> 본받는 신자의 자아상을 확립하게 하는 일이다.

이러한 점에서 제자훈련 그룹은 성도들을 주님의 강한 제자로 만들기 위하여 엄격한 훈련, 즉 강한 영성 훈련과 성경 구절 암송과 다른 사람들을 제자 삼도록 도전한다. 우리는 이 소그룹 모임이 성도들을 보살피고 돌보는 전통적인 목회에서 훈련 목회로 전환된 하나의 사역 형태임을 알 수 있다. 그러나 이 소그룹 모임에는 초신자나 믿음이 적은 성도들이 쉽게 참여하지 못한다는 단점이 있다.[89] 어린아이와 같은 믿음을 소유한 사람들에게는 너무 힘들고 엄격한 훈련이 요구되기 때문이다.

---

87) *Ibid.*, p. 194.
88) *Ibid.*, p. 178.
89) 채이석, p. 31.

통합 그룹

통합 그룹은 초대 교회의 목회 형태를 본뜬 소그룹의 한 형태이다.[90] 초대 교회 성도들은 보통 두 종류의 장소에서 모임을 가졌다. 하나는 성전이었고 또 다른 하나는 가정집이었다. 그들은 성전에 모여 하나님께 예배하며 사도들의 가르침을 받았으며, 그룹별로 흩어져 각 가정에서 모임을 가졌다.

그들이 가정으로 흩어져 다시 소그룹으로 모임을 갖게 된 이유가 무엇인가? 회당에서 가르침을 받은 말씀들을 되새기며 그 말씀의 뜻을 더욱 분명히 깨달아 알기 위해서였다. 그리고 성도 간의 교제를 통해 서로를 격려하며 위로하고 도전하며 기도함으로써 상호간의 신앙 성숙을 갖게 하기 위해서였다. 이러한 점에서 초대 교회의 소그룹의 목적은 회당의 가르침과 연관성을 갖기 위한 것임을 알 수 있다.

초대 교회의 소그룹의 목적은
회당의 가르침과 연관성을
갖기 위한 것임을 알 수 있다.

현재 한국에 이러한 유형의 소그룹 사역을 실시하고 있는 대표적인 교회가 하나 있다. 그것은 여의도순복음교회이다. 여의도순복음교회는 주일예배 때 선포된 목사의 설교가 주중에 다시 한 번 소그룹 모임을 통해 성도 각 개인에게 전달되도록 하고 있다. 이 교회는 소그룹 모임과 강단 설교를 일원화하기 위한 목적으로 그렇게 하는 것이다.[91]

---

90) 사도행전 2장 42-47절, 20장 20절.
91) 채이석, p. 34.

이러한 점에서 통합 그룹은 담임 교역자의 목회철학과 신학이 분명하게 모든 성도들에게 전달되어 한 생각, 한 신앙으로 교회를 섬길 수 있게 하는 장점이 있다. 한편, 이러한 소그룹 모임의 단점은 교회가 잘못된 신앙과 신학을 가진 담임 교역자를 만나게 되면, 모든 성도들도 잘못된 신앙관을 가지고 신앙생활을 하게 된다는 것이다. 또한 소그룹의 리더들과 성도들이 설교 내용에 제한된 성경 말씀을 배우다 보니 대부분이 말씀에 대한 깊이가 없게 된다는 것이다.

협력 및 회복 그룹

이것은 일명 후원 또는 지원 그룹으로도 불린다. 일반적으로 이 소그룹은 주님의 사랑과 복음을 증거하는 일을 그 주요 목적으로 하여 도움이 필요한 자들에게 찾아가 함께 교제하며, 그들의 필요를 채워준다. 그래서 이 그룹은 모든 교인들을 참여시키는 소그룹이라기보다는 교회의 사역 프로그램의 하나로서 일부 성도들이 봉사하기 위해 조직된 소그룹이다.

우리는 주님께서 특별히 가난하고 병들고 삶의 문제로 신음하고 고통당하고 있는 사람들을 찾아가셔서 그들을 치료하시고 회복시키신 모습을 기억한다. 또한 그의 죽으심으로 인해 낙심하고 두려워하고 있던 제자들을 찾아가셔서 그들을 회복시키신 모습도 기억한다.[92] 회복 그룹은 바로 이러한 예수님의 섬기시는 사역의 특성을 본받아 조직된 모임이라 할 수 있다.

---

92) "제자들이 유대인들을 두려워하여 모인 곳에 문들을 닫았더니 예수께서 오사 가운데 서서 가라사대 너희에게 평강이 있을지어다 이 말씀을 하시고 손과 옆구리를 보이시니 제자들이 보고 기뻐하니라" (요 20:19-20)

회복 그룹은 이러한 예수님의 섬기시는 사역의
특성을 본받아 조직된 모임이라 할 수 있다.

이러한 특성을 가진 협력 및 회복 그룹은 교회 내의 성도들보다는 교회 밖의 사람들에게 더 많은 관심을 가지고 그들을 돕는다. 이 소그룹들은 사역의 내용과 성격에 따라 크게 몇 종류로 구분된다.

이 그룹들 중에는 배우자를 잃었거나 이혼을 당한 사람들을 위한 소그룹이 있고, 도박이나 마약, 알코올 중독에 걸린 사람들을 위한 소그룹도 있다. 생활이 어려운 사람들을 찾아가 위로하고 격려하기 위한 소그룹도 있다. 그리고 병든 사람이나 감옥에 갇힌 자나, 양로원이나 고아원이나 장애인들을 찾아가 그들을 격려하며 교제하는 소그룹도 있고, 교회의 다른 봉사자들을 협력하며 지원해 주는 소그룹도 있다. 또한 신앙생활에 낙심하여 믿음에서 이탈한 자들을 찾아가 그들의 신앙을 회복시키기 위한 소그룹도 있다. 이러한 소그룹은 모임을 통해 사람들이 어려운 상황에서 잘 회복될 수 있도록 위로하고 격려하고 치료하며, 그들이 필요로 하는 것들을 제공하여 주는 일을 주요 사역으로 한다. 이러한 사역의 특성으로 이 소그룹은 보통 몇 명의 헌신적인 신자와 도움 받을 불신자들로 구성되는 것이 보통이다.

이와 같이 협력과 회복 그룹에는 많은 종류의 소그룹 사역이 있다. 그리고 이 모든 소그룹은 도움이 필요한 사람들을 돕기 위한 그룹들이다. 그러하기에 이러한 소그룹은 세상에서 상처받고 고통 가운데 있는 사람들에게 그리스도의 사랑을 증거하여 그들을 교회로 인도하는 사역적 특성이 있다.

기초 언약 그룹

기초 언약 그룹은 세렌디피티에 의해 소개된 소그룹 모임이다. 현대인들은 집이나 직장의 잦은 이사나 이동으로 인하여 다른 사람들과 오랜 기간 동안 관계를 유지하지 못하고 있다. 기초 언약 그룹은 바로 이러한 현대인들에게 신앙생활의 안정감을 주기 위해 조직된 소그룹이라 할 수 있다.[93] 채이석 목사는, 이 소그룹은 모임을 시작할 때, 부동산 임대 계약서와 같이 그 모임의 목적과 내용, 모임 장소 및 시간 등을 서로 약속하고 이것에 근거해 모임을 갖는 유형이라고 말하였다.

성경은 하나님께서 아브라함과 언약을 맺으셨다고 말한다. 하나님은 아브라함에게 열국의 아비가 될 것이라고 약속하셨고(창 17:2-4), 아브라함은 이를 위해 주의 말씀에 순종하는 자로 살아가야만 했다. 이 언약은 영원한 것이며 결코 깨어질 수 없는 것이었다. 기초 언약 그룹은 바로 이러한 언약적 특성을 근거로 조직된 소그룹 모임이다.

> 기초 언약 그룹은 이러한 언약적 특성을
> 근거로 조직된 소그룹 모임이다.

이 소그룹 모임은 구성원들이 약속한 그 기간 동안엔 도중하차 없이 꾸준하고 밀접한 관계 속에 모임을 가진다. 그리고 소그룹의 기본 기능들, 즉 성경 연구와 교제와 구도자 인도 등을 균등하게 배분하여 모임을 갖는다. 이렇게 균등하게 배분하여 모임을 갖는 이유는, 성경

---

93) 채이석, p. 35.

연구를 통하여 하나님을 더욱 깊이 알아 가고, 교제를 통하여 서로를 세워 주고 보살피며, 구도자 인도를 통해 소그룹 모임을 계속 확장시켜 나감으로써 균형 있는 신앙생활의 성장을 가져오게 하기 위함이다.

이러한 기초 언약 그룹에서는 성도들이 영적, 사회적, 심리적, 신체적으로 균형 잡힌 전인격적인 성장을 하도록 돕기 위한 다섯 가지의 교과 과정을 제공한다.[94] 그 교과 과정은 대상에 따라 새가족 소그룹, 헌신자 소그룹, 직능별 소그룹, 사역별 소그룹, 협력 회복 소그룹으로 구분되어 제공된다.

셀 또는 셀 그룹

셀 그룹은 이드로가 그의 사위 모세에게 조언한 사역의 모델을 근거로 만든 소그룹 모임이다. 이 소그룹은 목회자와 평신도 간의 동역자 정신을 극대화시키기 위해 만들어진 모임이다.[95] 그러하기에 셀 그룹은 평신도가 교역자와 함께 목회를 하는 독특한 사역적 특성을 가진다.

셀은 평신도가 교역자와 함께
목회하는 사역적 특성을 가진다.

이러한 셀 모임을 가진 교회들은 교역자들이 평신도를 사역자로 길러내고, 평신도에게 사역자의 임무를 부여하는 사역 구조를 가지고

---

94) *Ibid.*, pp. 83-104. 채이석 목사는 여기서 각 교과 과정의 목적과 대상과 특징에 대해 자세히 설명하고 있다.
95) Carl George, p. 29.

있다. 이러한 교회들은 셀을 중심으로 목회를 하기 때문에 때로는 셀 교회라고도 불린다.

일반적으로 셀 교회는 교회의 사역을 두 분야로 나눠 수행한다. 하나는 예배이고, 또 다른 하나는 셀 모임이다. 셀들이 다 함께 모이면 축제 예배를 드리게 되고, 흩어지면 각 셀로 모여 목회 사역을 한다.

셀 모임은 세 종류의 그룹으로 구분된다. 첫째는 사역 또는 봉사를 위한 셀과, 둘째는 성경공부를 위한 셀, 그리고 셋째는 친교를 위한 셀이 있다. 각 셀들은 그들의 목적에 따라 사역이나 성경 연구 또는 친교로 모임을 갖는다. 셀들은 모임을 통해 서로를 보살피고, 영적 성숙을 도모하며, 구도자들을 셀로 인도하여 복음을 접하게 한다.

셀 사역에 있어서 대표적인 특징이 있다면, 그것은 세포분열이다. 세포가 커지게 되면 자연적으로 두 개로 분열된다. 그리고 분열된 세포는 모체 세포로부터 물려받은 유전자를 성장시켜 다시 분열한다. 이와 비슷하게 셀 모임의 특징은 셀의 재생산과 리더 양성이라 할 수 있다. 셀이 커져 두 개의 셀로 나뉘게 되면, 새로운 셀은 하나의 리더를 필요로 하게 된다. 이때 모체 셀의 리더는 자녀 셀을 이끌어갈 리더 양성에 주력하게 된다.

G12 사역 또는 12명의 그룹

G12 사역은 12명의 제자를 양육하여 그들에게 교회를 맡기신 예수님의 사역을 모델로 고안된 소그룹 모임이다. 이 소그룹 사역은 기능적인 면에 있어서는 셀 그룹과 같다. G12 역시 목회 사역을 교역자와 평신도가 서로 협력하여 교회를 세워 나가기 위한 목적으로 조직된 소그룹이다. 그러나 이 둘 사이에 서로 다른 점도 있다. 그것은 소그

룹 구조와 리더를 양성하는 방법의 차이이다.

이 G12 사역은 콜롬비아의 수도 보고타에서 목회하고 있던 세자르 카스테야노스(Cesar Castellanos) 목사에 의해 고안된 소그룹 모임이다. 그는 1986년 여의도순복음교회를 방문한 후, 그의 교회를 셀 교회로 바꾸었다. 그리고 그 교회는 1990년 2천여 명의 교회로 성장하게 되었다. 그러나 셀 그룹 교회의 한계를 느낀 카스테야노스 목사는 하나님께 부르짖게 되었고, G12 비전을 갖게 되었던 것이다.

셀에서 발견한 문제점은
리더들의 낮은 헌신이었다.

그가 셀에서 발견한 문제점은 리더들의 낮은 헌신이었다. 셀의 리더들은 단기간의 양육과 훈련으로 리더가 되었기에 리더들의 헌신이 비교적 낮은 편이었다. 그 결과 대부분의 리더들은 헌신적인 삶보다는 단순히 셀 모임을 인도하는 정도로 그의 임무를 수행하고 있었던 것이다.

이에 카스테야노스 목사는 주님께서 왜 제자들과 함께 지내시며 개개인에게 단순한 지식 전달이 아닌 멘토링을 하신 것과, 그 멘토링을 통해 제자들을 강한 헌신자로 만들려고 하셨던 것을 생각하며 교회가 더욱 성장하기 위해서는 리더들을 더 강한 헌신자로 만들지 아니하면 안 되겠다는 위기의식을 느끼게 된 것이다. 그래서 제자훈련 그룹의 리더처럼 평신도 리더를 보다 헌신적인 리더로 양성하기 위해 G12 사역을 고안하게 된 것이다. 2000년 당시 이 교회는 G12 사역을 통해 10년 만에 30만 명이 넘는 교회로 성장하게 되었다.

일반적으로 G12 사역은 한 명의 리더와 열두 명의 제자들로 구성된다. G12 사역이 12명의 제자들로 구성하게 된 이유는 성경에서 12라는 숫자가 주는 의미 때문이다. 하나님은 12지파를 통해 이스라엘을 다스리셨으며, 그들을 신앙으로 인도하셨다. 솔로몬도 12관장을 두어 이스라엘을 통치하게 하였다. 신약 시대에도 주님은 12제자를 통해 그의 백성들을 지도하며 인도하게 하셨다. G12는 이러한 신학적인 관점에서 12라는 행정 체계를 갖게 된 것이다.

G12 사역의 특징은 통합 그룹과 같이 말씀과 비전의 연속성이다. 이 연속성은 G12의 리더 양성에서 비롯된다. 먼저 한 리더가 12명의 제자들을 선택해 그들의 멘토가 되어 그들을 강한 헌신자로 양육한다. 양육된 제자들은 각각 또 다른 제자 12명을 선택하여 그들의 사역자가 되어 그들을 양육하게 된다.

이러한 방식의 리더 양성으로 처음 1명이 12명이 되고, 144명이 되고, 그 다음에는 1,728명의 리더가 생겨나게 된다. 한 리더의 신학과 비전과 열정이 이 모든 제자들에게 연속적으로 복제되어 그들 모두가 동일한 비전과 열정을 갖게 되는 결과가 생겨나게 되는 것이다. 이때 리더와 제자들과의 관계는 한두 해가 아닌, 장기적인 멘토와 프로테제의 관계가 되어 멘토링하게 된다.

G12의 제자화 사역은 교회마다 조금씩 다를 수 있으나, 기본적인 과정은 네 단계로 같다. 첫번째는 전도 단계이다. 먼저 사람들을 찾아가 그들에게 복음을 증거하여 주님을 믿게 한다. 두 번째는 강화 단계이다. 양육하는 훈련을 통해 그들로 헌신된 삶을 살도록 강화한다. 세 번째는 제자화 단계이다. 주님의 제자가 되어 평생 온전한 자로 살아가도록 훈련한다. 네 번째는 파송 단계이다. 성숙한 제자가 된 사람들

을 사역자로 세상에 파송하여 다른 사람들을 제자화시키도록 한다. 따라서 G12의 비전은 한마디로 '영혼 구원과 제자 삼는 일, 그리고 번식'이라 할 수 있겠다.

3. 메타 교회로의 전환

요즈음 전통적인 교회들은 지역사회에서 많이 고립되어 있기에 영향력이 별로 없다. 사역 활동을 주로 교회 안에서만 하게 됨으로써 지역사회와는 무관한 교회가 되어 가고 있는 것이다. 이러한 이유로 대부분의 교회들은 지역의 주민들을 교회로 인도하거나, 그들의 세계 속에 파고드는 힘이 매우 약한 편이다.

전통적인 교회의 문제점들

전통적인 교회들은 이외에도 적지 않은 문제점들을 지니고 있다. 그 중에서도 교회가 제사장으로서의 임무를 수행하지 못하고 있는 점은 큰 문제가 아닐 수 없다. 하나님은 각 성도들을 제사장으로 부르셨다. 제사장이란 다른 사람들을 위해 하나님께 중보하는 자들이 아니던가! 그런데 성도들이 교회 안에만 머물러 있다 보니 세상의 사람들을 하나님께로 인도하는 중보자의 역할을 충실히 감당하지 못하고 있는 것이다.

또 다른 한 문제점은 성도들이 자신들의 은사를 제대로 활용하지 못하고 있는 것이다. 일반적으로 대부분의 교회들이 교회 안에서 제

공하는 사역 분야는 그 수가 제한되어 있다. 교회에서 훈련받고 평신
도 지도자가 된 사역자들이 봉사하기에는 그 사역 분야가 너무 제한
되어 있다는 말이다. 보통 전통적인 교회에서는 성도들이 성가대나
주일학교 교사, 또는 몇몇 프로그램에 참여하여 봉사생활을 하고 있
다. 이것은 성도들이 교회에서 자신들의 재능과 은사를 가지고 마음
껏 봉사하고 싶어도 봉사할 수 있는 사역 현장이 너무 적다는 것을 의
미한다.

또한 전통적인 교회는 성도들 개개인의 삶을 돌보아 주는 사역에
있어 너무 약하다. 일반적으로 교회들이 1년에 한두 번의 심방을 통해
성도들을 돌아보는 것이 전부이다. 이 정도의 돌봄으로는 결코 성도
들의 삶에 실제적인 도움을 줄 수가 없다. 성도의 믿음이 자라기 위해
서는 끊임없는 관심과 돌봄과 양육이 있어야 하는데, 교회가 한두 개
의 성경공부반을 운영하거나, 1년에 한두 번 심방하는 것으로 성도들
에게 구체적인 돌봄을 줄 수 없는 것은 자명한 일이다.

이러한 사역적인 특성으로 인해 전통적인 교회들이 갖게 되는 또
하나의 문제점이 있다. 그것은 교역자들의 업무가 너무 많고 버겁다
는 것이다. 일반적으로 전통적인 교회에서의 교역자들은 날마다 쉬지
않고 해야 되는 심방과 새벽기도와 예배들을 위한 설교 준비, 성경공
부 인도, 상담, 행정 등등 많은 사역들을 감당해야 된다. 이러한 이유
로 교역자들이 너무 지쳐 항상 탈진 상태에 있는데, 성도들은 감당해
야 할 일이 없어 대부분이 교회에서 방청객같이 안일한 신앙생활을
하게 된다. 존 스토트(John Stott) 목사는 전통적인 교회의 이러한 모습
을 이렇게 비유한 적이 있다.

버스 안을 들여다보라. 버스를 운전하기 위해 운전수 혼자만이 신경을 곤두세우며 모든 에너지를 집중시키고 있다. 그러나 승객들은 뒷자리에 앉아 팔짱을 끼고 잠들어 있거나 딴전을 피우고 있다.[96]

이러한 점들이 전통적인 교회들이 가지고 있는 문제점들이다. 이제 전통적인 교회들은 사역 구조를 바꿀 때가 되었다. 교회의 성장을 방해하는 이러한 전통적인 사역 구조는 이제 교회가 다시 건강하게 자라나기 위해 버릴 때가 온 것이다. 왜냐 하면 더 이상 이러한 사역 구조로는 교회 성장을 기대할 수 없기 때문이다.

초대 교회의 두 종류의 모임

예수님의 사역에는 두 종류의 방식이 있었다. 하나는 병들고 소외되고 가난한 자들을 찾아가서서 그들의 친구가 되어 말씀을 전하시고, 때로는 그를 찾아온 군중들에게 말씀을 전하시거나 가르치셨던 방식이다. 그리고 또 하나는 12명의 제자들을 선택하셔서 그들과 함께 지내시며 가르치시고 훈련시키시고 양육하신 방식이다.[97] 아마도 전자의 사역 방식을 '대중 목회' 라 한다면, 후자는 '소그룹 목회' 라 부를 수 있을 것이다.

그 후, 초대 교회는 이러한 예수님의 목회 방식을 본받아 대중 목회와 소그룹 목회를 병행하며 교회를 세워 나갔다. 사도행전 2장 42,

---

96) www.glorianet.net

97) "또 산에 오르사 자기의 원하는 자들을 부르시니 나아온지라 이에 열둘을 세우셨으니 이는 자기와 함께 있게 하시고 또 보내사 전도도 하며" (막 3:13-14)

46-47절을 보라.

> “저희가 사도의 가르침을 받아
> 서로 교제하며 떡을 떼며 기도하기를 전혀 힘쓰니라
> 날마다 마음을 같이하여 성전에 모이기를 힘쓰고
> 집에서 떡을 떼며 기쁨과 순전한 마음으로 음식을 먹고
> 하나님을 찬미하며 또 온 백성에게 칭송을 받으니
> 주께서 구원받는 사람을 날마다 더하게 하시니라”

이와 같이 초대 교회에는 모든 성도들이 날마다 성전에 함께 모여 예배하는 대중 모임이 있었고, 또 성도들이 소그룹으로 집에 모여 사도들의 가르침을 받고 서로 교제하며 떡을 떼며 기도하는 소그룹 모임이 있었다. 즉 초대 교회 성도들은 성전에 모여 예배하며 가르침을 받았고, 가정에 모여 그룹별로 자신들의 은사를 활용하여 성도들과 이웃들을 향한 돌봄과 양육과 섬김을 가졌다. 그리고 이러한 사역으로 인해 많은 사람들이 교회를 칭찬하며 찾아 드는 역사가 일어났다.

그런데 이러한 교회의 모임에 변화가 생기기 시작했다. AD 313년 기독교가 로마의 국교로 선포되면서 교회는 성전 중심으로 모임을 갖게 되었고, 그 결과 가정 모임은 점점 사라지게 된 것이다.[98] 313년 이전까지의 교회들은 주로 가정을 중심으로 모임을 가져오고 있었는데, 콘스탄틴 황제가 기독교를 공인하게 되면서부터 성전 중심의 교회로 변해 버린 것이다. 이유는 기독교가 국교로 인정되면서 그 동안 숨어서 신앙생활을 해 왔던 교회가 공적으로 세상에 드러나게 되었고, 교

---

98) www.glorianet.net

회 제도 또한 급속히 체계화되면서 성전 중심의 교회로 변하게 된 것이었다. 불행하게도 이러한 전통이 오늘날까지 전해져 내려와 많은 교회들이 성전(교회당) 중심으로 신앙생활을 하고 있는 것이다.

교회들은 다시 초대 교회의
모임 형태로 되돌아가야 한다.

그러므로 이제 교회들은 다시 초대 교회의 사역 구조로 되돌아갈 필요가 있다. 오늘날 이러한 변화는 교회 성장의 한계와 세상에 대해 무력감을 느끼고 있는 교회들에 의해 서서히 시도되어 오고 있다. 교회들은 셀 교회라는 대안을 가지고 전통적인 교회 구조를 바꾸려고 하고 있는 것이다. 무엇보다도 셀 교회가 성경적이면서도 현대인들의 삶의 특징을 가장 잘 반영해 주는 사역 구조이기에 오늘날 많은 교회들이 셀 교회를 선호하고 있는 것이다.

셀 교회(Cell Church)는 지금 전통적인 교회들을 향해 '패러다임의 변화(the shift of paradigm)'를 요구하고 있다.[99] 크리스티안 슈바르츠는 교회의 목적을 성취하지 못하는 교회 조직은 마땅히 버려져야 한다고 강조한다.

교회 조직 자체는 절대로 궁극적인 목적이 될 수 없습니다. 조직은 목적을 위한 수단일 뿐입니다. 이 요구 사항에 맞지 않는 것들(지도력을 감소시키는 조직, 불편한 예배 시간, 교인들에게 효과적이지 못한 프로그램 등)은 모두 바뀌든지 중단되어야 합니다. 이와 같은 자체 갱신을

---

99) *Ibid.*

통해 전통주의적인 관례들은 많은 부분 제거될 수 있습니다.[100]

그렇다. 비생산적인 사역 구조를 가지고 있는 교회는 반드시 변화되어야 한다. 그리고 기능적인 사역 구조를 가진 교회로 전환해야 한다. 이러한 의미에서 셀 교회는 모든 기존 교회들이 전환해야 할 기능적인 사역 구조를 가진 교회라 할 수 있다.

왜 메타 교회인가?

칼 조지는 미래의 교회는 메타 교회가 되어야 한다고 말한다. 메타교회는 '변화하는 교회'를 의미한다. '메타(meta)'란 헬라어 어근으로서 '변화'를 의미한다.[101] 다시 말해 메타 교회는 지금까지의 목회의 개념과 사역 구조에서 변화된 교회를 뜻한다. 그러하기에 메타 교회는 전통적인 교회와는 매우 다른 사역 구조를 가지고 있다.

칼 조지에 의하면, 메타 교회는 교역자와 평신도들이 서로 동역자의식을 가지고 함께 목회하는 교회이며, 목회적 돌봄이 일차적으로 교역자보다는 셀에 있는 교회이고, 평신도의 목회적 돌봄이 있는 셀들로 조직된 교회이다.[102] 그리고 교역자는 평신도 리더들을 훈련시키는 데 힘을 쏟는 교회이다.

그러면 어떠한 이유로 메타 교회가 미래 교회의 모델이 될 수 있는가? 그것은 현대인들의 삶의 문제들을 적절히 해결해 주는 사역 구조

---

100) Christian A. Schwarz, pp. 36-37.
101) Carl George, p. 25.
102) *Ibid.*, p. 29.

를 갖고 있기 때문이다. 칼 조지는 메타 교회의 필요성에 대한 이유를 다음과 같이 설명한다.

첫째로, 오늘날 깨어지고 삐걱거리는 많은 가정들이 기본적인 돌봄을 필요로 한다.

둘째로, 사람들이 교회생활에 잘 동화되지 못하고 점점 교회를 떠나고 있다.

셋째로, 교회 내에 보살피고 섬기는 사역이 많이 필요하다.

넷째로, 교회가 성장함에 따라 교역자의 역할은 셀 리더들을 지원하는 자들로 전환되어야 한다.

다섯째로, 교회가 커질수록 다른 교회에서 많은 사람들이 옮겨오기에 성도들의 전도에 대한 열심이 줄어들고 있다.

여섯째로, 교회 리더들이 교회 안팎의 모든 사역들을 전체적으로 파악할 수 있는 조직이 필요하다.

<blockquote>
현대의 사회적, 영적인 문제점들을 해결해
줄 수 있는 교회는 바로 메타 교회이다.
</blockquote>

이러한 점에서 현대의 사회적, 영적인 문제점들을 해결해 줄 수 있는 교회는 바로 메타 교회이다. 메타 교회는 기본적으로 셀을 중심으로 성도들을 보살피기 때문에 교회는 성도들을 개인적으로 잘 보살필 수가 있고, 교회생활에 잘 정착할 수 있도록 도울 수 있으며, 구도자에 대한 관심과 인도에 열심을 품을 수 있다.

왜 셀인가?

생물학적으로 셀은 유기체를 이루는 최소 단위 구조이다.[103] 일반적으로 모든 유기체는 셀들이 모여 그 기능을 발휘하게 된다. 즉 셀이 모여 조직이 되고, 조직이 모여 기관이 되며, 기관이 모여 하나의 완전한 유기체인 몸을 이루게 되는 것이다.[104]

보통 이러한 셀은 두 개의 셀로 나누어질 때까지 계속 성장한 후, 재생산의 과정을 거치게 된다.[105] 그리고 분열된 두 개의 셀은 균등하게 나눠 가진 부분적인 염색체를 성장시켜 다시 분열하는 과정을 밟게 되는 것이다.

셀 모임도 생물체의 셀과 같이 독립적으로 기능할 수 있는 교회의 최소 단위 사역 구조이다. 일반적으로 셀은 교회가 해야 할 모든 기능들을 자체적으로 다 감당한다. 이러한 점에서 교회의 성장은 셀이 성장하여 그 규모가 커져 다시 둘로 나뉘게 되는 재생산의 과정을 통해 이루어진다고 할 수 있다. 분열된 각 셀은 서로 균등하게 나뉜 기본적인 구성원들을 데리고 다시 성장 과정을 거쳐 재생산의 과정을 거치게 된다.

이것은 또한 한 교회는 이런 셀들이 하나로 모여 형성됨을 의미하기도 한다. 건강한 셀이 건강한 몸을 가져오듯이 이때 교회의 건강과 성장은 건강한 셀을 통하여 이루어지게 된다.

---

103) *The American Heritage Dictionary of the English Language*, 3판, 1992 by Hughton Mifflin Co.
104) www.kcnn.co.kr
105) Joel Komisky, p. 25.

메타 교회의 특성들

메타 교회에는 크게 네 가지의 특성이 있다.[106] 첫째로, 메타 교회는 일종의 작은 가정 교회와 같다. 가정이란 기본적인 보살핌이 있는 사회의 기본 구조이다. 이러한 이유로, 이 땅의 사람들은 모두가 가정을 통해 기본적인 보살핌과 양육을 받는다.

메타 교회도 마찬가지다. 성도들도 셀 모임을 통해 보살핌과 양육을 받게 된다. 셀의 구성원들은 가족 같은 마음으로 서로 간에 관심과 돌봄을 갖는다. 셀은 이러한 돌봄을 통해 교회가 해야 하는 모든 일들을 기본적으로 하고 있다. 셀은 교회 안에 또 다른 하나의 작은 독립 교회라 할 수 있다. 그리고 셀은 독립적인 작은 교회임에도 불구하고 다른 셀들과 서로 네트워크를 형성하여 하나의 통일성을 이룬다.

둘째로, 교역자와 평신도가 함께 협력하여 목회하는 교회이다. 그러나 그 둘의 역할은 서로 다르다. 평신도는 목회의 임무를 교회로부터 부여받아 자신의 은사를 가지고 목회하고, 교역자는 평신도를 목회자로 양성하는 일에 전력하는 특징이 있다.

칼 조지는 평신도에게 목회자의 임무를 부여하는 이 일을 결코 위임으로 생각해서는 안 된다고 하였다.[107] 위임이란 교역자가 시간을 절약하기 위해 자신의 업무를 얼마간 다른 사람에 맡기는 것을 뜻하는데, 평신도도 교역자와 같이 목회를 감당할 직무와 능력과 자격이 충분히 있기 때문이다. 그러하기에 메타 교회는 평신도가 목회하는

---

106) www.glorianet.net
107) Carl George, p. 50.

교회로 불리는 것이다.

셋째로, 프로그램보다는 관계에 기초하여 목회하는 교회이다. 셀은 어떤 커리큘럼이나 방법론보다는 친밀한 관계와 헌신적인 돌봄과 모범을 통해 사람들을 보살핀다. 이것은 메타 교회가 모임 자체보다는 사람들과의 관계에 더욱 초점을 맞추는 교회임을 의미한다.

넷째로, 재생산을 위한 교회이다. 셀은 재생산을 위해 존재한다. 셀의 구성원들은 서로 간의 관심과 돌봄과 양육과 전도를 통해 셀을 성장시킨다. 셀은 보통 1년 정도의 성장 기간을 가진 후, 다시 두 개의 셀로 분열하여 재생산의 과정을 갖는다.

싱가포르의 페이스침례교회(Faith Community Baptist Church)의 목사인 로렌스 콩(Lawrence Khong)은 메타 교회의 이러한 특징들에 대해 다음과 같이 말한다.

> 셀을 가지고 있는 교회와 셀 교회와는 엄청난 차이가 있다. … 우리 교회는 셀 사역을 제외하고는 아무것도 하지 않는다. 교회가 해야 할 모든 일들, 즉 훈련, 교육, 제자훈련, 전도, 기도, 예배 등은 셀을 통해서 이루어지고 있다. 우리의 주일 예배는 모든 셀들이 모여 드리는 공동의 축제 예배일 뿐이다.[108]

셀의 주요 사역

셀은 기본적으로 네 가지의 주요 사역에 중점을 둔다. 첫째는 전도이다. 셀은 구도자들에게 찾아가 그들의 필요와 욕구를 채워 주며 도

---

108) Elizabeth Farrell, "Aggressive Evangelism in an Asian Metropolis," *Charisma Magazine*, Jan., 1996, pp. 54-56.

와줌으로써 셀로 인도한다.

둘째는 동화이다. 셀에 참석한 구도자가 편안하게 잘 정착할 수 있도록 그들을 친밀히 보살피며 교제한다.

셋째는 돌봄이다. 이것은 목회적 돌봄을 말한다. 셀의 모든 구성원들이 영적으로, 육적으로, 정신적으로 잘 성장할 수 있도록 서로 돕고 격려하며 도전한다.

넷째는 리더 양성이다. 셀은 성도들이 평신도 리더가 될 수 있도록 지도하며 양육한다. 그리고 평신도 리더가 된 자들에게 새로운 셀을 맡겨 다른 사람들을 제자화하도록 한다.

메타 교회의 사역 구조

메타 교회의 사역 구조는 초대 교회의 사역 구조와 거의 같다. 초대 교회가 회당과 가정 모임을 중심으로 신앙생활을 하였듯이, 메타 교회도 예배와 셀 모임을 중심으로 신앙생활을 하며 주님의 몸된 교회를 섬긴다.

축제 예배

메타 교회에 있어서 축제 예배는 대단히 중요하다. 여기서 말하는 축제 예배란 교회의 모든 셀들이 한자리에 모여 드리는 예배를 의미한다. 이 예배는 모든 셀들이 함께 모여 예배를 드리기 때문에 일명 셀들의 총회라고도 불린다. 여기서 말하는 축제 예배란 셀들이 함께 축제하는 마음으로 예배를 드린다는 의미가 아니다. 이것은 예배를 통해 모든 셀들이 하나님의 임재를 경험함으로 그들의 마음에 감격과 기쁨과 새로운 힘을 갖게 한다는 의미에서의 축제 예배이다.

대개의 셀 모임에서 축제 예배 때와 같이 하나님의 임재를 경험하기란 쉬운 일이 아니다. 셀은 찬양과 경배를 위한 모임이 아니라, 봉사와 사역과 교제와 훈련을 위한 모임이기 때문이다. 이러한 점에서 축제 예배는 교회의 모든 셀들이 하나님의 능력과 역사와 임재와 인도하심을 느끼게 한다는 점에서 그 의의는 크다 하겠다.

일반적으로 축제 예배에는 많은 특징들이 있다. 먼저 같은 셀 구성원들이 한자리에 앉아 예배를 드린다는 점이다. 당신은 2-3백 명 혹은 그 이상의 성도들이 참석하는 교회에서 예배를 드려 본 적이 있는가? 그리고 한 번도 대화해 보거나 교제해 보지 못한 사람들과 같이 자리에 앉아서 예배를 드려 본 적이 있는가? 만약 당신이 그런 예배를 드려 보았다면, 당신은 아마도 같이 예배드렸던 옆 성도들과 서로 어색하게 쳐다보며 불편함과 부자연스러움을 느꼈던 것을 경험해 보았을 것이다.

나도 이러한 경험이 몇 번 있었다. 한국에 있을 때, 서울의 몇몇 대형 교회에 방문자로 참석하여 예배를 드린 적이 있었다. 주위의 사람들은 처음 보는 성도들이고 서로 말 한마디 없이 얼굴만 가끔 어색하게 쳐다보고 예배를 드리는데, 참으로 그때의 어색함과 불편함이란 이루 말할 수 없었다. 그렇게 많은 성도들이 한자리에 모여 예배를 드리는데, 어느 한 사람도 아는 사람이 없고, 그렇다고 어느 누구 한 사람 아는 체하거나 반기지도 아니하였다. 이런 것을 두고 '군중 속에의 고독' 이라고 누가 말하지 아니하겠는가?

축제 예배는 같은 셀의 구성원들끼리 함께 자리에 앉아 예배를 드리게 함으로써 이러한 문제점을 해결했다. 서로 친숙한 사람들이 한 자리에 앉아 예배를 드리며 편안함과 자유스러움을 가질 수 있었기 때문이다.

서로 친숙한 성도들이 가까이 앉아 예배를
드리게 될 때, 그들은 더욱 편안함과
자유스러움을 느끼게 될 것이기 때문이다.

　그리고 축제 예배에는 전통 교회에서 보기 힘든 또 하나의 특징이 있다. 그것은 교역자와 셀이 함께 예배를 인도한다는 것이다. 물론 설교는 대부분 교역자가 맡아 하나, 그 외의 순서들은 셀들이 맡아 주관하며 인도한다는 것이다. 각 셀들은 모임 속에서 갖게 된 각종 사역의 결과들을 가지고 나와 그것을 다른 셀들과 함께 나눈다. 그러하기에 메타 교회는 어느 특정한 예배 형식을 강조하지 않는다.[109] 예배를 인도하는 셀들의 준비 내용이나 성격에 따라 예배 형식이 달라지기 때문이다.

예배에 관한 모든 구상과 계획과
준비는 예배 사역 팀들이 한다.

　일반적으로 예배에 관한 모든 구상과 계획과 준비는 예배 사역 팀들이 한다. 예배 사역 팀은 계획 수립 팀, 청중 통제 팀, 예배 인도 팀, 기술팀, 지원팀 등 다섯 팀으로 구분된다. 이 팀들은 전문 예배 사역자의 지도와 관리 하에 예배를 준비하게 된다.[110]

---

109) Carl George, p. 188.

예배 사역 팀의 역할들을 살펴보자. 먼저 계획 수립 팀은 대예배를 구상하고 조정하며 장식하는 일들을 맡아 한다. 청중 통제 팀은 예배 주보와 방문자 환영을 비롯, 주차장 안내부터 좌석 안내까지의 일들을 주관한다. 예배 인도 팀은 설교자와 찬양 인도자나 보컬팀, 앙상블이나 성가대, 연주자들, 드라마 등을 준비시킨다. 기술팀은 예배 시 조명, 슬라이드, 음향, 무대, 비디오 촬영을 맡아 일을 한다. 지원팀은 중보기도 팀, 기도 상담, 성찬 및 세례식 등을 맡아 주관한다.

이때 이러한 예배 사역 팀은 교회의 모든 예배를 앙상블 인큐베이터(ensemble incubator)를 통해 구상하고 계획하며 준비한다. 앙상블 인큐베이터는 GTF 모임으로도 불리며, 길드(Guilds)와 트룹(Troupes)과 포럼(Forums)으로 구성된다.[111]

길드란 음악 레슨이나 판토마임반, 보컬팀, 연극반 등과 같이 사람들을 훈련하는 곳이며, 트룹은 대예배 찬양대나 청년부 찬양대, 아카펠라 찬양대, 예배 무용, 무대 설치자들, 음향팀이나 디지털 녹음 팀과 같은 실제적인 공연팀과 생산팀을 말하며, 포럼은 축제 예배, 주일 찬양 예배, 성탄절 콘서트 등 실제 회중이나 청중을 포함하는 모임을 의미한다.

셀 모임

메타 교회에 있어서 셀은 교회의 사역 프로그램 중의 하나가 아니다. 오히려 셀 자체가 하나의 교회이다. 이것은 또한 메타 교회가 이

---

110) *Ibid.*, p. 164.
111) *Ibid.*, pp. 194-197.

러한 셀들로 구성된 하나의 교회임을 의미하기도 한다. 다른 말로 하자면, 셀은 교회 안에 존재하는 또 하나의 작은 교회인 것이다.

셀 자체가 하나의 교회이다.

셀은 두 그룹으로 구분된다. 하나는 양육 그룹이고, 또 다른 하나는 봉사(사역) 그룹이다. 봉사 그룹은 교회 안팎의 사역을 맡아 주관하고 양육 그룹은 서로 간의 친밀한 교제 속에서 돌봄과 훈련과 양육을 통해 신앙 성숙을 가져오는 것을 그 목적으로 한다. 이러한 이유로, 양육 그룹은 모임의 성격에 따라 다시 교제 그룹과 말씀 그룹으로 구분된다.

교제 그룹은 구도자나 초신자들을 위한 셀이다. 이 셀들은 사람들의 필요와 욕구를 채워 주며 돌봐 줌으로써 그들로 교회에 관심을 갖게 하고 잘 정착할 수 있도록 도와준다. 셀은 보통 비슷한 취미를 가지고 있는 사람들로 구성된다. 등산이나 운동, 또는 오락 등과 같은 취미를 통해 친밀한 교제를 갖게 된다. 칼 조지는 이러한 형태의 셀 모임은 교회의 뒷문을 닫는 역할을 감당한다고 하였다.[112]

말씀 그룹은 성도들을 보다 성숙한 그리스도의 제자로 만들기 위한 셀이다. 이 셀들은 말씀을 보다 깊이 알기 위해 성경을 주제나 책별로 연구하거나 신학적 주제를 선택하여 성경을 연구하며 영적 성장을 도모한다. 특별히 이 그룹은 연령이 비슷한 동성으로 구성된다.

봉사 그룹은 장성한 믿음의 사역자로의 준비가 된 자들로서 교회 안과 밖의 봉사를 위해 구성된 셀이다. 교회 밖의 사역을 위한 셀은

---

112) *Ibid.*, p. 245.

주로 지역사회의 필요를 채워 주고 도와주는 일을 주요 사역으로 하며, 교회 내의 사역을 위한 셀은 예배나 교육 부분에서 봉사하고 있는 봉사자들로 구성된다.

봉사 셀의 특징은 같은 사역 분야에서 봉사하는 사람들이 하나의 셀로 구성된다는 것이다. 예를 들어, 찬양대에는 소프라노, 알토, 테너, 베이스 네 파트가 있다. 이때 각 파트에 있는 사람들이 하나의 셀로 구성되게 된다. 그러하기에 기존 교회와는 달리, 주일에는 성가대에서 주중에는 셀에서 봉사하는 이중적인 봉사로 심적 부담을 주지 않는다. 그리고 한 성도로 하여금 시간과 정열을 여러 곳으로 분산시키지 아니하고 오직 한 사역에만 몰두하게 만든다는 특징이 있다.

그러나 성도들이 반드시 한 셀에만 속해야 한다는 규정은 없다. 필요에 따라서 또 다른 셀에 속해 봉사나 교제의 시간들을 가질 수 있다.

그럼에도 불구하고 모든 셀에는 기본적으로 감당해야 할 임무들이 있다. 교제, 성경공부, 봉사, 전도 등이 바로 그것들이다. 이러한 기능들은 각 셀의 목적에 따라 강조되는 부분이 조금씩 다를 뿐이다. 예를 들어, 만약 친교를 위한 셀이라면, 그 셀은 친교에 70퍼센트, 나머지 기능들에 30퍼센트의 비중을 두고 활동하면 되는 것이다.

셀 모임 기간은 대개 1년이며, 매년 말에 자신들이 관심 있는 셀에 다시 신청하여 가입하면 된다. 초신자일 경우 교제 셀에서 말씀 셀로 그 다음 봉사 셀로 가입하는 것이 좋으나 굳이 이러한 순서에 얽매일 필요는 없다. 만약 다음 해에도 기존 셀에 남아 계속 같은 사역을 하기 원할 경우 그냥 남아 있을 수도 있고, 새로운 셀에 가입할 수도 있다.

리더 양육 시스템

셀 리더들에게는 계속적인 성장이 필요하다. 이를 위해 메타 교회에서는 리더들을 양육하고 감독하는 효과적인 조직이 편성되어 있다. 이것은 모세의 상소 제도를 모델로 고안된 조직이다. 모세는 그의 장인 이드로의 조언에 따라 자신과 함께 백성들을 지도할 자들을 십부장, 오십부장, 백부장, 오백부장, 천부장으로 구분하여 자신의 업무를 분배시켰다. 메타 교회도 이와 비슷한 관리 구조를 가지고 있다. 메타 교회에는 네 종류의 리더들이 있다.

셀 리더

셀 리더란 대략 10여 명 정도로 구성된 셀을 지도하고 관리하는 평신도 리더를 말한다. 보통 이들은 셀 모임에서 선택되어 약 6개월 정도 셀 리더와 팀장의 지도와 양육, 그리고 사역자반 교육 과정을 통해 리더로 임명된다.

셀 코치

다섯 셀을 책임지고 있는 리더로서, 특별히 5명의 셀 리더들을 멘토링하며, 5명의 예비 리더들도 관리 · 지도 · 양육하는 자이다. 셀 코치는 스타로서의 기질은 없으나 셀 리더들이 사역을 잘 하도록 도우며 그 일을 기쁘게 생각하는 셀 리더들 가운데서 선택되며, 다섯 셀원 전체를 돌아보며, 특히 문제 있는 자들을 보살피고 상담하고 관리하는 일을 한다.[113]

그룹장

10개의 셀을 책임지고 있는 리더이다. 그러나 두 명의 셀 코치를 관리하는 일이 그의 주요 업무가 아니다. 그룹장은 보통 100명 정도의 사람들을 소집할 수 있는 능력과 자질이 있는 자로서, 팀 플레이어라기보다는 화려한 조명 아래서 혼자 노래하고 춤추는 일을 더욱 좋아하는 사람이다.[114] 그러하기에 그룹장은 사람들을 직접 관리하고 지도하는 일보다는 1년에 몇 번씩 발표회, 세미나, 대회, 파티 등을 열어 주위 사람들의 관심을 끌고 불러들여 그의 그룹에 속한 셀에 연결해주는 다리 역할을 주로 한다.

그룹 전문 사역자

50개의 셀을 책임지고 있는 리더로서, 모든 셀들이 동질감과 소속감을 갖도록 지도하며 관리한다. 또한 셀 코치들을 정규적으로 훈련하고 지도한다. 그룹 전문 사역자는 보통 전문 목회자가 맡으며, 셀에 관련된 모든 사역들은 셀 코치들과 함께 VHS 모임을 통해 구상하고 계획한다.[115]

메타 교회의 사역 조직

메타 교회는 여섯 개의 사역팀으로 조직되어 있다. 칼 조지는 경영

---

113) *Ibid.*, p. 70.

114) *Ibid.*, p. 68.

115) VHS란 Vision(비전), Huddle(협의), Skill(기술)의 약자로서, 팀장들이나 셀 리더들이 함께 비전을 설정하고, 그 비전을 성취하기 위한 계획들을 구상하며, 필요한 기술들을 제공받기 위한 모임이다. 칼 조지는 한 달에 두 번 정도 이 모임을 갖는 것이 적절하다고 말한다.

개발 팀, 예배 개발 팀, 선교 개발 팀, 전도 개발 팀, 양육 및 사역 개발 팀, 목회 개발 팀으로 소개했다.[116]

경영 개발 팀

교역자와 당회, 제직회, 교육위원회로 구성되며, 교회의 전반적인 사역을 결정하고 교회 건축이나 정책 수립과 실행을 위한 여론 형성을 한다. 또한 그룹 리더들을 지명하거나 임명하며 예산안을 승인하는 일 등을 한다.

예배 개발 팀

GTF를 통해 예배를 계획하고 청중을 통제한다. 축제 예배를 비롯하여 찬양 예배, 여러 종류의 행사 예배, 연합 예배 및 찬양 집회 등을 구상하고 계획하고 준비한다.

선교 개발 팀

교회의 수적 성장에는 직접적으로 기여하지 않는 팀으로서, 해외와 국내 선교, 교회 개척, 테이프 선교, 도서실 운영, 서점, 인터넷 방송 선교 등을 맡아 주관하며 개발시켜 나간다.

전도 개발 팀

전도 개발 팀은 주로 그룹장들로 구성된 팀으로서 사람이 관심을 가질 만한 각종 대회나 특별한 날을 위한 행사 및 저녁파티, 어린이

---

116) Carl George, pp. 138-140.

발표회, 연주회, 노인학교, 그리고 각종 세미나 등을 개최하여 사람들을 교회로 인도하여 각 셀로 연결해 주는 낚시터 또는 다리 역할을 감당한다.

양육/사역 개발 팀

그룹장, 팀장, 셀 리더들이 그룹 전문 사역자를 중심으로 VHS를 통해 교회의 모든 양육 그룹과 봉사 그룹들을 성장시켜 나간다. 이 팀에는 말씀 셀, 교제 셀, 봉사 셀, 야구팀, 새가정반, 신혼 부부 반, 미혼 직장 여성 반, 예비 부부 반, 영어 공부 반, 악기 연주 반 등이 있다.

목회 개발 팀

일종의 목회적 돌봄이 있는 셀들로 구성된다. 여기에는 전화 심방 팀이나 방문자가 교회에 잘 정착하도록 돕는 팀, 지원/회복 그룹, 기도팀, 위기 대응 그룹 등이 있다.

효과적인 팀 사역

"우리가 한 몸에 많은 지체를 가졌으나
모든 지체가 같은 직분을 가진 것이 아니니
이와 같이 우리 많은 사람이
그리스도 안에서 한 몸이 되어 서로 지체가 되었느니라"(롬 12:4-5)

"몸 가운데서 분쟁이 없고
오직 여러 지체가 서로 같이하여 돌아보게 하셨으니"(고전 12:25)

1. 팀 사역, 왜 그렇게 중요한가?

그리스도의 몸을 세우는 일은 매우 중요하고 위대한 일이다. 그러나 이 일은 결코 어느 한 사람에 의해 성취될 수 있는 그런 것이 아니다. 만약 당신이 이 위대한 일이 어느 한 사람에 의해 성취될 수 있다고 믿고 있다면, 그것만큼 어리석은 생각은 없을 것이다.

주님은 그의 몸 된 교회를 건강하게 세우기 위해 교회에 많은 직무와 은사를 허락해 주셨다. 바울은 그리스도의 몸을 구성하는 많은 지체들이 각자 서로 다른 직무와 은사를 부여받았다고 말한다. 그리고 이러한 은사는 각 지체들이 자신들의 역할을 잘 감당할 수 있도록 하기 위함이며, 또한 각 지체들이 서로를 돌아보게 하기 위해 주신 것이라고 말한다. 이것은 교회가 모든 성도들에 의해 세워져야 함을 의미한다.

> 이 세상에는 혼자서 이룰 수
> 있는 것이 아무것도 없다.

우리가 살아가는 사회 구조를 보라. 이 세상에는 혼자서 이룰 수 있는 것이 아무것도 없다. 한 권의 책을 출판하기 위해서도 수많은 사람들의 손길이 뒤따른다. 책을 집필하는 저자를 포함하여 교정하는 자, 디자이너, 편집자, 인쇄 기술자 등이 있어야 한다. 그러나 이들은 눈으로 인식되는 사람들에 불과하다. 책을 출판하기 위해 꼭 필요한 더 많은 것들이 있다. 그 중에서 무엇보다도 컴퓨터는 없어서는 안 될, 꼭 필요한 것들 중의 하나이다. 그렇다면 컴퓨터 한 대가 만들어지기 위한 작업에 얼마나 많은 사람들이 관여되어 있을까? 그리고 인쇄기 또한 필요하다. 그렇다면 인쇄기 하나를 만들기 위해 또 얼마나 많은 사람들의 노력이 있었을까? 그 수는 헤아릴 수 없을 것이다. 이처럼 한 권의 책을 출판하는 일에 있어서도 수많은 사람들의 협력과 많은 부수적인 것들의 필요가 있는 것이다.

이러함에도 불구하고 어떤 과업에 대해 혼자 힘으로 모든 것을 성취했으며, 또한 성취할 수 있을 것이라고 믿고 있는 사람들이 의외로 많이 있다. 교회 안에서도 마찬가지이다. 자신의 능력과 재능과 노력으로 섬기고 있는 교회가 크게 성장될 수 있을 것이라고 믿고 있는 사역자들이 많이 있다. 당신도 그렇게 생각하고 있는가? 그렇다면 그 생각을 빨리 내던져 버리도록 하라. 이 세상에서 혼자 힘으로 성취할 수 있는 것은 아무것도 없기 때문이다.

왜 사람들은 혼자서 하려는가?

일반적으로 사람들은 팀 사역이 중요하다는 것을 잘 알고 있다. 그럼에도 불구하고 서로 협력하여 일하는 사람들보다는 혼자서 일하는 사람들이 더욱 많다. 그 이유는 무엇일까? 거기에는 몇 가지 이유들이 있다.[117]

무지와 순진함

팀 사역이 무엇인지 잘 모르고 있기 때문이다. 아직도 많은 사람들은 팀 사역이 왜 필요한지, 또 어떻게 해야 하는지 잘 모르고 있다. 뿐만 아니라 일을 성취하는 것이 얼마나 힘든지도 모르고 어리석게 모든 일들을 과소평가하기 때문이다. 그러하기에 이들은 자신의 능력보다 일이 버거운 것임을 깨닫지 못하고 혼자 힘으로도 넉넉히 성취할 수 있다는 순진한 생각을 갖게 된다.

이기심

'나' 에 대한 관심이 더 많기 때문이다. 많은 사람들이 자신이 제일이라는 생각을 갖고 있다. 자신이 최고라는 교만한 생각으로 종종 다른 사람들이 하는 일을 무시하거나 미심쩍어하고 불안해한다. 이들은 대부분 다른 사람들의 생각보다 자신의 개인적인 생각이 훨씬 더 낫다고 생각하는 경향이 있다. 그래서 어떤 일들을 다른 사람에게 안심하고 맡기지 못하는 것이다. 뿐만 아니라 어떤 일을 구상하거나 계획함에 있어서도 다른 사람들의 생각을 잘 수용하지 못하고 종종 논쟁을 벌이기도 한다. 이러한 사람들이 다른 사람들과 함께 협력하여 일한다는 것은 결코 쉬운 일이 아닐 것이다.

경쟁심

사람들의 마음속에 경쟁심이 있기 때문이다. 남에게 지기 싫어하는 본능이 있는 것이다. 즉 사람들에게는 자신의 능력이 다른 사람보다

---

117) 김승년, pp. 31-32.

뛰어남을 인정받고 싶어하는 죄성이 있다. 그래서 다른 사람들을 경쟁 상대로 보며 그들이 실패하기를 은연중에 바라는 마음들이 있다. 뿐만 아니라, 경쟁심이 강한 사람들은 종종 다른 사람들을 경쟁적 위협 대상으로 보고 그들의 직무 수행을 방해함으로써 감정적 긴장감을 조성하기도 한다. 이러한 사람들이 다른 사람들과 함께 팀 사역을 한다는 것은 매우 어려운 일이다.

성격에 의한 선택

성격상 혼자서 일하는 것을 선호하는 사람들이 있다. 팀 사역은 서로를 향한 관심과 배려를 필요로 한다. 서로 간의 점검과 보충도 있어야 하고 자신의 책임 분야뿐만 아니라, 다른 멤버들의 사역에도 세심한 관심과 도움을 주어야 한다. 그러나 혼자 일하기를 좋아하는 사람에게는 이 모든 일들이 무척 수고스럽고 번거롭게만 느껴질 따름이다. 그래서 그들은 혼자서 일하기를 좋아한다.

기질의 차이

사람들은 서로 다른 기질들을 가지고 있다. 치밀하게 계획하여 일하는 사람이 있는가 하면, 계획도 없이 즉흥적으로 달려드는 사람도 있다. 과업을 중요하게 여기는 사람이 있는가 하면, 사람과의 관계를 중시하는 사람도 있다. 일을 주도적으로 이끄는 자들이 있는가 하면, 남에게 순종하여 협력하기를 좋아하는 사람들도 있다. 그래서 사람들은 서로 다른 기질로 종종 서로를 오해하기도 하고, 때로는 다툼과 논쟁을 벌이기도 한다. 이러한 이유로 사람들은 다른 이들과 함께 일하기를 꺼리거나 주저한다.

목적의식의 결여

사람들이 팀 사역을 하지 않는 또 하나의 이유는 공동의 목적의식이 결여되어 있기 때문이다. 일반적으로 공동의 목적과 비전은 사람들로 하여금 일치감을 갖게 하고 서로 협력하게 만들어 준다. 공동의 비전은 사람들로 하여금 이루어야 할 일이 무엇인지를 알게 하기에 그 목적을 성취하기 위해 서로 협력하며 전심전력하게 되는 것이다. 그런데 사람들이 이러한 공동의 목적과 비전을 가지지 못했을 때, 대개 자신들의 생각과 계획대로 움직이게 된다. 함께 성취해야 할 공동의 목적이 없기에 굳이 협력해야 할 필요성을 느끼지 못하는 것이다. 이러한 점들이 사람들로 하여금 혼자 일하도록 만드는 것이다.

팀 사역의 필요성

팀 사역이란 공동의 목적을 탁월하게 성취하기 위해 모인 사람들의 협력 사역을 의미한다. 즉 설정된 공동의 목적이 최대의 결과를 가져오도록, 서로 다른 전문성을 가진 사람들이 함께 모여 합심하여 협력하는 사역을 말하는 것이다. 이러한 팀 사역은 교회로 하여금 여러 가지 면에서 그 필요성을 갖게 한다.

모든 성도들의 사역 참여

팀 사역은 교회의 모든 성도들로 하여금 주의 사역에 참여케 하는 특성을 가진다. 일반적으로 전통적인 교회에서는 일부의 성도들만이 교회 사역에 참여하며, 나머지 성도들은 구경꾼과 같이 교회에 출석만 하는 경우가 많다. 그러기에 어떤 성도는 여러 직분을 맡아 정신없이 뛰어다니는 반면에, 어떤 성도들은 한가로이 쉬면서 교회생활을 하게 되는 것이다.

그러나 바울의 말을 들어 보라. "눈이 손더러 내가 너를 쓸데없다 하거나 또한 머리가 발더러 내가 너를 쓸데없다 하거나 하지 못하리라 이뿐 아니라 몸의 더 약하게 보이는 지체가 도리어 요긴하고"(고전 12:21-22) 바울은 교회를 세우는 일에 있어서 모든 성도들이 중요하며, 어느 누구도 없어서는 안 될 필요한 존재들임을 말하고 있다. 이러한 점에서 팀 사역은 성도들을 모두 주의 사역에 참여시킨다는 점에서 그 의의가 매우 크다 하겠다.

상호 보완

한 사람이 모든 일을 다 성취할 수는 없다. 한 사람이 할 수 있는 능력은 제한되어 있기 때문이다. 성경은 각 성도에게 서로 다른 은사를 주셨으며 그 역할도 서로 다르다고 말한다. 어떤 사람은 손의 역할을, 어떤 사람은 발의 역할을, 어떤 사람은 입의 역할을, 어떤 사람은 눈의 역할을 감당하도록 부름을 받았다.

이것은 각 지체가 서로 의존적인 존재임을 뜻한다. 손은 발이 움직여 주지 않으면 멀리 있는 것을 집을 수 없고, 입은 손이 음식을 가져다주지 않으면 음식물을 먹을 수 없다. 즉 한 지체가 자신의 역할을 잘 감당해 주지 않으면, 다른 지체들 또한 그들의 역할을 잘 감당할 수 없게 된다.

또한 각 지체는 자기 자신만을 위해 존재하지 않는다. 입이 음식물을 씹는 이유는 입 자신만을 위한 것이 아니고 다른 지체들이 잘 활동하도록 하기 위함이다. 발 또한 움직이는 것은 손이 물건을 잘 집도록 하기 위해서이다. 이것은 각 지체들이 다른 지체들을 위해 존재함을 의미한다.

이와 같이 서로 다른 은사를 가진 성도들이 함께 협력하여 사역하는 팀 사역에는 다른 성도들의 제한적인 능력과 역할을 상호 보완해 주는 유익이 있다.

탁월한 결과

모든 성도들의 사역 참여는 탁월한 결과를 가져다준다. 성도들이 각자의 은사에 따라 교회의 각 사역 분야에서 전문성을 가지고 사역하게 될 때, 그 사역은 매우 놀라운 결과를 가져오게 된다는 것이다. 이것은 환자들을 효과적으로 치료하기 위해 각 환자의 병명에 맞는 전문의가 맡아 치료하는 원리와도 같다. 또한 한 사람의 수술을 위해서도 많은 전문의가 참여하는 것을 보게 된다. 마치 전문 의사와 외과 의사, 내과 의사, 그리고 필요한 수술 도구를 전해 주는 간호사들. 이렇게 다양한 전문 의사들과 간호사들이 참여하는 이유는 무엇인가? 성공적인 수술의 결과를 가져오기 위해서다.

교회의 사역도 마찬가지이다. 모든 성도들이 서로 협력하여 각자의 은사를 발휘하게 될 때 사역의 효과는 더욱 커지게 된다. 예를 들어, 목사의 설교나 가르침만 가지고선 한 영혼이 온전히 양육될 수는 없다. 온전한 양육이 되기 위해서는 그 말씀을 붙잡고 삶 속에 적용하며 살아갈 수 있도록 계속적인 도전과 권면과 격려와 돌봄이 있어야 한다.

바로 이러한 일들이 성도들이 감당해야 할 몫인 것이다. 왜냐 하면 성경은 이러한 사역을 위해 각 성도들에게 은사를 부여해 주셨다고 말하고 있기 때문이다.[118] 따라서 목사와 성도들이 서로 협력하여 자신들의 은사에 따라 전문성을 가지고 성도들을 돌볼 때, 그 양육의 효과가 더욱 커지게 됨을 우리는 알 수 있다.

효과적인 팀 사역

오늘날 교회마다 전문 사역자들을 청빙하여 여러 사역들을 맡기는 등, 팀 사역을 하고 있는 교회들이 점점 늘어나고 있다. 그러나 이들의 사역은 대부분 팀 사역이라기보다는 오히려 그룹 사역에 가깝다.

또한 팀 사역이라 할지라도 너무 미숙하거나 비효과적인 팀 사역을 하고 있는 교회들도 많이 있다. 그렇다면 비효과적이나 미숙한 팀 사역들로는 어떤 것들이 있을까? 크게 세 종류로 구분해 볼 수 있다.

> 팀 사역이란 최소한 공동의 목적
> 성취를 위해 한 목표를 향해 함께
> 나아가는 협력 사역이 되어야 한다.

첫째로, 사역자들이 각자 자신이 맡은 부서만을 성장시키기 위해 서로 다른 성장 계획을 가지고 다른 목표를 향해 달려가는 교회들이다. 우리는 이러한 교회의 사역 형태를 팀 사역이라 부르지 아니하고 그룹 사역이라 부른다. 왜냐 하면 팀 사역이란 최소한 공동의 목적 성

---

118) "우리에게 주신 은혜대로 받은 은사가 각각 다르니…혹 섬기는 일이면 섬기는 일로, 혹 가르치는 자면 가르치는 일로, 혹 권위하는 자면 권위하는 일로, 구제하는 자는 성실함으로, 다스리는 자는 부지런함으로, 긍휼을 베푸는 자는 즐거움으로 할 것이니라" (롬 12:6-8)

취를 위해 한 목표를 향해 함께 나아가는 협력 사역이기 때문이다. 그러므로 이러한 교회 사역은 서로 다른 목적지를 향해 걸어가는, 서로의 사역을 기본적으로 보완해 주는 그룹 사역이라 할 수 있다.

둘째로, 사역자들 모두가 공동 목표가 무엇인지를 잘 알고 같은 방향을 향해 걸어가나 서로 협력하기를 거절하는 교회들이다. 이들 교회에서는 각 사역자들이 자신들의 부서가 그 목적지에 잘 도착할 수 있도록 계획들을 세우며 사역에 힘써 전력한다. 그러나 그들은 효과적인 협력 사역의 방법을 잘 알고 있음에도 불구하고, 자신의 능력이 다른 사역자들보다 더 뛰어남을 증명하기 위해 서로 협력하기를 거절하고 자신들의 힘과 능력만으로 그 목적지를 향해 걸어가려 한다.

그러므로 같은 목표를 향해 걸어가기만 할 뿐, 서로 협력하기를 거절하고 경쟁심으로 사역에 임한다는 점에서 이 사역은 팀 사역이라 할 수 없다. 오히려 이들의 사역은 서로 탁월한 존재임을 증명하려고 모인 독립적인 그룹 사역에 불과하다 할 수 있다.

셋째로, 사역자들이 서로 협력하여 사역하려 하나 그 방법을 잘 모르는 교회들이다. 서로 공동의 목표가 무엇인지 잘 알고 있다. 그리고 함께 협력하여 공동의 목표를 향해 나아가고 싶어한다. 그런데 이들은 협력 사역의 기술과 방법을 잘 모르고 있다. 사역을 어떻게 분배해야 할지, 어떻게 서로의 의견들을 충돌함 없이 하나로 모아야 할지 잘 모르고 있는 것이다.

효과적인 팀 사역이 되기 위해서는 멤버들 간에 충분한 대화와 의견들이 교환되어야 한다. 그런데 각자의 의견의 차이로 갈등이나 충돌이 생기지 않을까 염려하여 멤버들 간의 생각이나 의견을 솔직하게 나누지 아니하기에 팀 사역을 함에 있어 장애 요소가 된다. 서로의 생각을 충분히 나누지 못하기에 공동의 목표를 향해 잘 달려가지 못하게 되는 것이다. 그러면 팀 사역이 계속 제자리에 머물게 되는 것이다.

기본적으로 이들이 서로 협력하여 사역한다는 점에서 팀 사역이라 하는 것이다. 그러나 어떻게 협력해야 하는지 잘 모르고 있다는 점에서 비효과적인 팀이라 할 수 있다.

이와 같이 오늘날에는 비효과적인 팀 사역을 하고 있거나, 서로 다른 생각을 가지고 다른 길로 걸어가고 있는 그룹 사역을 하는 교회들이 많이 있다. 그러하기에 오늘날 교회들은 팀 사역에 대해 깊은 관심을 가지고 연구하고 개발하여 교회에 정착시킬 필요가 있다.

그렇다면 효과적인 팀 사역은 무엇이며, 어떠한 사역적 특징들을 가지고 있는가? 한마디로, 효과적인 팀이란 공동의 목적을 성취하기 위해 모든 팀 멤버들이 스스로 자원하여 서로 간의 신뢰와 협력 속에 자신들의 재능과 경험과 기술을 충분히 발휘하는 팀이라 할 수 있다. 이러한 효과적인 팀 사역에는 서로 간의 신뢰와 상호 보완, 잘 정돈된 사역, 적절한 사역 분배, 단단한 협력 관계, 위임과 책임, 효과적인 운영, 충분한 의사전달, 공동 목적 등과 같은 특성들이 있다.

일반적으로 효과적인 팀은 다음과 같은 진행 과정을 통해 탁월한 사역의 결과를 가져온다.[119]

---

119) 이것은 Team Resources, Inc.에서 제공한 "The Characterics of an Effective Team"에서 발췌하여 번역한 내용이다.

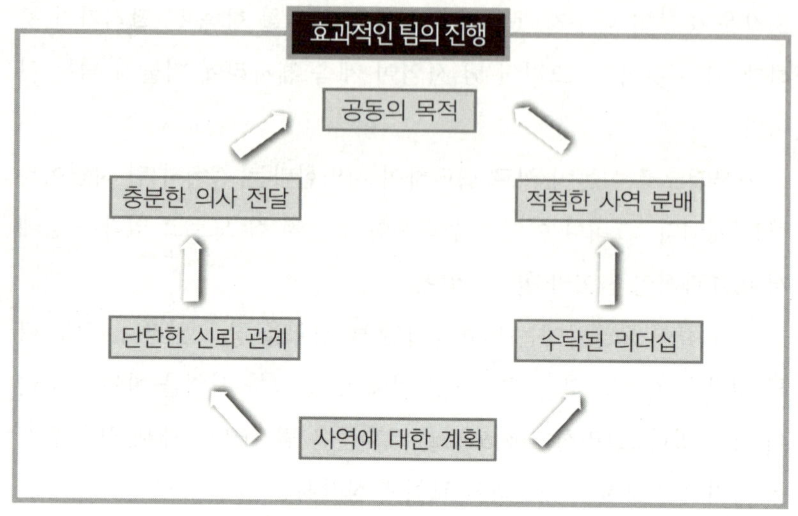

2. 교회의 목적과 비전 설정

성도들이 여러 그룹으로 분열되어 오랫동안 다투어 온 교회가 있었다. 이 교회의 성도들은 서로 다른 교역자를 지지하는 일로 파당을 지어 상대 그룹들에 대해 공격과 비난을 하고 있었다. 뿐만 아니라, 성도들이 서로 다른 신학적 견해로 심한 논쟁 속에 휩싸여 서로를 대적하고 있었던 것이다. 심지어 부요한 성도들이 가난한 성도들을 무시하고 멸시하는 일도 벌어졌다. 결국 교회 문제를 세상의 법정에 가져가 판결을 받는 부끄러운 행동으로 이어졌다. 이 교회가 어떤 교회인지 아는가? 바로 고린도교회였다.

고린도교회의 이러한 문제들을 해결하기 위해 바울은 고심하기 시작했고, 마침내 이러한 내용의 글을 써서 보내었다. "진정한 화합을 이루어서 교회 안에 분열이 없게 하시오. 한 마음을 품고, 생각과 목적에 있어서 하나가 되시오"(고전 1:10, 리빙바이블). 바울은 고린도교회가 서로 분쟁 중에 놓이게 된 이유는 성도들이 교회의 분명한 공동 목적을 갖고 있지 않았기 때문이라고 말하고 있는 것이다.

효과적인 팀 사역에는 분명한 공동 목적이 있다. 릭 워렌 목사는 가장 이상적인 교회는 목적에 의해 움직이는 교회라고 하였다. 그는 교회 문제로 그에게 자문을 구했던 한 교회를 방문한 적이 있었다. 그리고 그는 그 교회의 지도자들이 영적으로 잠들어 게으르고 무기력한 상태에 빠진 것을 보고 이러한 처방을 내렸다. "당신들의 목적을 재발견하시오."[120]

오늘날 교회들 중에 분명한 목적의식을 가지고 있는 교회들이 과연 얼마나 될까? 교회들을 방문하여 성도들을 붙잡고 이렇게 물어보라. "당신의 교회가 존재하는 목적이 무엇입니까?" 이 물음에 제대로 답변하는 성도가 몇 명 안 됨을 당신은 발견하게 될 것이다. 만약 당신이 기회가 있다면, 필자의 책『리더십과 경영』에 제공된 질문들(206-207페이지)을 제직들에게 주어 답해 보도록 하게 하라. 아마도 당신은 당신의 교회가 분명한 목적의식을 갖고 교회를 세워 나가고 있는지, 그렇지 않은지를 곧 발견하게 될 것이다.

자신들의 교회가 왜 존재하고 있는지도
모르고 교회생활을 하는 성도들이 많이 있다.

---

120) Rick Warren, p. 112.

안타깝게도 오늘날 자신들의 교회가 왜 존재해야 하는지도 모르고 교회생활을 하는 성도들이 많이 있다. 교회 사역을 왜 해야 되며, 또 어디로 나아가야 할지 몰라 방황하고 있는 성도들이 많이 있다는 것이다. 이러한 이유들로 성도들은 헌신을 하고 있으면서도 분명히 도달해야 할 목적지가 어디인지 알지 못하기에 날마다 반복해야 되는 사역으로 쉬고 싶다는 생각과 함께 깊은 영적 침체에 빠지기도 한다.

그러하기에 교회가 목적을 설정하는 일은 대단히 중요한 일이다. 성도들로 하여금 그들이 나아가야 할 방향을 분명히 제시해 주기 때문이다. 교회의 존재 이유를 알지 못할 때, 성도들은 스스로가 설정한 방향을 향해 서로 다른 길로 달려가게 된다.

그러나 분명한 목적이 있을 때에는 그 상황은 크게 달라진다. 모두들 한 방향을 향해 나아가게 되며, 자신들이 왜 이 사역을 해야 하는지 분명히 알고 있기에 보다 적극적인 자세로 사역에 참여하게 된다. 이처럼 목적을 설정하는 일은 성도들로 하여금 그들이 어떠한 존재인지 알게 해 줄 뿐만 아니라, 그들의 사명이 무엇인지도 알게 해 줌으로써 그들이 하는 사역에 동기를 부여해 준다.

교회의 목적 설정하기

교회의 목적을 어떻게 설정해야 하는가? 다음과 같은 질문들을 통해 교회의 목적을 분명하게 설정할 수 있을 것이다.

* 주님은 우리 교회가 이곳에서 무엇을 하기를 원하시는가?
* 우리 교회는 구체적으로 누구를 섬길 것인가?

＊ 우리 교회는 그들을 위해 무엇을 할 것인가?
＊ 우리 교회는 그들을 어디로, 어떻게 이끌어 갈 것인가?

교회의 분명한 목적을 설정하기 위해서는 먼저 당신의 교회를 향하신 주님의 뜻을 발견해 내야 한다. 지금 우리가 섬기고 있는 교회는 우리의 것이 아니라 주님의 것이다. 그러하기에 우리의 역할은 교회의 목적을 창조해 내는 것이 아니고 그것을 발견해 내는 일이다.[121] 즉 교회의 목적은 우리가 아닌 주님에 의해 제시되어야 한다는 말이다. 우리가 해야 할 일은 주님께서 우리의 교회가 이곳에서 무엇을 하기를 원하고 계신지 그것을 발견해 내는 일이다. 그리고 그것들을 잘 종합하여 교회 목적을 설정하면 되는 것이다.

우리가 해야 할 일은 주님께서
우리의 교회가 이곳에서 무엇을 하기를
원하고 계신지 그것을 발견해 내는 일이다.

목적 설정을 위해 필요한 또 한 가지는 바로 당신의 교회와 지역사회에 관한 것들이다. 먼저 당신의 교회가 누구를 위해 사역해야 할지 그 대상들에 대해 생각해 보아야 한다. 그리고 교회의 사역을 통해 궁극적으로 그들을 어떠한 사람들로 만들어 갈 것인지에 대해서도 생각해야 한다. 또한 그러한 변화를 위해 당신의 교회는 구체적으로 어떤 사역을 강조할 것이며 어떻게 그들을 양육할 것인지에 대해서도 생각해 봐야 한다.

---

121) *Ibid.*, p. 114.

그러나 당신이 기억해야 할 한 가지 사실은, 지역사회에 대한 특성을 고려하여 교회의 목적을 설정하는 일보다 당신의 교회를 향하신 주님의 뜻에 기초하여 목적을 설정하는 일이 더 우선되어야 한다는 것이다.

새들백교회의 예를 들어 보자. 새들백교회는 자신들의 은사나 지역사회의 특성보다는 성경 안에서 교회의 사명이 무엇인지를 발견해 내어 교회 목적으로 설정하였다. 그들은 마태복음 22장 37-40절과 28장 18-20절의 말씀을 근거로 교회의 목적을, 예배하고(네 하나님을 사랑하라), 사역하고(네 이웃을 사랑하라), 선교하고(가서 제자 삼으라), 교제하고(세례를 주고), 교육하는(가르쳐 지키게 하라) 교회로 설정해 놓았다.[122]

즉 새들백교회는 예배를 통해 주님을 찬미하고, 사역/봉사를 통해 주님의 사랑을 나타내고, 선교를 통해 주님의 말씀을 전하고, 교제를 통해 이웃을 주님의 가족으로 소속케 하고, 제자훈련을 통해 주님의 백성들을 성숙시키기 위해 존재한다는 것이다.

다음에 나오는 새들백교회와 윌로우크릭교회의 목적들을 살펴보도록 하자. 아마도 당신의 교회가 목적을 설정하는 데 있어 도움이 될 것이라 생각한다.

---

122) *Ibid.*, pp. 118-127.

>

>

교회의 비전 설정하기

교회의 비전 또한 교회의 목적과 더불어 반드시 설정되어야 할 중요한 요소이다. 비전은 바로 교회 목적의 청사진이 되기 때문이다. 즉 교회의 목적이 성취되었을 때 그려질 장래의 교회 모습이 바로 교회의 비전이 된다는 말이다. 당신은 교회가 그 목적을 성취하게 되었을 때, 과연 어떠한 모습으로 변해 있기를 기대하는가? 이때 비전은 당신의 교회가 어떠한 모습으로 변해 있기를 원하는지에 대한 답변이라 할 수 있다.

장래에 완성될 교회의 모습을 그려 보는 것은 대단히 중요한 일이다. 왜냐 하면 장래의 모습을 그려 보는 일은 성도들로 하여금 교회의 목적을 성취해야 되겠다는 열정과 의욕을 불러일으키기 때문이다.

따라서 교회는 바른 비전을 설정해 놓을 필요가 있다. 그냥 비전이 아닌 '바른 비전' 말이다. 이에 대해 어떤 이는 "교회의 목적이 설정되면 교회의 비전은 자연히 성취될 것인데, 또다시 교회의 비전을 바르게 설정해 놓아야 할 필요가 무엇이 있는가?"라고 반문할지도 모르겠다. 그러나 그렇지가 않다. 교회의 목적이 같다 하여 동일한 비전이 나오는 것이 아니기 때문이다.

한 예를 들어 보자. 두 아버지가 있다. 그들에게는 대학에 재학 중인 아들이 한 명씩 있다. 그들은 자녀들이 대학을 졸업하여 훌륭한 변호사가 되기를 소원하며 등록금과 공부에 필요한 모든 것들을 지원해 주느라 항상 바쁘게 일하였다. 둘 모두 재정적인 여유가 있는 것이 아니었기 때문이었다. 자녀들의 학비를 대기 위해 밤낮을 가리지 않고 일을 하기도 하였다. 때로는 너무 피곤하여 쉬고도 싶었지만, 자신들이 조금만 더 고생하면 자녀들이 장래에 훌륭한 변호사가 될 것이라는 기대 속에서 설레는 마음으로 힘든 일도 마다않고 자녀들의 학비를 버는 일에 최선을 다하였다.

두 명의 아버지가 그렇게 고생하며 자녀들을 공부시키려는 이유가 어디에 있었을까? 그것은 자녀들을 훌륭한 변호사로 만들기 위함이었다.

그러나 변호사가 된 자녀들에게 두 아버지가 기대하는 모습은 너무나 달랐다. 한 아버지는 아들이 변호사가 되어 좋은 부인과 좋은 가정 그리고 풍요로운 삶을 살게 되기를 기대하며 자신의 아들을 공부시키려는 것이었다. 그러나 다른 한 아버지는 자기 아들이 변호사가 되어 가난하고 힘없는 사람들에게 도움이 되는 존재가 되기를 기대하며 공부를 시키는 것이었다.

이렇듯 두 아버지가 자신의 아들들의 장래 직업에 대한 목적은 같았으나 그들이 바라본 그림은 서로 달랐던 것이다. 한 사람은 자신의 아들이 행복하게 살 것을 그리고 있었고, 다른 한 사람은 아들이 이웃을 위해 봉사하는 모습을 그리고 있었던 것이다.

이러한 의미에서 교회가 바른 비전을 설정하는 일이 대단히 중요하다는 것이다. 동일한 목적을 가지고 있다 할지라도 그들이 어떠한 비전을 가지고 있느냐에 따라 교회의 장래 모습이 확연히 달라지기 때문이다.

비전은 교회로 하여금 달려갈
방향을 분명히 알게 해 준다.

그렇다면 비전 설정이 교회에 주는 유익들은 무엇일까? 먼저 비전은 교회로 하여금 달려갈 방향을 분명히 알게 해 준다. 즉 비전은 교회로 하여금 장래에 이루어야 할 교회의 모습을 분명히 알게 하여 그곳만 바라보고 달려가게 만든다.

비전은 교회로 하여금 목적을
성취하도록 밀어붙인다.

또한 비전은 교회로 하여금 목적을 성취하도록 밀어붙인다. 장래의 교회 모습을 그려 본 적이 있는가? 교회의 목적이 성취되었을 때 변해 있을 장래의 교회 모습을 그려 본 적이 있는가? 그렇다면, 아마도 당신은 그러한 생각으로 인해 당신의 심장이 한없이 뛰며 설레었을 것이다.

비전은 때로는 힘들어 쉬고 싶어도 장래 이루어질 교회의 모습을 그리게 하여 다시 흥분과 기대감으로 사역에 몰두하게 만드는 힘이 있다. 현재의 환경을 초월하여 보는 눈을 갖게 함으로써 어떠한 환경과 역경도 견디며 헌신하게 만드는 것이다.

비전이 없는 교회는
목적지가 없는 교회와도 같다.

이런 점에서 비전이 없는 교회는 목적지가 없는 교회와도 같다 하겠다. 교회에 도착할 목적지가 없을 때, 그 어떤 장래 모습도 그려 볼 수 없기 때문이다.

당신의 교회에는 비전이 있는가? 존 맥스웰은 그의 책 『리더십을 키우라』에서 비전과 관련된 네 종류의 사람들에 대해 언급하였다.[123] 첫째로 비전을 전혀 볼 줄 모르는 사람이다. 이 사람은 방랑자이다. 둘째로 비전은 볼 줄 알지만 자신의 것으로 추구하지 않는 사람이다. 이러한 사람은 졸병에 불과하다. 셋째로 비전을 보고 그것을 추구하는 사람이다. 이 사람은 성취자이다. 넷째로 비전을 보고 그것을 추구하며 다른 사람들도 볼 수 있도록 도와주는 사람이다. 이 사람은 리더로 불릴 수 있는 사람이다.

존 맥스웰의 구분에 따르면, 당신은 어디에 속해 있다고 생각되는가? 혹시 방랑자나 졸병은 아닌가? 만약 당신이 교회의 진정한 리더가 되기를 원한다면, 당신은 먼저 교회의 비전을 볼 줄 알아야 하며,

---

123) John Maxwell, 『당신 안에 잠재된 리더십을 키우라』(서울: 두란노, 2000), p. 223.

그 비전을 또한 다른 사람들도 볼 수 있도록 해야 한다.

일반적으로 교회가 바른 비전을 갖기 위해 몇 가지 필요한 요소들이 있다. 로버트 로간(Robert E. Logan)은 그것들을 다음과 같이 세 가지로 소개한다.[124]

믿음은 교회로 하여금

더 큰 비전을 갖게 한다.

첫번째 요인은 큰 믿음이다. 믿음은 교회로 하여금 더 큰 비전을 갖게 한다. 하나님은 우리가 생각하고 믿고 알고 있는 것보다 더 능력이 있으시고 위대하시다. 성경은 하나님을 "우리의 온갖 구하는 것이나 생각하는 것에 더 넘치도록 능히 하실"(엡 3:20) 분이라고 말하고 있다. 즉 하나님은 우리의 상상을 초월하시며 우리가 간구하는 것 이상의 것을 이루실 수 있는 분이라는 것이다.

하나님은 우리의 상상을 초월하시며

우리가 간구하는 것 이상의

것을 이루실 수 있는 분이시다.

그런데 아는가? 하나님이 비록 그의 능력과 축복의 약속이 무한하시다 할지라도, 그분은 우리의 믿음의 분량에 비례하여 역사하신다는 사실을 말이다. 야고보는 "너희가 얻지 못함은 구하지 아니함이요"(약

---

124) Robert E. Logan, *Beyond Church Growth* (New York: Fleming H. Revell Company, 1989), pp. 23-35.

4:2)라고 하였다. 즉 작은 그릇을 가진 사람은 작은 분량만, 큰 그릇을 준비한 사람은 많은 분량을 받게 된다는 것이다.

비전이란 원래 우리의 능력 그 이상의 것을 성취하려는 꿈과 같은 것이다. 그러하기에 교회는 우리의 하나님이 우리의 상상과 구하는 것 그 이상의 것을 이루실 수 있는 분이라는 것을 분명히 믿고 비전을 보다 크게 설정할 필요가 있다.

릭 워렌 목사는 이러한 하나님을 믿고 비전을 세웠기에 교회 개척 당시 2만 5천 명의 성도가 출석하는 교회를 바라볼 수 있었다. 그 결과 지금은 어떠한가? 그의 비전대로 1만 명이 훨씬 넘는 성도로 성장해 오고 있다. 이것이 바로 믿음의 힘이요, 비전의 힘인 것이다. 그러므로 당신도 이러한 큰 비전을 갖도록 보다 더 큰 믿음의 그릇을 갖출 필요가 있다.

기도는 사람들로 하여금 천국의
실체를 보게 하는 능력이 있다.

두 번째 요인은 기도이다. 기도는 사람들로 하여금 천국의 실체를 보게 하는 능력이 있다. 사환에게 천국의 실체를 보게 한 엘리사의 기도를 기억하는가? 아람의 말과 병거와 많은 군사들이 엘리사를 잡기 위해 그가 거주하고 있는 성읍을 에워싸자, 그것을 본 엘리사의 사환이 매우 놀라 두려워하고 있었다. 그때에 엘리사가 사환의 영의 눈을 뜨게 해 달라고 기도하자, 사환의 영안이 열려 사환은 산에 가득한 불말과 불병거가 엘리사를 보호하고 있는 것을 보게 된 것이다(왕하 6:17).

감사하게도 우리 주님은 이러한 기도의 능력을 아무 조건 없이 교회에 주셨다. 주님은 교회에 천국의 열쇠를 주시면서 무엇이든지 그 열쇠로 풀면, 천국에서도 풀릴 것이라고 약속해 주셨다(마 16: 19). 즉 천국의 모든 것을 매고 풀 수 있는 능력을 주신 것이다. 이것이 바로 기도의 능력이다. 그러므로 교회는 천국의 실체를 경험하고 더 큰 비전을 갖기 위해 기도에 힘써야 한다.

긍휼의 마음은 교회로 하여금 어떠한
비전을 가져야 할지를 가르쳐 준다.

세 번째 요인은 긍휼의 마음이다. 긍휼의 마음은 교회로 하여금 어떠한 비전을 가져야 할지를 가르쳐 준다. 주님의 공생애 사역은 한 마디로 긍휼의 사역이었다. 주님은 소외당하고 버림받고 고통 속에 있는 자들에게 언제나 큰 관심과 긍휼을 보이셨다. 주님의 이러한 사역 모습은 교회가 잃어버린 자들과 버림 받은 자들에 대해 어떠한 모습으로 사역을 해야 하는지를 잘 보여 준다.

이것은 또한 교회로 하여금 단순히 크고 웅장한 교회 비전을 갖기보다는 실제로 어려움과 고통을 겪고 있는 사람들을 돌아보고 긍휼히 여기는 교회로서의 모습을 지녀야 함을 가르쳐 주고 있다.

다음에 나오는 사랑의교회와 윌로우크릭교회의 비전들을 살펴보도록 하자. 아마도 당신의 교회가 비전을 설정하는 데 있어 좋은 참고가 될 것이라 생각한다.

사랑의교회의 비전
평신도를 동역자로 세우는 교회
지역사회를 책임지는 교회
다음 세대를 준비하는 교회
끊임없이 갱신되는 교회

월로우크릭교회의 비전
우리의 비전은 주님의 구속적 목적이
세상 안에서 잘 성취될 수 있도록
모든 지체들이 각자의 기능을 잘 감당하는
공동체가 되게 하는 데 있다.

3. 은사에 따른 적절한 사역 분배

효과적인 팀에는 멤버들의 재능과 은사에 따라 그 사역이 적절하게 분배되어 있다. 팀 사역에 있어서 사역을 적절하게 분배하는 일은 매우 중요한 일이다. 자신의 은사에 맞는 적당한 위치에서의 사역은 팀에 최상의 결과를 가져오게 하며, 팀 안에서 자신들의 존재 가치를 더욱 인정받도록 하기 때문이다.

크리스티안 슈바르츠는 오늘날 성장하는 교회들을 연구한 결과 은사 중심적인 사역을 하는 교회가 가장 빠른 성장을 가져오고 있다고 하였다. 다른 말로 표현하자면, 오늘날 성장하고 있지 않는 교회에서의 대부분의 성도들은 그들의 은사와 상관없는 부적절한 곳에서 사역

을 하고 있다는 말이 된다. 따라서 교회에서 성도들은 효과적인 사역
과 교회 성장을 위해 자신의 은사에 맞는 사역 분야에서 일할 필요가
있다.

팀 사역의 오해

그렇다면 이 사역 분배는 엄밀히 누구와의 사역 분배를 말하는가?
교회의 모든 성도들 간의 사역 분배를 말하는가? 아니면 교역자들 간
의 사역 분배를 말하는가?

보통은 교역자들이 각 부서를 분담하여 사역하는 것을 사역 분배라
고 생각하고, 이와 같은 사역을 팀 사역으로 생각한다. 그러나 교역자
들이 사역을 분배하였다는 점에서 팀 사역으로 생각될지 모르나, 그
들 모두가 동일한 은사를 가지고 있다는 점에서는 엄밀히 팀 사역이
라 부를 수 없다.

하나님께서는 교회 전체에 각양 다양한 직무와 은사를 주셨다. 그
렇다면 교역자들이 받은 사명과 은사는 무엇인가? 교역자들이 주께
부여받은 주요 역할은 주의 말씀을 백성들에게 증거하는 일이다. 성
도들이 어떠한 삶을 살고 있는지 그리고 어떻게 살아야 할지 주의 뜻
을 그들에게 전해 주기 위해 부름받은 것이다. 그러하기에 그들이 비
록 각 부서에 흩어져 사역을 한다 할지라도, 그들의 역할은 여전히 주
의 말씀을 증거하는 일이 될 것이다.

이러한 점에서 교역자들 간의 사역 분배는 하나님의 말씀을 보다
효과적으로 전하기 위해 동일한 직무를 분배한 것에 불과하다. 연령
과 기질, 성격, 지식 등에 이르기까지 매우 다양한 각양각색의 성도들

에게 한 사람의 교역자가 주의 말씀을 효과적으로 전할 수는 없을 것
이다. 그래서 말씀을 보다 효과적으로 전하기 위해 여러 교역자들이
서로 자신들과 유사한 계층의 성도들을 맡아 말씀을 증거하는 사역을
하는 것이다.

그러므로 이러한 사역은 팀 사역이라기보다는 오히려 협력 사역이
라 부르는 것이 좋을 것이다. 왜냐 하면 팀 사역이란 서로 다른 은사
와 전문성을 가진 사람들이 모여 함께 협력하는 사역이기 때문이다.

적재적소의 법칙

주님께서는 모든 성도들에게 각각 다른 은사를 주셨고 서로의 돌봄
을 통해 주님의 몸 된 교회를 세우게 하셨다. 그러므로 교회가 온전히
세워지기 위해서는 모든 성도들이 사역에 참여하는 팀 사역이 활성화
되어야 한다.

무엇보다도 효과적인 팀 사역이 되기 위해서는 성도들이 은사에 따
라 적재적소에 배치되어야 한다. 존 맥스웰은 적재적소의 중요성을
강조하기 위해 다음과 같은 말을 했다. "부적절한 위치에 부적절한 사
람이 배치될 때 팀 사역은 퇴보를, 적절한 위치에 부적절한 사람이 배
치될 때 팀 사역은 좌절을, 부적절한 위치에 적절한 사람이 배치될 때
팀 사역은 혼돈을, 적절한 위치에 적절한 사람이 배치될 때 팀 사역은
진보를, 그리고 적절한 위치들에 적절한 사람들이 배치될 때 팀 사역
은 최대의 효과를 가져온다."[125]

---

125) *Ibid.*, p. 33.

그렇다. 성도들 모두가 최정의 위치에서 사역을 하게 될 때, 그 교회는 최대한의 결과를 경험하게 될 것이다. 그러나 그들의 은사가 적절히 배분되지 아니한다면, 교회는 퇴보나 좌절, 혼돈을 경험하게 될 것이다. 그러하기에 교회는 성도들을 적임의 위치에 배치시켜 사역하도록 해야 한다.

오늘날 얼마나 많은 교회들이 적절치 않은 교역자나 성도로 말미암아 많은 고통을 당하고 있는가를 보라. 많은 교회들이 못난(?) 교역자로 인한 불평과 원망으로 가득하고, 교역자들은 잘난(?) 성도들로 말미암아 고통스러워하고 힘들어하고 있다. 이와 같이 부적절한 한 사람으로 인하여 많은 지체들이 힘들게 되는 것은 매우 안타까운 일이 아닐 수 없다.

최소량의 법칙

최소량의 법칙에 대해 들어보았는가? 몇 년 전, 한국에서 공군 비행기 한 대가 추락하여 조종사가 죽은 기사를 읽은 적이 있었다. 추락 원인은 비행기의 정비 불량의 바퀴 하나 때문이었다. 이처럼 비행기 추락은 비록 조종사가 노련하게 조종을 한다 할지라도, 자기 직무에 소홀한 한 명의 정비사로 인해 올 수 있다. 이것은 최소량의 법칙이 무엇인지 정확히 말해 주는 한 좋은 예이다.

팀 사역도 언제나 약한 부분에 의해 그 사역이 제한되거나 영향을 받게 되어 있다. 여기에 또 다른 좋은 예가 있다. 널빤지 열 개를 세워 엮어 만든 물통이 하나 있다. 그 널빤지 열 개 중 아홉 개는 같은 길이인데, 나머지 하나의 길이는 반밖에 되지 않았다. 이러한 상황이라면,

이 물통에 물을 얼마만큼 담을 수 있을까? 말할 것도 없이 길이가 가장 짧은 널빤지로 인해 그 물통엔 물을 반밖에 담을 수가 없게 된다. 이것이 바로 최소량의 법칙이다. 대다수의 멤버들이 모두 최선을 다해 사역을 한다 할지라도 한 멤버가 부족한 사역을 한다면, 그 팀은 그 멤버의 수준만큼의 사역 결과만을 가질 것이라는 것이다.

2002년 한국에서 월드컵이 열렸을 때, 당시 한국 국민들의 관심과 열정은 참으로 대단했었다. 처음엔 한국팀이 16강에만 올라갔으면 하는 것이 국민들 모두의 염원이었다. 그런데 한국팀이 4강까지 올라갔으니 온 국민들이 이때만큼 기뻐한 적이 있었을까?

그런데 월드컵 폐막식 전날, 한국팀은 터키와 3, 4위전을 갖게 되었다. 그런데 경기가 시작되자마자 일분도 채 안 되어 수비수 한 사람의 부주의로 한 골을 실점했다. 결국 우리나라는 그 경기에서 터키팀에 3:2로 패하고 말았다. 경기 종료 후, 많은 국민들이 '그때 그 수비가 조금만 더 주의를 기울였더라면, 그 한 골은 허용되지 않았을 것이고 그렇게 되었다면 동점이 되어 혹 승부차기로 이길 수도 있었을 텐데….' 하는 생각으로 패한 그 경기에 대해 얼마나 많은 아쉬움을 느꼈던지 지금도 그 기억이 생생하다.

적재적소 배치의 실패로 인해 때로는
팀 전체의 사역이 어려움을 겪기도 한다.

교회의 팀 사역에 있어서도 마찬가지이다. 적재적소 배치의 실패로 인해 때로는 팀 전체의 사역이 어려움을 겪기도 한다.[126] 팀 멤버들은

______

126) *Ibid.*, p. 64.

팀 사역을 하면서 누가 적절하고 적절치 않은지 서로에 대해 잘 알게
된다. 그때 능력이 있는 멤버들은 능력이 부족한 멤버들에게도 신경
을 써야 하며 종종 그들의 사역도 돌봐 주어야 한다. 이렇게 능력이
있는 멤버들이 약한 멤버들의 사역 부분까지 신경을 써 갑절의 노력
을 기울일 수밖에 없게 되는 것이다. 결국 팀 사역은 효과적으로 진행
되지 못하여 때로는 서로에 대해 원망도 하게 되고, 때로는 리더의 분
별력과 리더십에 대해서도 의심을 하게 된다.

> 팀 멤버들은 대부분 그들의 은사와 관련이 적은
> 분야에 배치되어 사역을 하게 될 때,
> 자신들의 능력과 재능을 마음껏 발휘하지 못하게 된다.

　그러나 만약 당신이 팀의 리더라면, 어느 한 멤버가 부적절한 자로
취급을 받게 될 때 반드시 그가 능력과 열정이 없어서 그러한 것이 아
니라는 것을 알아야 한다. 팀 멤버들은 대부분 그들의 은사와 관련이
적은 분야에 배치되어 사역을 하게 될 때, 자신들의 능력과 재능을 마
음껏 발휘하지 못하게 된다. 그리고 사역의 즐거움을 상실하고 피곤
함만 느끼게 되고, 심지어는 사역에 대한 부담감으로 포기하고 싶은
충동과 갈등을 겪기도 한다. 이와 같이 무능력해 보이는 어떤 팀 멤버
들은 재능과 능력이 없어서가 아니라, 때로는 맡겨진 사역이 그들의
은사와 무관한 것이기 때문일 수도 있다.

　그러하기에 교회는 자신의 역할을 충실히 감당할 수 있는 자들을
팀 멤버로 선택하되, 각 멤버들이 자신의 재능과 은사를 가장 잘 발휘
될 수 있는 곳에서 사역할 수 있도록 배려할 필요가 있다.

4. 리더십에 대한 수용

일반적으로 리더십은 교회의 모든 성도들이 그 목적을 잘 성취할 수 있도록 도전하고 격려하는 영향력을 가지고 있다. 즉 리더십은 성도들의 업무를 균형 있게 조정하고 교회의 방향성과 비전을 제시하며 멤버들이 각자의 사역에 전념할 수 있도록 도움을 준다. 이런 의미에서 효과적인 팀은 리더십을 적극적으로 수용하는 특성이 있다.

팻 맥밀란(Pat MacMillan)은 리더십을 하나의 목적을 성취하기 위해 사람들에게 영향을 끼치는 것이라고 정의하였다. 모든 팀에는 성취해야 할 공동의 목적이 하나씩은 있다. 그리고 리더는 자신이 홀로 그 목적을 성취해 나가는 것이 아니라, 멤버들에게 동기부여를 하여 그들로 공동의 목적을 성취하게 함으로써 리더는 멤버들로 인해 목적을 성취하는 자가 되어야 한다.

팀 사역에 있어서 실제로 사역의 각 분야를 맡아 책임지고 사역하는 것은 멤버들의 역할이다. 그러하기에 리더의 역할은 멤버들의 역할을 적절히 분배하고, 멤버들이 그 맡은 일들을 잘 감당할 수 있도록 동기를 부여하며, 그들이 바른 방향으로 나아갈 수 있도록 그 길을 제시하고 인도해 주는 것이다.

이러한 점에서 팀은 사역의 놀랄 만한 결과를 위해 탁월한 리더십이 필요하다. 팀 멤버들이 무능한 리더십의 영향 아래 있다고 생각해 보라. 항로를 잘못 선택하여 반대 방향으로 나아가라는 리더의 잘못된 지시에 팀 멤버들이 순종하여 운항하게 되었다면, 그들은 잘못을 깨달은 후 달려간 만큼 다시 돌아와야 하는 수고와 고통을 겪게 될 것이다.

팀 멤버들은 올바르고 효과적인 리더십에 대해
전적으로 수용하고 따라줄 필요가 있다.

이러한 의미에서 팀 멤버들은 올바르고 탁월한 리더십에 대해 전적으로 수용하고 따라줄 필요가 있다. 그러나 불행하게도 오늘날 교회 내의 많은 팀 사역들이 리더십을 잘 수용하지 못함으로 인해 팀 사역에 어려움을 겪는 경우들을 종종 보게 된다.

신명기에 보면, 과거 이스라엘 백성들이 바로 그러한 과오를 범한 적이 있었다. 이스라엘 백성들에게는 참으로 훌륭하고 능력 있는 모세라는 리더가 있었다. 그런데 이스라엘 백성들은 광야 생활 중, 모세의 리더십을 잘 수용하지 못해 백성들 전체가 큰 고통과 어려움을 겪게 되는 일들이 벌어진다.

리더십에 대한 도전

40년의 광야 생활을 마치고 가나안에 들어가기 직전에 모세는 이스라엘에게 상기시켜 주고 싶은 교훈이 하나 있었다. 신명기 1장 2절은 시내산에서 가나안의 국경 가데스 바네아까지의 거리는 열하룻길이었다는 말로 시작되고 있다. 왜 모세가 그의 말 서두에서 이 말을 언급하였을까? 열하루면 가나안에 도착할 수 있었던 이 짧은 거리를 이스라엘의 불순종으로 말미암아 40년이 지난 지금에서야 도착하게 되었다는 것이다.

40년 전, 열두 명의 가나안 정탐꾼들 중 열 명의 정탐꾼들이 가나안 점령이 불가능하다고 보고한 적이 있었다. 그 보고를 듣고 이스라엘 백성들은 하나님과 모세를 원망하며 "우리가 한 장관을 세우고 애굽으로 돌아가자"(민 14:4)고 외치며 가나안에 들어가기를 거절하였던 것이다. 이에 모세는 여호수와 갈렙과 더불어 가나안은 주님께서 우리에게 주신 땅이니 걱정하지 말고 계속해서 "이 길로 나아가자."고 권하였다. 그러나 백성들은 "우리는 저 길로 가야겠다."고 말하며 모세의 리더십을 거절하며 도전을 하였던 것이다.

그 결과 어떻게 되었는가? 여호수와 갈렙을 제외한 모든 백성들은 그들의 믿음대로 가나안 땅에 들어가지 못하고 40년 동안 광야에서 모두 죽게 되는 고통과 아픔을 겪게 되었다.

이와 같이 팀 사역 중에는 올바른 리더십이 있다 할지라도 받아들여지지 않는 경우가 종종 있다. 리더의 새로운 제안에 대해 그 일을 미루거나 멤버들이 다른 계획을 가지는 것이다.

그러나 우리는 모세가 이스라엘에게 상기시킨 그 교훈을 다시 한 번 기억할 필요가 있다. 바른 리더십에 대한 도전으로 인해 열하루 만에 달성할 수 있는 사역을 40년이 걸려서야 성취하게 되는 고통과 아픔을 겪어서는 안 되기 때문이다.

리더십을 위한 도전

종종 팀 사역에서 리더십의 자리를 놓고 다투는 경우도 있다. 이러한 일들은 흔히 사람들 속에 리더십에 대한 욕심이 생겨날 때 발생한다.

어느 날 아론과 미리암이 모세를 찾아와 그가 구스 여인을 취한 일에 대해 "여호와께서 모세와만 말씀하셨느냐 우리와도 말씀하지 아니하셨느냐"(민 12:2)라고 말하며 모세의 리더십을 의심하며 비방했던 적이 있었다. 이것은 자신들도 모세와 같은 리더십이 있으니 모세와 동등하게 백성들을 인도하겠다는 리더십을 위한 도전을 한 것이었다. 그러나 그 일로 인해 미리암은 하나님의 노여움을 받아 문둥병에 걸려 고통을 겪게 된다.

팀 사역 중에도 '나도 팀을 이끌고 싶다' 는 생각에 리더십을 수용하지 못하는 일들이 나타난다. 리더의 능력이 출중하여 그의 리더십이 옳고 탁월하다 할지라도 사람들은 종종 자신이 리더가 되고 싶은 욕심에 그의 리더십을 거절한다. 그러나 우리는 영적 리더들은 하나님에 의해 세워진 자들인 것을 기억할 필요가 있다. 이것은 리더십 자리에 대한 도전이 때로는 하나님에 대한 도전이 될 수 있음을 기억하라는 말이다.

그러므로 리더에게 특별한 허물이나 부족함이 발견되지 않는 한 그의 리더십을 기쁨으로 수용하는 것이 필요하다. 왜냐 하면 하나님은 그의 리더십을 통해 교회의 목적을 이루시기를 계획하고 계시기 때문이다.

리더십 자체에 대한 도전

그리고 팀 사역 도중, 리더십 자체를 거절하는 경우가 생겨나기도 한다. '만인제사장' 의 개념을 잘못 이해한 성도들에게서 이러한 모습들을 쉽게 보게 된다. 이들은 모든 성도들은 한 팀이며 리더와 동등한 자격을 가졌기에, 사역을 추진함에 있어 함께 상의하고 계획해야 한다고 말한다. 그러하기에 그들은 리더의 필요성을 크게 인식하지 못할 뿐 아니라, 심지어는 리더십은 불필요한 것이라고 생각한다.

구약에서도 이와 비슷한 생각을 가진 자들이 있었다. 고라는 다단과 온과 함께 당을 지어 모세와 아론의 리더십에 대해 이러한 도전을 했던 것이다. "회중이 다 각각 거룩하고 여호와께서도 그들 중에 계시거늘 너희가 어찌하여 여호와의 총회 위에 스스로 높이느뇨"(민 16:3) 그들은 하나님께서도 자기들 모두에게 동등하게 임재하시는데 어느 한 사람이 자기들 위에 군림하는 것은 옳지 않다는 것이었다. 그러나 하나님께서는 이들의 이런 생각과 주장에 동의하지 않으시고 고라와 그를 따른 모든 무리들의 생명을 거두셨다.

리더십은 동등성의 문제가 아니다. 이것은 주님의 뜻을 효과적으로 성취하기 위한 사역의 차원에서 필요한 것이다. 예수께서도 교회를 건강하게 세우시기 위해 제자들을 교회의 리더로 세우셔서 그의 뜻을 전하도록 하셨다. 이것은 교회의 리더는 주의 뜻을 보다 정확하게 성도들에게 전달하고, 그들을 깨달아 알게 하기 위해 교회에 보내진 자들인 것을 말해 준다. 이러한 점에서 리더십은 반드시 받아들여지고 수용되어야 한다.

<blockquote>
리더십 수용은 리더와 비전이라는
두 요소에 의한 결정되어야 한다.
</blockquote>

그러나 리더십 수용은 리더와 비전이라는 두 요소에 의해 신중히 결정되어야 한다. 교회의 모든 리더십이 모두 수용될 필요는 없다. 교회 사역에 유익이 되지 못하고 오히려 방해가 되는 비효과적인 리더십도 있기 때문이다.

일반적으로 리더십은 리더와 그의 비전이 둘 다 받아들여지게 될 때 수용되게 된다. 이것은 두 요소 중 하나라도 거절되게 되면, 그 리더십은 쉽게 수용될 수 없음을 의미한다. 존 맥스웰은 이 두 요소에 관련하여 다음과 같은 수용의 법칙을 소개했다.[127]

첫째로, 리더와 그의 비전을 받아들이지 못할 때 팀은 그 리더십을 수용하지 않을 뿐 아니라 다른 리더십을 구하게 된다.

둘째로, 비전은 받아들이나 리더를 받아들이지 못할 때도 팀은 그 리더십을 수용하지 않으며 다른 리더십을 구하게 된다.

셋째로, 리더는 받아들이나 그의 비전을 받아들이지 못할 때, 팀은 그 리더십은 수용하나 대신 다른 비전을 찾게 된다.

마지막으로, 리더와 그의 비전을 모두 인정할 때, 팀은 적극적으로 그 리더십을 수용하게 된다.

이와 같이 존 맥스웰의 수용의 법칙을 보면, 팀은 보통 리더를 수용하면 그의 리더십도 대부분 수용하는 경향을 보이는 반면에, 리더를 수용하지 않을 경우엔 그의 리더십도 수용하지 않게 되는 것을 알 수 있다.

이러한 점에서 영적 리더들은 먼저 그의 인격을 향상시켜 나갈 필요가 있다. 그리고 그 위에 사역에 대한 리더십의 자질을 개발시켜 나가야 할 것이다. 또한 교회도 효과적인 팀 사역을 위해 인격과 자질에 있어서 잘 준비된 리더십을 적극적으로 수용해야 한다. 그러할 때 비로소 교회의 팀 사역은 보다 건강하고 효과적인 사역이 될 것이다.

---

127) John Maxwell, 『리더십의 21가지 불변의 법칙』(서울: 도서출판 청우, 1999), p. 205.

5. 사역에 대한 계획

사역 계획은 효과적인 팀 사역이 되기 위해서뿐만 아니라, 사역을 효과적으로 이끌기 위해서 반드시 필요하다. 사역 목적이 '무엇을' '왜' 해야 하는가를 다루는 문제라면, 사역 계획은 그 목적을 '어떻게' 이룰 것인가를 다루는 문제이다.

> 사역 계획은 그 목적을 '어떻게'
> 이룰 것인가를 다루는 문제이다.

일반적으로 효과적인 사역 계획에는 바른 사역 방식과 효과적인 사역 전략이 있다. 사역 방식은 사역의 목적을 성취함에 있어서 어떠한 테두리 안에서 사역을 할 것인지를 일러 주는 가이드와 같다. 이때 바른 사역 방식이란 하나님의 말씀에 기초하면서도 문화적으로 적절한 성경적 사역 방식을 의미한다.

사역을 하는 데에는 여러 가지 방식이 있을 수 있다. 세상적인 방식으로 할 수도 있고, 성경적인 방식으로도 할 수 있다. 때로는 세상적인 방식이 성경적인 방식보다 더욱 효과적일 수도 있다는 사실을 당신은 아는가? 단순히 성도의 수를 늘리기 위한 것이라면, 꼭 믿음의 요소가 아니더라도 세상적인 방식으로 얼마든지 사람들을 교회로 불러들일 수가 있다는 것이다. 인기 있는 가수나 영화배우들을 교회에 초청하여 공연이나 간증을 시켜 보라. 아마도 수많은 사람들이 그들을 보기 위해 교회로 몰려드는 역사(?)를 당신은 보게 될 것이다.

유다의 왕 아사를 기억하는가? 그는 평생 동안 전심으로 하나님만을 경외하며 선과 정의를 행했던 왕이었다.[128] 유다 땅에 존재하고 있던 모든 우상들을 제거한 것은 물론, 그의 모친이 아세라의 목상을 만들어 섬기는 것을 보고 그 태후의 위까지 폐하였던 의로운 왕이었다. 구스 사람 세라가 백만 군대를 끌고 쳐들어 왔을 때에도, 주님만 의지해 싸움 하나 없이 그 전쟁을 승리로 이끈 사람이었다.

그런데 어느 날 이스라엘의 왕 바아사가 유다를 공격하여 왔다. 바아사는 사람들이 유다 땅에 왕래하지 못하도록 라마를 건축하였고, 아사는 그 소식을 듣고 라마 건축을 막기 위해 성전과 왕국 곳간의 은금을 취해 아람 왕 벤하닷에게 보내어 도움을 청하였다. 아람의 도움으로 바아사는 라마 건축을 중단하였고 아사는 승리를 만끽하게 되었다. 그때에 선견자 하나니가 그에게 찾아와 이런 말을 남기는 것이었다. "왕이 망령되이 행하였은즉 이후부터는 왕에게 전쟁이 있으리이다"(16:9)

아사 왕에게 무슨 문제가 있다고 말하고 있는 것인가? 아사가 아람의 왕을 의지하고 여호와를 의지하지 아니하였음을 책하고 있는 것이다. 즉 왕이 전쟁에 승리는 하였지만, 하나님의 방법이 아닌 인간적인 방법으로 승리한 것이 하나님 앞에서 큰 죄를 행한 것이라고 하고 있는 것이다.

인간에게도 큰 능력이 있다. 하나님 없이도 높은 빌딩을 지을 수 있고 달에 우주선을 날려 보낼 수도 있다. 요즈음엔 사람도 만들어 낼 수 있다고 장담한다. 교회에서는 조그만 교회 건물 하나를 구하기 위해서 몇 년씩 기도하여 준비하는데, 불신자들은 기도 한 번 없이 자신

들의 힘만으로 100층 건물을 너끈히 지어 낸다.

그러므로 마음만 먹는다면, 인간적인 방식으로 교회가 성취하지 못할 일이 무엇이 있겠는가? 그러나 문제는 무엇인가? 아사 왕의 하나님과 관계 없는 승리가 하나님을 무시하고 대적한 행위가 되었듯이, 세상적인 방식은 하나님의 뜻을 반역하며 거스르는 행위가 된다는 것이다.

릭 워렌 목사는 사람이 윤리를 포기한다면, 나머지는 누워서 떡먹기처럼 쉽게 된다고 하였다. 가치관이 없는 사람은 목적 성취를 위해 양심에 가책 없이 온갖 수단과 방법을 동원할 수 있다는 말이다. 교회도 그 목적을 성취하는 데 있어서 결코 그릇된 방법으로 사역할 수는 없는 것이다. 교회는 반드시 성경적 원리에 기초하여 교회의 목적을 이루어 나가야 할 것이다. 교회 사역에 있어선 무엇을 성취했는가보다는 그것을 어떻게 성취했는가가 더욱 중요한 것이기 때문이다.

> 교회 사역에 있어선 무엇을 성취했는가보다는
> 그것을 어떻게 성취했는가가 더욱 중요한 것이다.

그러하기에 교회는 바른 사역 방식을 갖기 위해 핵심 가치를 설정하는 일을 해야 한다. 핵심 가치는 성경적이며 효과적인 사역 방식에 가치를 부여하여 교회에 보다 나은 사역 방법의 표준을 제시해 주기 때문이다.

일반적으로 교회는 다양한 성도들로 구성되었기에 성도들마다 목적을 성취하기 위한 사역 방법 또한 다를 수 있다. 그러나 만약 모든 성도들이 각자 자신의 사역 방법만을 주장하게 된다면, 교회는 부득불 여러 갈래로 나뉘어 분열될 수밖에 없다. 따라서 교회는 성도들이 충돌 없이 일치된 마음으로 사역할 수 있도록 공통된 사역 방법들을 규정해 놓을 필요가 있다. 이때에 교회는 성경적이면서도 효과적인 공통적 사역 방법들을 핵심 가치로 설정해 놓음으로써, 성도들의 서로 다른 견해들을 하나로 묶어 놓을 수 있게 된다.

다음에 소개되는 새들백교회의 핵심 가치의 진술은 아마도 당신의 교회의 핵심 가치를 설정하는 일에 있어 다소 도움이 되리라 생각한다.

또한 효과적인 사역 계획에는 효과적인 사역 전략이 있어야 한다. 이것은 한 사람의 구도자를 장성한 그리스인이 되게 하기까지 교회가 어떻게 그를 효과적으로 양육할 것인가에 대한 구체적인 사역 전략을

새들백교회의 핵심 가치

S-단순한 구조(Simple structure): 우리는 성도들의 교제를 강조한다.

A-수용(Acceptance): 우리는 친함과 솔직함을 제공한다.

D-설정된 목적(Defined purpose): 우리는 하나님의 임재를 찬양하며, 그의 말씀을 전하며, 그의 백성을 교육하며, 그의 사랑을 나타내기 위해 존재한다.

D-설정된 목표(Defined target): 우리는 상처 입은 자들과 우리 사회의 필요와 관심에 응답한다.

L-평신도 사역(Lay ministry): 우리 교회는 평신도 사역자들에 의해 움직인다.

E-격려하는 설교(Encouraging preaching): 우리의 설교는 각 성도들이 그들의 일상적인 문제들을 말씀 안에서 해결하도록 인도한다.

B-건물 이전에 성도를 세움(Build up before building out): 우리는 건물을 짓기 전에 성도들을 먼저 세운다.

A-알림(Advertising): 우리는 우리 교회의 모든 것을 지역사회와 나눈다.

C-동 시대의 예배(Comtemporary worship): 우리는 문화적으로 적절한 양식의 예배를 드린다.

K-계속적인 성장(Keep on growing): 모든 사람은 그리스도께서 공급해 주시는 것을 필요로 한다.

의미한다. 그러므로 이 전략에는 불신자를 교회로 인도하는 일과 그들이 교회생활에 잘 정착할 수 있도록 동화시키는 일, 성숙한 그리스도인이 되도록 양육하는 일, 주의 사역에 동참할 수 있도록 주님의 제자로 만드는 일 등이 계획되어 있어야 한다. 효과적인 전략 계획에 대한 언급은 다음 장에서 보다 구체적으로 다루어지게 될 것이다.

6. 멤버들 간의 단단한 관계

세워진 사역 계획이 보다 효과적으로 성취되기 위해서는 무엇보다도 멤버들 간의 친밀하고 밀접한 관계가 필요하다. 신뢰와 격려가 있는 밀접한 관계는 팀에 화기애애한 분위기를 제공해 주며 사역에의 의욕도 불러일으키기 때문이다.

크리스티안 슈바르츠는 성장하는 교회들의 특성을 사랑의 관계라고 보고한 적이 있었다.[129] 즉 성도들 간에 서로 용납하고 이해하고 수용하고 인정하고 존경하는 사랑의 관계가 있는 교회가 그렇지 않은 교회보다 훨씬 월등한 성장을 하고 있다는 것이다. 팀 사역의 탁월한 결과를 가져오기 위해선 사랑의 관계가 요구됨을 알 수 있다.

팀 사역에 있어 멤버들의 관계는 매우 중요한 요소이다. 팀은 멤버들이 어떤 관계 속에 있느냐에 따라 강화되기도 하고 약화되기도 하기 때문이다. 각 멤버들의 재능이 아무리 뛰어나다 할지라도 서로에 대한 불신과 부정적인 태도를 가지고 있다면, 그 팀은 곧 파괴되거나

---

129) Christian A. Schwarz, p. 46.

비효과적인 팀이 될 수밖에 없다.[130] 요즈음 얼마나 많은 성도들이 서로 간의 불신과 미움과 배척으로 인해 큰 상처들을 입고 있는가? 무시하고 용납하지 못하고 이해하지 못하고 배려하지 못하고 책임지지 못하고 자신만을 강조하는 이기적인 마음으로 인해 교회는 병들어 가고 있다. 능력과 영향력을 점점 상실해 가고 있는 것이다.

비판만큼 팀을 약화시키는 데
치명적인 요소가 없다.

팀이 단단한 관계로 맺어지기 위해 가장 먼저 버려져야 할 것이 있다면, 그것은 바로 비판의 마음이다. 비판만큼 팀을 약화시키는 데 치명적인 요소는 없다. 비판은 대개 상대에 대한 이해보다는 그의 약함과 허물을 수용하지 못할 때 행해진다. 이것은 자신이 세워 놓은 잣대에 상대가 벗어난 행동을 했을 때 행해지게 되어 있다.

탕자의 비유를 알고 있는가?[131] 그렇다면 당신은 돌아온 탕자를 아버지가 기쁘게 맞이했다는 소식을 듣고 탕자의 형이 왜 그렇게 화를 내었는지 알고 있는가? 그것은 바로 그가 세워 놓은 기준에 아버지가 크게 벗어난 행동을 했기 때문이다. 그의 기준에 의하면, 마땅히 아버지의 가산을 탕진한 탕자는 그에 따른 대가를 치러야 했다. 그런데 아버지는 처벌은커녕, 오히려 살진 송아지를 잡아 잔치를 베풀며 그를 반갑게 맞이했던 것이다. 뿐만 아니라 자신은 열심히 아버지 옆에서 일을 했음에도 보상은 불구하고 아버지는 단 한 번도 그를 위해 염소

---

130) John Maxwell, *17 Indisputable Laws of Teamwork*, p. 107.
131) 누가복음 15장 11-32절.

새끼 한 마리도 잡아 주지 아니했던 것이다. 이것이 그를 화나게 만들었으며 아버지를 판단하고 비판하게 만들었던 것이다.

비판이란 바로 이러한 것이다. 자신들이 세워 놓은 원칙과 기준에 상대가 벗어난 행동을 했을 때, 사람들은 흔히 그에 대해 비판과 불평을 쏟아 놓게 된다. 만약 당신에게도 그러한 판단의 잣대가 있다면, 이 순간 그 판단의 잣대를 완전히 내어 버리도록 하라. 주님께서 왜 당신에게 다른 지체들이 갖고 있지 못한 은사와 능력을 부여해 주셨다고 생각하는가? 그것은 다른 지체들의 약하고 부족한 부분을 당신으로 하여금 보완하도록 하시기 위해서다. 그러하기에 다른 지체들의 부족함과 허물은 비판이 아닌 당신의 은사와 능력으로 보완하고 채워 주어야 할 부분으로 받아들여져야 한다.

탕자의 아버지는 이러한 사실을 맏아들이 알기를 원하였던 것이다. 아버지를 향해 이런저런 판단과 비판을 하고 있는 아들에게 그가 무엇이라 말했는지 아는가? "네 동생이 돌아왔는데 우리가 어찌 기뻐하지 않을 수 있겠느냐?" '내 아들이 아닌 네 동생'이 돌아왔다는 것이었다. 사실 그때까지 맏아들은 탕자를 아버지의 아들이라 부르면서 그와 관계가 없는 존재로만 여기고 있었다. 지금까지 그는 동생을 이끌어 주고 도와주고 채워 주어야 할 대상으로 생각하지 않고 있었던 것이다. 그러한 맏아들에게 아버지는 '네 동생'이라고 말하면서 그와 탕자는 서로의 부족함을 채워 주고 도와주고 협력하며 살아야 할 형과 동생의 관계임을 일깨워 준 것이다.

팀 사역에는 바로 이러한 수용과 돌봄이 있는 사랑의 관계가 요구된다. 원래 팀 사역이란 서로 다른 전문성을 가진 사람들이 모여 함께 일하는 특성이 있지 아니한가! 이것은 모든 멤버들이 서로 다른 재능과 기질을 가지고 있음을 뜻하는 말이기도 하다.

팀 사역에는 바로 이러한 이해와 수용과
돌봄이 있는 사랑의 관계가 요구된다.

팀에는 독단적이고 호전적이고 성급한 자들이 있는가 하면, 의존적이고 소극적이고 차분한 자들도 있다. 또한 팀에는 매우 사교적이고 감정적이고 비현실적이며 즉흥적인 자들이 있는가 하면, 모든 일에 매우 조심하며 이성적이며 조직적이며 계획적인 자들도 있다. 당신의 생각에는 이들 중 누가 더 낫다고 보는가? 팀에선 보다 나은 멤버란 아무도 없다. 서로 다른 은사와 소명과 특성을 가진 사람들만 있을 뿐이다.

그렇다면 우리는 어떻게 서로 다른 특성과 기질을 가진 멤버들을 하나로 단단히 묶어 놓을 수가 있겠는가? 먼저 효과적인 팀 사역을 위해 당신이 한 가지 기억할 것이 있다. 그것은 팀 멤버들 간의 단단한 관계를 형성하기 위한 목적은 서로 친한 친구의 관계가 되기 위한 것이 아니라, 함께 효과적으로 협력하기 위한 것이라는 것이다.

스티븐 코비(Steven Covey)는 효과적인 협력을 위해 단단한 관계를 어떻게 만들며 유지해야 될지 몇 가지 유익한 조언들을 해 주었다.[132]

첫째로, 다른 멤버들을 먼저 이해하고 배려하며 그들이 최선을 다하고 있을 것이라 생각하고 믿어라.

둘째로, 부정적인 말과 불친절한 행동을 삼가하고 논쟁을 피하며

---

132) Steven Covey, 『원칙 중심의 리더십』(서울: 김영사, 2001), pp. 181-197.

다른 멤버들에게 인내심을 발휘하라.

셋째로, 자기 실수를 변명하거나 방어하지 말고 인정하고 사과하고 용서를 구하라. 적어도 일부분은 자신에게도 책임이 있기 때문이다.

넷째로, 먼저 다른 멤버들에게 깊은 관심을 가져라. 당신이 얼마나 그에게 관심을 가지고 있는지 알기 전까지는 그도 당신이 얼마나 알고 있는지에 관심을 갖지 않을 것이기 때문이다.

다섯째로, 상대방에 대하여 있는 그대로 수용하라. 판단하고 비교하면 방어적인 태도만 강화시킬 뿐이다.

여섯째로, 이해하기 전엔 충고하지 마라. 상대의 독특한 상황과 감정들을 이해하지 못한 상태에서의 조언은 적절한 것이 될 수 없다.

이 주제에 대해 조금 더 관심이 있다면, 필자의 책, 『리더십과 경영』을 한번 참고해 보도록 권유하고 싶다. 나는 그 책에서 사람들의 기질을 네 종류로 구분하여 그것들이 서로 어떻게 다른지에 대해, 그리고 그 다름을 밀접한 협력 관계로 어떻게 구축해야 하는지에 대해 구체적으로 언급해 놓았다.

7. 충분하고 효과적인 전달

마지막으로, 효과적인 팀 사역이 되기 위해서는 충분한 전달이 필요하다. 충분한 전달은 멤버들이 자신의 생각과 의견을 허심탄회하게 나누는 것을 의미한다. 이러한 충분한 전달은 멤버들 간에 좋은 관계가 형성되도록 영향을 주며, 팀 사역에 탁월한 결과를 가져다준다. 멤버들의 역할을 정확히 분담해 주고 피드백을 제공하며, 세부 사항을 명료히 하고, 여러 갈등과 충돌을 지혜롭게 해결해 나가도록 해 줌으로써 보다 효율적인 팀 사역이 되도록 한다.

일반적으로 팀 사역을 하다 보면, 서로 간의 오해와 불일치로 여러 갈등과 충돌을 겪게 된다. 그러나 아이러니하게도 이러한 갈등과 충돌은 대부분 자신의 생각을 솔직하고 정직하게 전달하는 과정에서 생겨나게 된다. 그 이유가 무엇인가? 그것은 멤버들 간의 생각과 목표가 서로 다르기 때문이다.

팀의 갈등과 충돌은 자연스러운 것이며,
그 자체는 좋은 것도 나쁜 것도 아니다.

팀의 갈등과 충돌은 자연스러운 것이며, 그 자체로는 좋은 것도 나쁜 것도 아니다. 다만 그 충돌을 어떻게 풀어 나가느냐에 따라서 건설적인 충돌이 될 수도 있고 파괴적인 것이 될 수도 된다. 이때에 충분한 전달은 팀의 갈등과 충돌을 건설적인 것으로 이끌어 준다.

효과적인 접근 방법

서로 간의 충돌이 벌어졌을 때 회피하는 사람들이 있다. 그러나 팀 사역에 있어서 회피는 결코 유익한 선택이 아님을 기억하라. 왜냐 하면 회피는 서로의 생각과 의견을 알 수 없게 하기에 결국 팀이 서로 협력할 수 있는 기회를 잃게 하고 효과적인 사역을 하지 못하게 하기 때문이다.

또 충돌을 해결하기 위해 서로의 의견과 목표를 타협하는 방법을 취하는 팀 멤버들이 있다. 그러나 타협 또한 팀 사역에 있어서 바람직한 선택이 될 수 없음을 알아야 한다. 타협이란 원래 두 당사자가 추구하려는 목표를 반반씩 양보하는 행위를 말한다. 그러므로 타협하는 행위는 결국 팀의 목표를 절반만 이루게 하는 결과를 초래하게 한다.

이러한 점에서 팀은 갈등이나 충돌에 대해 보다 효과적인 접근 방법을 가질 필요가 있다. 그것은 바로 서로가 협력하는 방법이다. 협력은 팀 멤버들로 하여금 상호 간의 목표가 최대한 성취될 수 있도록 도와준다. 그리고 이러한 협력 사역은 각 멤버들의 생각이 충분히 전달되어 서로에 대한 깊은 이해와 동의가 있을 때 최상의 결과를 가져오게 된다. 그러므로 충분한 대화를 통한 협력 사역은 팀에서 추구되어야 할 효과적인 접근 방법 중의 하나이다.

효과적인 대화법

충분한 전달만을 가지고서 충돌은 건설적인 협력 사역으로 발전시키기는 부족하다. 여기에 효과적인 대화법이 동반되어야 한다. 왜냐하면 효과적인 대화는 서로의 생각을 보다 정확하고 분명하게 전달하게 해 주되, 상대방의 입장에 서서 상대방을 온전히 이해하며 대화할 수 있도록 도와주기 때문이다.

사실 사람에게는 철저하게 자신의 입장에 서서 대화하려는 나쁜 본성이 있다. 옛말에 '남의 열병이 내 감기보다 못하다'고 하지 않았던가. 다른 사람보다는 자신만을 생각하고 사는 인간의 이기적인 본성을 빗대어 한 말일 것이다. 그러나 명심하라. 자기중심적인 마음으로 자신의 입장에서만 대화하려 한다면, 아무리 충분한 대화라 할지라도 결코 효과적인 전달이 될 수 없게 된다. 자기중심적인 대화는 오히려 상대방의 마음만 상하게 하고 대화의 문만 걸어 잠그게 할 뿐이다.

> 자기중심적인 대화는 오히려 상대방의 마음만
> 상하게 하고 대화의 문만 걸어 잠그게 할 뿐이다.

스티븐 코비는 성공하지 못하는 사람의 특징으로 다른 사람의 말을 경청하기보다는 자신을 먼저 이해시키는 것을 들고 있다. 팀 사역에 있어서도 마찬가지이다. 다른 멤버들의 말을 경청하거나 이해하려고 하지 않고 자신의 입장만 내세우려 한다면, 팀 사역은 결국 실패하거나 비효과적이 되고 만다. 그러므로 팀의 단단한 관계를 위해 각 멤버들은 먼저 상대의 말을 경청하며 그를 이해하려는 노력을 해야 한다.

이해에 대한 좋은 예가 하나 있다.

하루는 나폴레옹이 그의 부하들과 함께 어느 언덕을 올라가고 있었다. 그가 한참 산을 오르고 있는데 누군가가 위에서 나무를 한 짐 지고 내려오고 있는 것이었다. 그런데 그 나무꾼은 나무를 지고 내려오고 일이 너무 힘들었던지 나폴레옹이 지나가는데도 비켜서지 않고 그냥 그 앞을 지나 내려가는 것이었다. 이 광경을 지켜보던 부하들이 나폴레옹에게 "각하께서 지나가시는데 무례하게 비켜서지 않다니 잡아다 옥에 가둘까요?"라고 말했다. 그때 나폴레옹이 그들에게 대답했다. "너희들은 저 사람의 입장에 서서 저 사람을 이해해 보았느냐?" 이해(understanding)란 누구 밑(under)에 서 있음(standing)을 의미한다. 즉 상대방의 입장에 서서 그를 바라보는 것이 바로 이해라는 것이다.

이러한 점에서 이 땅에서 우리 주님만큼 우리를 이해하며 효과적인 대화를 하신 분은 없으시다. 간음하다 사람들에게 발각되어 주님께 끌려온 한 여인에 대해 기억하는가? 사람들이 그 여인을 주님께 데리고 왔을 때, 주님께서 그들에게 무엇이라 말씀하셨던가? "누구든지 죄 없는 자부터 이 여인에게 돌을 던지라." 모든 사람들이 자신들의 생각과 입장에 서서 그 여인을 죽여야 한다고 주장할 때, 주님은 오히려 그 여인의 입장에 서서 그 여인을 이해해 주시며 변호해 주셨던 것이다.

대낮에 물을 길러 와야만 하는 사마리아 여인과의 대화에서도 마찬가지이다. 그 여인은 다섯 남편이 있었고 물 길러 올 당시에도 또 다른 남자와 살고 있었다. 많은 사람들이 그 여인을 향해 손가락질하며 비난할 때, 주님은 오히려 그녀의 그러한 삶을 긍휼히 여기시며 이렇게 말씀하셨다. "참으로 삶이 고달프고 힘들지. 나는 너의 삶을 누구보다도 잘 알고 이해하고 있단다. 자 이제 나를 믿어 보렴. 그러면 지금까지 너를 억눌렀던 그 공허와 번민의 삶에서 벗어나 진정한 자유를 누리며 살게 될 거야." 이렇게 상대방을 이해하며 그의 입장에 서서 대화하셨던 분이 바로 주님이셨다.

팀 사역에 있어서도 이러한 대화법이 필요하다. 효과적인 대화와 의사 전달을 위해 필요한 대화의 태도와 행동에 대해 스티븐 코비는 다음과 같은 것들을 제시했다.[133]

태도(attitudes)

첫째로 상대방에 대한 믿음을 갖는다. 즉 상대방을 온전히 신뢰하는 마음을 갖는다. 불신과 의심의 마음을 가지고 하는 대화는 효과적

---

133) *Ibid.*, pp. 166-167.

이 될 수 없고 상대의 마음만 다치게 할 것이다. 그러므로 상대방의 진실성과 성실성을 의심하지 말고 대화해야 한다.

둘째로 상대방과 우호적인 관계가 되도록 한다. 주의 사역은 승패의 문제가 아니다. 무엇을 하느냐보다 어떤 존재가 되느냐가 더욱 중요하다. 즉 일을 이루려는 마음보다 사람을 얻으려는 마음이 더욱 중요하다는 것이다. 그러므로 논쟁을 피하고, 상대의 입장에서 문제를 보려는 마음을 가지고 대화한다.

셋째로 상대방의 주장을 존경하고 수용하는 마음을 갖는다. 나의 주장이 언제나 옳은 것은 아니다. 상대방의 생각이 옳을 때도 의외로 많다. 그러므로 자신의 생각도 변화할 수 있다는 열린 마음으로 대화한다.

넷째로 돕는 마음을 갖는다. 사람들은 보통 상대방이 자신을 진정으로 배려한다고 느낄 때까지 그에 대해 잘 배려하지 않는다. 팀 사역이란 서로의 은사를 필요로 하는 사역이 아니던가. 먼저 상대방의 사역에 돕는 마음을 가질 때, 상대 또한 당신의 사역을 돕게 된다.

행동(behaviors)

첫째로 상대방을 이해하기 위해 먼저 경청하라. 상대방의 생각을 알지도 못하고 나의 의견만 주장하는 것은 어리석은 일이다. 그러므로 먼저 상대방의 생각과 뜻이 무엇인지 이해하도록 상대의 말에 귀를 기울여라. 그리고 반격하지 말고 능동적으로 경청하며 듣는 것을 이따금씩 명료하게 하라. "그게 무슨 뜻이지요?" "그것은 이런 뜻인가요?"라고 물으며 상대방의 뜻을 분명히 이해하고 싶다는 의도가 당신에게 있음을 알게 한다.

둘째로, 상대방의 의견을 경청한 후 당신의 생각과 뜻을 조심스럽게 이해시켜라. 예의 바르고 정중하게 그리고 당신의 의도를 분명하고 솔직하고 정직하게 전달하도록 한다. 이때에는 당신의 의견만 전달하고 상대의 의견에 대해 반박하거나 논쟁하지 마라.

셋째로, 상대방의 의견과 같은 곳에서부터 대화를 시작하여 서서히 견해 차이가 있는 다른 의견으로 옮겨 가라. 이때에 당신의 의견을 상대가 수용하도록 너무 애쓰거나 강요하지 마라.

이런 태도와 행동은 팀의 효과적인 대화를 위해 필요한 것이다. 그리고 여기에 한 가지 더 첨가되어야 할 것이 있다. 그것은 자신의 의견을 전달하기 전에 상대방에게 신뢰를 받는 일이 선행되어야 한다는 것이다. 대부분의 사람들은 상대방을 신뢰하여야 그의 말과 행동을 받아들이는 경향이 있기 때문이다. 이러한 점에서 팀 멤버들은 서로 간의 신뢰를 위해 먼저 상대방을 믿어 주고 돕고자 하는 우호적인 태도로써 대화하도록 힘써야 할 것이다. 그러면 서로의 생각과 의견을 호의적으로 받을 수 있게 될 것이다.

효과적인 사역 전략

"여러 사람에게 내가 여러 모양이 된 것은
아무쪼록 몇몇 사람들을 구원코자 함이니"(고전 9:22)

예수님의 사역 전략은 참으로 대단했다. 많은 사람들이 따라다녔지만, 주님은 열두 명만을 선택하여 집중적인 훈련과 양육을 하셨다. 주님은 이 땅에 오신 목적과 뜻이 무엇인지 제자들로 분명히 알게 하기 위해 공생애 대부분의 시간들을 그들과 함께 지내시며 양육하는 일에 몰두하셨다. 자신의 공생애 기간이 매우 짧을 것을 아신 주님께서는 자신을 대신하여 사역을 감당할 사람들이 필요함을 아셨기 때문이다.

주님의 사역은 양육된 제자들의 손에 맡겨졌고, 그들은 예루살렘에서부터 땅 끝까지 나아가며 복음을 증거하고 교회를 세워 나갔다. 아마도 오늘날 복음이 전 세계에 널리 퍼지게 된 것은 주님의 이러한 효과적인 사역 전략 때문이었을 것이다.

전략이 어떤 것이냐에 따라
사역의 결과도 크게 달라진다.

사역 전략은 중요한 것이며 반드시 필요한 것이다. 전략이 어떤 것이냐에 따라 사역의 결과도 크게 달라지기 때문이다. 사역 방법이 목적을 어떻게 성취할 것인가에 초점을 둔 것이라면, 사역 전략은 그 방법을 어떻게 효과적으로 실행하느냐에 초점을 둘 것이다. 아무리 효과적인 사역 구조와 방법이 있다 할지라도 그것들을 이루어 나갈 만한 전략이 없다면 그 사역은 결코 효과적으로 성취될 수 없게 된다.

1. 상황적 접근 방식

교회 안에는 매우 다양한 성도들이 있다. 아직 중생하지 못한 자들이 있는가 하면, 구원받고 신앙이 성장 중에 있는 자들도 있다. 주님을 갓 믿은 초신자들이 있는가 하면, 성숙한 믿음으로 사역에 참여하고 있는 헌신적인 성도들도 있다. 어디 그뿐인가? 같은 신앙 수준에 있는 성도들이라 할지라도 그들의 성품과 재능과 삶의 환경과 배경은 서로 모두 다르다. 그러기에 교회는 다양한 성도들을 잘 양육할 다양한 양육 프로그램을 가져야 한다. 왜냐 하면 획일적인 양육 방식으로는 이들 모두를 효과적으로 양육할 수 없기 때문이다.

또한 교회는 성도들을 양육하는 전략만 가지고 있어서도 안 된다. 교회 밖의 사람들을 주님께로 인도할 사역 전략도 갖고 있어야 한다.

교회 안의 성도들이 다양하듯 교회 밖의 사람들도 천차만별이다. 공원의 벤치에 앉아 지나가는 사람들을 관찰해 보라. 얼굴은 물론이고 키, 옷 입는 스타일, 머리 모양, 걸음걸이 등이 다른 각양각색의 사람들을 볼 수 있을 것이다. 신앙적인 면에 있어서도 그들 가운데에는 하나님을 전혀 알지 못하는 사람들이 있는가 하면, 교회에 출석하지 않는 중생한 그리스도인들도 있을 것이다. 이러한 사실은 교회로 하여금 교회 밖의 사람들을 주님께 인도하기 위해선 다양한 전도 방식이 필요함을 알게 해 준다.

이렇게 다양한 구도자들과 성도들을 인도하고 양육하기 위해 교회가 가져야 할 효과적인 사역 전략이 있다면 그것은 무엇일까? 바로 상황적 접근 방법이다.

사도 바울의 말을 들어 보자. "여러 사람에게 내가 여러 모양이 된 것은 아무쪼록 몇몇 사람들을 구원코자 함이니"(고전 9:22) 사도 바울은 사람들을 그리스도에게 인도하기 위해 여러 사람에게 여러 모양이 되었다고 말을 한다.

바울은 율법 아래 있는 자가 아니었다. 그러나 그는 율법 아래 있는 자들을 주님께 인도하기 위해 스스로 율법 아래 있는 자와 같이 행하였다고 말한다.

또한 그는 하나님께 대하여 율법이 없는 자가 아니요 그리스도의 율법 아래 있는 자였다. 그러나 그는 불신자들의 풍습과 문화 속에 거하며 그들과 같이 행하는 일이 결코 쉬운 일이 아니었지만, 기꺼이 율법 없는 자와 같이 행하였다고 한다. 그것은 율법 없는 자들을 얻기 위함이었다. 이와 같은 것이 바로 사람들을 그리스도께로 효과적으로 인도하기 위한 바울의 상황적 접근 방법이었다.

> 바울의 사역 전략은 각 사람의 모양이
> 되어 그들과 같이 행하는 것이었다.

한마디로 바울의 사역 전략은 각 사람의 모양이 되어 그들과 같이 행하는 것이었다. 물론 사람들의 상황에 맞게 접근하고 양육하는 이 전략은 바울에게 있어 결코 쉬운 일이 아니었을 것이다. 어찌 율법 아래 있지 아니한 자가 율법 아래 있는 자와 같이 행할 수가 있었겠는가? 그러나 그는 그들을 얻기 위해 기꺼이 그들과 같은 삶의 방식을 가지고 그들에게 접근하였던 것이다.

바울은 믿음이 약한 형제에 대해서도 마찬가지였다. 그는 믿음이 강한 자였지만 믿음이 약한 형제들을 얻기 위해서라면 기꺼이 그들과 같이 되겠다고 말한다.

바울이 이 고백을 할 당시, 고린도교회는 우상에게 드려진 제물을 먹을 수 있느냐 없느냐로 한창 논쟁 중에 있었다. 믿음이 강한 성도들은 모든 음식이 정한 것이기에 우상에 드려진 음식 또한 먹어도 전혀 죄가 되지 않는다고 믿고 있었다. 그런데 믿음이 약한 사람들은 그 음식을 먹는 일은 하나님 앞에 큰 죄를 짓는 것으로 알고 있었다. 이에 대해 바울은 "그러므로 만일 식물이 내 형제로 실족케 하면 나는 영원히 고기를 먹지 아니하여 내 형제를 실족치 않게 하리라"(고전 8:13)고 하였다. 즉 우상에게 드려진 음식을 먹는 일은 아무 문제도 없고 자신은 그것에 자유하나, 혹 그것을 먹는 것이 약한 형제를 실족하게 만든다면, 자신은 평생 고기를 먹지 않음으로써 형제를 얻겠다고 고백한 것이다.

오늘날 교회들이 바울에게서 얻을 지혜는 바로 사람들의 성숙도에 따라 그 수준에 맞는 상황적 접근 방식으로 사역을 하는 것이다.

그 동안 교회들은 구도자에게 접근하거나 성도들을 양육하는 일에 있어서 일률적인 한두 가지의 방식에만 의존해 왔다. 전도는 전도지를 나눠 주거나, 길거리에서 찬송하며 예수를 믿으라고 소리치는 정도였다. 성도들을 양육하는 일에 있어서도 몇 개의 성경공부반을 제공하여 그들을 일률적으로 가르치는 것이 고작이었다. 그러나 이러한 한두 가지의 일률적인 전도 방식이나 양육 방식만 가지고는 결코 사람들에게 효과적으로 접근하거나 그들을 성장시킬 수 없다. 왜냐 하

면 앞에서 언급하였듯이 구도자들은 물론 성도들의 신앙 수준과 삶의
형태가 너무나도 다르고 다양하기 때문이다.

기회가 주어진다면, 릭 워렌 목사가 저술한 『새들백교회 이야기』를
읽어 보기를 원한다. 새들백교회는 사역의 대상들을 세밀히 구분하여
그들 각 대상에 따른 구체적인 사역 전략들을 가지고 있다. 그러하기
에 당신은 그 책으로부터 당신 교회의 목적을 성취하기 위해 어떠한
효과적인 전략을 가져야 할지에 대해 많은 도전과 안내를 받게 될 것
이다.

교회가 관심을 가지고 전도하고 양육해야 할 대상들은 크게 다섯
그룹으로 구분될 수 있다. 첫째 그룹은 지역사회에 거주하고 있는 비
그리스도인들이요, 둘째는 교회에 정기적으로 출석하고 있으나 아직
중생하지 못한 자들이요, 셋째는 구원받은 주님의 백성이지만 기본적
인 신앙의 의무만을 행사하며 살아가는 성도들이요, 넷째는 성숙한
믿음의 헌신된 제자들이요, 마지막 다섯째 그룹은 교회의 핵심 멤버
인 평신도 사역자들이다.

이러한 점에서 교회는 각 그룹들을 위한 효과적인 사역 전략을 가
지고 있어야 하며, 그 사역 목표는 각 그룹에 속한 사람들을 그 다음
단계로 옮겨 놓는 일이 되어야 한다. 즉 지역 주민들을 교회의 정기적
인 출석자로, 교회 출석자들을 등록 교인으로, 등록 교인들을 헌신된

주님의 제자들로, 헌신된 자들을 평신도 사역자들로 만드는 일이 교회의 사역 목표가 되어야 한다는 것이다.

이제부터 각 그룹들에 대한 사역 목표를 성취하기 위해 교회는 어떠한 효과적인 사역 전략들을 가져야 할지에 대해 구체적으로 살펴보자.

2. 지역사회를 교회로 인도하라 (1단계)

남가주에는 대단히 많은 한인 교회들이 있다. 적게는 LA에만도 천여 개가 넘는 한인 교회들이 있다. 그 모든 교회들이 성장하기 위해 저마다 몸부림을 치고 있다. 그러나 5년, 10년이 지나도록 몇십 명의 성도수를 넘기기 못하고 있는 교회들이 부지기수이다.

한 조사에 의하면, 사람들이 교회를 찾고 있지 않는 이유들에 대해 다음과 같이 설명한다.[134] 첫째 이유는 교회가 매우 지루하다는 것이었다. 설교가 매우 지루하며, 대부분의 설교가 그들의 삶과 동떨어진 내용이기에 교회에 출석하기를 꺼려한다는 것이다. 둘째는 교회가 방문자들에게 그다지 큰 관심을 갖고 있지 않는 것 때문이었다. 사람들은 대부분 교회가 그들에게 깊은 관심과 따스한 사랑으로 환영해 주기를 바라는데, 교회들은 그것만큼의 관심과 환영하는 마음 없이 그들을 대한다는 것이다. 셋째는 교회가 그들 자신보다 그들의 돈에 더 관심을 많이 갖고 있다는 것이었다. 그리고 마지막 네 번째 이유는, 교회에는 그들의 자녀들에 대한 유익한 프로그램과 돌봄이 매우 부족

---

134) Rick Warren, pp. 217-218.

하다는 것이다.

한마디로, 오늘날 교회들이 구도자나 방문자들에게 별 매력을 못
주는 이유는 성도들이 그들에 대한 진정한 관심이 없으며, 그들의 영
혼을 교회로 인도하기 위한 간절한 소원도 없다는 것이다. 그리고 교
회의 프로그램들도 그들의 삶에 별 도움과 유익을 줄 만한 것들이 없
다는 것이었다.

당신과 당신의 교회는 지역사회에 거주하고 있는 비기독교인들에
대해 깊은 관심을 가지고 있는가? 그리고 그들의 영혼을 교회로 인도
하기 위해 한 번이라도 그들의 가정을 찾아가 본 적이 있었는가? 아마
당신은 지난 1년 동안 그러한 시도를 한 번도 해 본 적이 없을지도 모
른다.

물론 많은 교회들이 지역 주민들을 교회로 인도하기 위하여 1년에
몇 번씩 전도 활동을 벌이고 있는 것 또한 사실이다. 그러나 그 전도
도 구체적인 계획이나 전략도 없이 사람들이 많이 모이는 곳에 나가
단순하게 전도지 몇 장 건네주거나, 예수 믿으라고 몇 마디 던지는 정
도의 전도가 대부분이었을 것이다.

바로 여기에 교회가 성장하지 못하는 이유가 있는 것이다. 당신의
교회가 이웃 주민들에 대해 진정한 관심과 사랑을 가지지 않고 있는
데 어느 누가 그러한 교회가 좋다고 스스로 찾아오겠는가? 대부분의
사람들은 누군가가 자신에 대해 진정한 관심을 갖고 있다고 느낄 때,
비로소 상대에게 관심을 갖게 된다. 그러하기에 교회가 이웃 주민들
에 대해 별 관심을 갖고 있지 않기 때문에 그들 또한 교회에 별 관심
을 두지 않는 일은 매우 당연한 일이라 할 수 있다.

　　교회의 프로그램 또한 마찬가지이다. 대부분의 프로그램이나 예배 양식은 기존 신자들을 위한 것들이다. 이러한 것들은 기존 신자들에게 친근하고 편안한 느낌을 줄 수 있으나, 교회를 처음 방문한 자들에게는 많은 불편함과 긴장감과 지루함을 줄 수 있는 것들이다. 즉 교회가 방문자들에게 별 유익과 흥미를 주지 못하는 프로그램들만 가지고 있다는 것이다. 바로 이러한 점들로 인해 구도자들은 한두 번 교회를 방문하고 나서는 더 이상 교회생활에 흥미를 느끼지 못하고 떠나 버리고 마는 것이다.

　　그러하기에 교회들은 구도자나 방문자들의 관심을 끌 만한 사역 계획을 가질 필요성이 있다. 효과적인 사역 계획으로 무엇이 있는지 살펴보도록 하자.

전도 대상을 선정하라

　　바울만큼 자신의 전도 대상이 누구인지 분명히 알고 있었던 자도 없을 듯싶다. 바울은 자신이 이방인의 사도로 부름 받았음을 확실히 인식함으로 그 사역을 위해 평생 목숨을 바친 자였다. 물론 동족 유대인들에게도 복음을 증거할 기회가 여러 번 있었지만, 그는 동족보다는 이방인들에게 더욱 큰 관심을 가지고 복음을 증거하였었다. 그 이유는 유대인들에게 복음을 전하는 일은 베드로에게 맡겨진 사명이었지만 이방인은 자신에게 맡겨진 사명이었기 때문이다(갈 2:8). 그래서 그는 이방인들을 대상으로 복음 증거하는 일에 힘썼던 것이다.

예수님의 사역 또한 마찬가지였다. 주님은 이스라엘 집의 잃어버린 양 외에는 다른 데로 보내심을 받지 아니했다는 것을 아신 분이셨다 (마 15:24). 그래서 그분은 이스라엘 땅을 떠나지 아니하시고 3년간의 공생애를 거의 유대인들과 함께 지내시며 그들에게 하나님 나라를 선포하셨고 주의 말씀을 가르치셨다. 그리고 유대인들 가운데에서 사람들을 선택하여 제자를 삼으셨고 그들을 가르치셨으며, 양육하시어 승천하시면서 그의 모든 일들을 그들에게 위임하셨다. 릭 워렌 목사의 설명대로, 예수님께서 이렇게 대상을 정해 놓고 사역을 하신 이유는 예수님에게 배타성이 있어서 그런 것이 아니라 사역을 효과적으로 하기 위한 것이었다.

> 효과적인 전도를 위해 특정한
> 대상을 선정할 필요가 있다.

이와 같이 교회 또한 예수님이나 바울과 같이 효과적인 전도를 위해 특정한 대상을 선정할 필요가 있다. 왜냐 하면 사람들은 너무 다양하며, 어느 교회도 모든 종류의 사람들을 대상으로 효과적인 전도를 할 수 없기 때문이다.

> 당신과 당신 교회의 은사나 강점을 충분히
> 고려하여 전도의 대상을 선정하도록 하라.

그러므로 먼저 당신과 당신 교회의 은사나 강점을 충분히 고려하여 전도의 대상을 선정하도록 하라. 사람마다 각자 자신의 강점이 있는 법이다. 같은 운동선수라 할지라도 축구를 잘 하는 사람이 있는가 하면, 농구나 수영을 더 잘하는 사람이 있다. 목사나 교회에 있어서도 마찬가지다. 설교를 잘하는 목사가 있는가 하면, 가르치는 일이나 위로하고 격려하는 일을 더 잘하는 목사도 있다. 또한 찬양하며 기도하기를 좋아하는 교인들이 있는가 하면, 선교하는 일과 구제하는 일을 더욱 좋아하는 교인들도 있다.

이렇듯 하나님께서 각 목사와 교회마다 주신 강점들이 있다. 그러하기에 교회는 자신의 강점 위에 전도의 대상을 설정하는 것이 좋다. 노년층이 많은 교회는 노년층을, 젊은 부부들이 많이 모인 교회는 젊은 부부들을, 그리고 보살피고 도와주기를 좋아하는 교회는 삶에 도움이 필요한 어려운 환경에 처해 있는 사람들을 전도의 대상으로 선정하는 것이 좋을 것이다. 만약 목사가 이성적이고 가르치는 일을 잘하며 설교가 논리적이라면, 그 전도의 대상을 지성인들이나 논리적인 사람들로 선정하면 될 것이다.

인간관계라는 그물망을 구축하라

다음으로 효과적인 전도를 위해 오이코스 전도 방법을 활용해 보라. '오이코스 전도법'이란 사람들이 하나님을 만나기 전에 먼저 사람을 만나게 하는 전도 전략이다. '오이코스'란 헬라어로서 '가족' 혹은 '친족'을 의미한다. 그러하기에 이 전도법은 가족이나 친척, 친구, 직장 동료, 기타 면식이 있는 사람들과 절친한 관계를 형성하는 것을 강조한다. 그들과 충분히 가까워졌다는 생각이 들 때, 그들을 서서히 교회로 인도하는 전도법이다.

이러한 오이코스 전도법을 강조하는 교회들 가운데 윌로우크릭교회가 있다. 이 교회는 교인들에게 사람들을 교회로 인도하기 전에 먼저 그들과 친밀한 친구가 될 것을 강조한다. 사람들과 만나 식사도 하고 교제도 하면서 친밀한 관계가 형성되어 그들이 당신을 어느 정도 믿고 인정하고 있다는 생각이 들 때, 그들에게 교회의 행사를 소개하며 함께 가기를 권유하여 자연스럽게 인도하는 것이다. 이와 같이 하는 이유는 구도자들이 교회로 인도되기 전, 먼저 성도들의 삶 속에서 그들이 환영되어야 하기 때문이다.

안드레와 빌립이 바로 이러한 오이코스 전도법을 사용했다. 안드레와 빌립은 주님을 만난 후, 안드레는 그의 형제 베드로를, 빌립은 친한 친구 나다나엘을 찾아가 주님을 소개하고 인도하였다. 베드로와 나다나엘이 그들에게 있어서는 가깝고도 친밀한 사람이었기에 자연스럽게 전도할 수 있었을 것이다.

예수님께서도 사마리아와 땅 끝까지 이르러 전도하기 전에 먼저 예루살렘과 온 유대부터 전도하라고 명령하셨다. 가까운 인간관계의 그물망을 통해 전도하는 것이 무엇보다도 효과적인 전도 방법인 것을 주님은 아셨기 때문이다.

그렇다. 오이코스 전도법은 인간관계라는 그물망을 구축하여 사람들을 자연스럽게 교회로 인도하는 전도법이다. 이 전도법은 급히 서두르지 않고 서서히 사람들에게 접근하여 자연스럽게 복음을 증거하게 하여 그들을 부담 없이 교회로 인도한다는 강점이 있다. 그러하기에 교회는 인간관계라는 그물망을 구축하여 보다 효과적인 전도를 할 필요가 있는 것이다.

가장 수용적인 사람들에게 먼저 접근하라

전도를 할 때, 저항적인 사람들보다는 수용적인 사람들에게 먼저 접근하는 것이 좋다. 수용적인 사람들은 당신의 모든 것들을 언제나 호의적으로 받아들일 준비가 되어 있는 자들이기 때문이다.

당신에게 있어서 가장 수용적인 사람들은 당신의 가까운 친구나 직장 동료, 친지, 또는 이웃들이 될 것이다. 그러나 당신에게 있어서 더욱 수용적인 사람들은 그들 중에서도 특별히 어떠한 문제에 휩싸여 고통당하고 있는 자들일 것이다. 고통 중에 있는 자들은 누구보다도 다른 사람의 도움과 위로의 손길을 간절히 기다리는 사람들이기 때문이다. 성경에서도 주님을 잘 따르며 영접했던 사람들은 그 당시 버림받고 억눌리고 고통과 신음 속에 있었던 자들이었다.

한국 기독교 역사에도 이러한 사실들이 잘 나타나 있다. 일본으로부터 압제받던 그때부터 6·25를 거치고 경제가 회복되기 전 1970년대 말까지 기독교가 가장 많이 성장한 시기였다. 일제하에서는 이 땅에서의 삶의 소망을 찾을 수 없었던 많은 사람들이 '예수 천당' 만 외쳐도 교회로 몰려들었기 때문이다. 그리고 전쟁 이후 1970년대까지 경기가 어려웠던 시절에는 가난으로 지쳐 있던 많은 사람들이 '예수 축복' 한마디에 교회로 모였었다. 그들에게는 '예수 천당' '예수 축복' 이 복음이었기 때문이다.

그러나 오늘날은 천국보다는 현세의 삶에 관심이 더 많은 시대이다. 모든 것들이 풍성한 오늘날의 사람들에게는 천국과 축복은 더 이상 그들의 관심거리가 되어 가고 있지 않다. 천국보다는 현재의 삶이 더욱 즐겁고 재미있는 세상이 되어 버렸기 때문이다.

이러한 사람들을 교회로 인도한다는 것은 결코 쉬운 일이 아니다. 편안한 소파 생활과 각종 차원 높은 문화생활에 익숙한 그들에게 교회란 더 이상 매력적인 곳이 되지 못하기 때문이다. 딱딱하고 긴 의자들, 종교적인 색채와 의식으로 가득 찬 분위기, 중세 시대부터 불리어 오고 있는 고전 찬송들, 그리고 1960~1970년대 수준을 연상케 하는 교회의 프로그램들은 믿는 자들에게조차도 외면당하는 현실이다.

그렇다면 오늘날의 현대인들에게 효과적으로 접근할 수 있는 방법은 무엇일까? 그들의 필요는 무엇이며, 그들이 도움을 원하는 삶의 부분은 어디일까? 삶의 모습이 점점 복잡해지고 개인주의가 발달한 오늘날에는 의외로 많은 사람들이 소외감과 외로움을 느끼며 고독한 삶으로 살아가고 있다. 고독한 삶을 사는 그들은 누군가의 따스한 관심과 사랑의 손길을 기다리고 있는 것이다. 이것은 교회에 있어서는 대단히 기쁜 소식이 아닐 수 없다. 누군가의 도움의 손길과 연민의 손길을 갈구하고 있는 수용적인 사람들에게 교회는 보다 쉽게 사랑의 손길을 가지고 그들에게 접근할 수 있기 때문이다.

연민은 전도를 보다 효과적으로
하게 만드는 주요 요소가 된다.

일반적으로 연민은 전도를 보다 효과적으로 하게 만드는 주요 요소가 된다. 예수님의 사역은 한마디로 '사람들의 어려움을 돌보는 연민의 사역'이라 할 수 있다. 주님은 사람들을 언제나 고생하며 유리하는 목자 없는 양과 같이 민망히 여기셨다(마 9:36). 주님은 가시는 곳마다 사람들의 고통을 돌아보셨고 모든 병과 약한 것들을 고쳐 주셨다(마

9:35). 그러했기에 언제나 많은 무리들이 주님의 주위에 있었고 예수님을 따라다녔다. 크리스티안 슈바르츠는 오늘날 잘 성장하고 있는 교회들은 연민의 사역을 하는, 필요 중심적인 전도를 하는 교회라고 하였다.

릭 워렌 목사도 그의 목회 경험을 통해 복음을 가장 수용적으로 받아들였던 사람들은 변화의 과도기에 있었던 이들과 긴장감 속에 있었던 이들이었다고 하였다.[135] 그는 갓 결혼을 하였거나, 아이가 탄생했거나, 새 집이나 새 직장 혹은 새로운 학교로 옮길 때의 사람들이 복음에 대해 더 수용적인 태도를 보이게 되고, 이혼의 아픔과 사랑하는 사람의 죽음, 실직, 재정적 어려움, 결혼과 가정생활의 문제들, 외로움, 죄책감 등 부정적인 스트레스 등을 경험할 때, 복음에 대해 가장 수용적인 자세를 갖게 된다고 하였다. 교회는 이러한 긴장감과 고통 속에 살아가고 있는 사람들에게 연민의 사역을 지향할 필요가 있다.

그렇다면 구체적으로 사랑의 손길을 필요로 하는 사람들은 어떤 사람들인가? 아마도 다음의 사람들이 복음을 가장 수용적으로 받아들일 수 있는 연민의 대상자들이 될 것이다.

* 장애인들과 그 가족들
* 죄수들
* 고아, 과부, 노인들
* 굶주리고 집 없는 가난한 자들
* 깨어진 가정, 매 맞는 여성
* 술, 마약, 성 중독자들
* 가출한 이들과 문제아를 둔 부모들

---

135) Rick Warren, p. 207.

＊ 10대의 미혼모들
＊ 이혼이나 사랑하는 자의 죽음으로 아픔과 슬픔 속에 있는 자들
＊ 실직으로 재정적 어려움에 처한 자들

대상 지역을 분명히 하고 그 지역을 경작하라

전도 대상 지역을 분명히 설정하되, 최우선 대상 지역을 명확히 하라. 이것은 전도 대상의 범위를 한정시켜 전도 사역을 보다 집중적이고 효과적으로 하기 위해서이다. 대상 지역 거리는 교회의 형편과 지역의 특성에 따라 1킬로미터나 1.5킬로미터 정도가 좋을 것이다. 이 정도 거리는 교회로 하여금 5천에서 1만 가구 정도의 가정을 대상으로 전도하게 함이다.

릭 워렌 목사는 교회를 개척할 때, 1만 5천 통의 초청 편지를 보내었다고 한다. 그 이유는 최소한 1%의 사람들이 응답하더라도 설립 예배에 150여 명의 사람들이 참석할 수 있다는 기대감 때문이었다. 그렇다면 당신 또한 설정된 전도 대상자들 중 최소한 1%의 사람들을 얻을 수만 있어도 그 수는 적어도 50에서 100가정은 될 것이다.

대상 지역을 설정한 후, 그 지역을 경작하도록 하라. 즉 대상 지역을 집중적으로 공격하라는 말이다. 로버트 슐러 목사는 교회 개척 당시 예배 처소를 얻기 위해 폐허가 된 조그마한 공항 주위를 종일 돌면서 그 땅을 달라고 주님께 기도했다고 한다. 그 결과 그는 그 공항 땅을 얻게 되었고, 오늘날 그곳에 수정교회가 세워지게 되었다.

당신도 이와 같이 설정된 대상 지역을 위해 기도하며 걸어 다니도록 하라. 만나는 사람들에게 교회를 알리는 안내지를 건네주며, 때로

는 상가나 집들도 방문하여 안내지를 건네주도록 하라. 가능하다면 그들과의 대화를 통해 그들의 종교와 삶의 특성, 취향, 직업 등이 무엇인지를 알아내도록 하라. 이러한 일들은 가급적 당신이 직접 지역을 걸으며 사람들을 만나 대화하며 알아내라. 그래야지 그들의 취향과 관심사가 무엇인지, 필요가 무엇인지, 그리고 그들이 가지고 있는 문제들이 무엇인지 직접 피부로 느낄 수 있으며 그것들에 대한 적절한 사역 계획과 전략을 세울 수 있기 때문이다.

한편, 그들에게 건네주는 안내지에는 당신의 교회가 그 지역에 존재하는 이유를 분명히 알릴 수 있는 내용들이 기재되어 있는 것이 좋다. 그러한 안내지에는 당신 교회의 목적과 비전, 핵심 가치, 주요 사역 등이 언급될 필요가 있다. 아래의 내용들은 교회의 안내지에 어떤 내용들을 기재해야 좋을지 당신에게 많은 아이디어를 제공해 줄 것이다.[136)]

* 지역 사회의 관심에 대하여 말하라.
* TV나 대중문화 속에서 나타난 유사한 이미지를 사용하라.
* 창조적인 말과 그림과 문장을 사용하라.
* 컬러 종이나 그림을 사용하라.
* 교회 언어를 피하라.
* 교회 로고를 실어라.
* 교회를 쉽게 찾을 수 있게 약도 및 교통 안내를 기재하라.
* 목사의 이름, 전화 번호, e-mail, 웹 사이트를 기재하라.
* 지역사회에 제공되는 사역이나 설교 주제 등을 기재하라.
* 음악 팀이나 목사 부부의 사진을 실어라.

---

136) James R. Nikkel, pp. 98-99.

그리고 교회의 안내지 배부는 모든 교인들이 참여할 수 있도록 하며, 1년에 서너 차례 신문 보급소나 지역 우체국을 통해 대상 지역 가족들에게 발송되도록 시도해 보라. 이것은 지역사회에 거주하고 있는 사람들에게 당신의 교회가 무엇을 하고 있는지를 정기적으로 알리기 위함이다.

한 가지 안타까운 점은 지역사회에
거주하는 주민들이 지역의 교회에 대해
아무것도 알지 못하고 있다는 사실이다.

오늘날 지역 교회들에 대한 한 가지 안타까운 점은 지역사회에 거주하는 주민들이 지역의 교회에 대해 아무것도 알지 못하고 있다는 사실이다. 지역 주민들이 날마다 교회 앞을 지나다니기는 하지만, 정작 그 교회가 어떠한 교회인지, 무엇을 하고 있는지, 교회의 목적과 비전이 무엇인지 전혀 모르고 있다는 것이다. 이러한 점에서 교회의 안내지를 통해 당신의 교회가 어떠한 교회인지, 어떠한 사역을 하고 있는지에 대해 지역사회에 알리는 것은 매우 지혜로운 처사라 할 수 있다.

문화적인 토착화를 시도하라

지역 주민들에게 낯설거나 외면된 교회는 잘 성장할 수 없다. 그러므로 주민들이 편안함을 느낄 수 있는 언어와 음악과 사람들이 있는 교회가 되도록 노력하라. 교회는 지역 주민들의 관심과 흥미를 줄 만한 유익한 프로그램들을 제공함으로써 그들과 친밀하고 우호적인 관계를 유지할 수 있다.

일반적으로 방과 후 스쿨이나 노인대학, 영어나 중국어 클래스, 예비부부와 신혼부부들을 위한 새 가정 세미나, 각종 연주회, 음식파티, 운동회나 소풍 또는 낚시대회와 같은 행사들은 지역 주민들로 하여금 교회에 한걸음 더 가까이 나아오게 만드는 프로그램들이 될 것이다.

설문 조사를 통해 현재 지역 주민들의 관심이 무엇인지, 그들의 애로사항이 무엇인지, 그리고 지금 그들이 가장 필요로 하는 것이 무엇인지 발견한 뒤, 구체적으로 그들이 원하는 프로그램이나 행사를 준비하여 제공하도록 하라. 그렇게 함으로써 당신의 교회는 그들의 더욱 적극적인 흥미와 참여를 경험하게 될 것이다.

적극적이고 긍정적인 마음을 가져라

끝으로, 교회는 복음 증거에 대해 적극적이면서도 긍정적인 마음을 가져야 한다. 교회가 아무리 효과적인 복음 전도 전략을 가지고 있다 할지라도 성도들이 전도에 대해 소극적이거나 부정적인 마음과 태도를 가지고 있다면, 그 모든 전략들은 다 무용지물이 될 것이다.

오늘날 성도들이 전도하는 일에 소극적이며 두려운 마음을 가지고 있다는 것은 참으로 안타까운 일이 아닐 수 없다. 오늘날 성도들이 복음 증거하는 일에 소극적인 이유를 살펴보자.

첫째는, 많은 성도들이 그들 모두가 복음의 증인이 되어야 한다는 사실을 잘 모르고 있기 때문이다. 대부분의 성도들은 전도는 교역자들이나 특별히 은사를 받은 자들만이 하는 것으로 생각하고 있다. 심지어 어떤 성도들은 교회에 출석하는 그 자체를 복음 증거하는 삶으로 오해하고 있다.

둘째는, 대부분의 성도들이 증거를 어떻게 해야 할지 잘 모르고 있기 때문이다. 그들은 사람들에게 어떻게 접근해야 할지, 그리고 무슨 내용을 어떻게 전해야 할지 잘 모르고 있다. 이런 이유로 간결하고 명확하게 복음을 전하지 못하고 횡설수설하는 자가 있는가 하면, 어떤 이는 너무 지적이고 철학적으로 전하다가 종종 사람들과 논쟁에 휩싸이기도 한다.

셋째는, 영적으로 너무 약하여 영적 전쟁을 치를 만큼의 준비가 되어 있지 않기 때문이다. 어떤 성도들은 복음을 다른 사람들과 나누는 데 너무 부끄러워하거나 두려워한다. 어떤 이들은 증거하는 삶을 살기엔 세상적인 일에 너무 바쁘고 시간이 없다. 그리고 어떤 이들은 증거하는 대로 살지 못해 오히려 사람들에게 비난받고 거절당하기도 한다.

넷째는, 불신자들을 거부하거나 무시하는 배타적인 마음을 갖고 있기 때문이다. 성도들의 마음속에 구도자들의 영혼에 대한 관심과 사랑이 결핍되어 있기에 그들의 영혼을 구원코자 하는 갈망이 거의 없다. 어떤 성도들은 영적 선민사상으로 인해 불신자들을 무시하며 그들과 거의 교제 없이 단절되어 살아가고 있다.

다섯째는 복음 증거를 대적하는 세력이 있기 때문이다. 어떤 구도자들은 복음을 받아들이기에는 너무나 마음이 굳어져 있다. 때로는 성도들이 그들의 노골적인 반대나 핍박에 의해 종종 위기의식이나 위협 속에서 살아가기도 한다.

이러한 점들이 교회들로 하여금 복음 전하는 일에 소극적이며 주저

하는 마음을 갖게 하는 것이다. 그렇다면 교회가 어떻게 다시 복음 증거에 적극적이며 긍정적인 마음을 가질 수 있을까?

무엇보다는 주님이 함께하심을 믿어야 한다. 사람의 마음을 감동시키거나 변화시키는 것은 사람의 능력이나 설득에 달려 있지 않다. 오히려 그 변화는 주님의 역사하심에 달려 있다. 즉 주님께서 친히 불신자들의 마음 문을 여시고 감동시켜 그들을 구원하신다는 것이다. 그러하기에 우리의 할 일은 단지 주님의 말씀에 순종하여 사람들을 찾아가 입술을 열고 복음을 증거하는 일이다. 그러면 당신의 입술을 통해 복음이 전해지는 순간, 주님께서 그들의 마음을 감동시키시고 변화시켜 주께로 나아오게 만드실 것이다. 사실 우리 주님만큼 그의 백성들이 돌아오기를 간절히 바라는 사람이 어디에 있겠는가?

바울은 이러한 주님의 역사하심을 알았기에 복음을 증거할 때에 사람의 말과 지혜의 아름다움으로 하지 아니하고 다만 성령의 나타남과 능력으로 한다고 하였다(고전 2:1,4). 사실 바울은 학문과 지혜가 누구보다도 능한 자였다. 그러나 그는 사람의 변화가 인간의 말이나 지혜에 달려 있지 않다는 것을 그 누구보다도 분명히 알았기에 또한 사람의 변화가 성령의 능력에 달려 있다는 것도 잘 알고 있었기 때문에 의도적으로 복음 전함에 있어서 그의 능력과 재능을 나타내지 않았다고 고백한다. 그래서 그는 사람의 말이나 지혜보다는 오히려 전도의 미련한 것으로 주님을 증거하고 다녔던 것이다(고전 1:21).

구원받을 사람을 예비해 놓으시고
변화시키시는 이는 우리가 아니고 바로 주님이시다.

그렇다. 구원받을 사람을 준비해 놓으시고 변화시키시는 이는 우리가 아니고 바로 주님이시다. 사도행전 16장에는 빌립보교회가 어떻게 탄생하게 되었는지에 대한 이야기가 기록되어 있다. 바울은 아시아에 가서 복음을 증거하기 위해 애썼으나 그리스도의 영이 그를 막으셨기에 뜻을 이루지 못하고 두로아로 내려가게 된다. 그곳에서 바울은 마게도냐 사람 한 명이 나타나 '와서 도와달라'는 환상을 보게 된다. 바울은 이 환상이 성령에 의한 것인 줄 믿고 순종함으로 마게도냐로 가서 여인들을 만나 복음을 증거하게 된다. 그때 주님께선 한 여인을 예비해 놓으셔서 그녀로 하여금 마음을 열어 바울의 말을 청종하게 하셨다. 그 결과 그 여인과 그녀의 집이 다 구원을 받고 그 가정을 중심으로 교회가 세워지게 된다. 바로 바울의 선교를 끝까지 재정적으로 지원했던 빌립보교회가 탄생하게 된 것이다.

이것이 바로 성경이 우리에게 약속하고 있는 말씀인 것이다. 우리가 복음을 증거할 때, 주님은 우리와 함께하셔서 구원받을 사람을 미리 준비해 놓으시고, 그의 마음을 여셔서 당신의 말을 듣게 하시고 구원받게 하신다. 그렇다면, 우리가 두려워하며 염려할 것이 무엇인가? 주의 명령에 순종하여 사람들을 찾아가 복음을 전하기만 하면 된다. 인간의 말이나 지혜로 하려하지 말고 그냥 당신이 구원받은 경험과 당신의 변화와 주님의 은혜가 무엇인지를 그들에게 이야기하도록 하라. 그리고는 모든 것을 주님께 맡겨라. 분명 당신은 주님의 놀라운 역사하심을 경험하게 될 것이다.

3. 방문자를 교회에 정착시켜라 (2단계)

명성훈 목사는 현대 교회의 문제는 전도를 하지 않는 것이며, 그보다 더 큰 문제는 그나마 교회로 인도된 사람들을 붙잡지 못하는 것이라고 하였다. 어느 통계에 따르면, 매년 한 교회의 방문자 수가 그 교회의 성도 수 정도가 된다고 한다. 그렇다면 이론상으로 교회마다 매년 성도의 수가 배로 늘어나야 하는데 실제로 그 수에는 거의 변화가 없다. 이것은 교회의 방문자들이 교회에 거의 정착하지 못하고 있음을 보여 주고 있는 것이다.

미국의 교회성장연구소의 소장인 윈 안(Win Arn) 박사는 처음 교회를 방문한 사람이 6개월 내에 7명의 친구를 사귀게 된다면, 그가 교회를 떠날 확률은 거의 없다고 하였다.

교회를 방문한 사람이 6개월 내에
7명의 친구를 사귀게 된다면,
그가 교회를 떠날 확률은 거의 없다.

허브 밀러(Herb Miller) 또한 첫 방문자를 교회의 성도가 36시간 내에 15분간 방문하면 그들 중 85%가 그 다음 주일에 다시 나오고, 3일 내에 방문하면 60% 다시 나오고, 일주일 후에 하면 15%가 다시 나온다고 하였다. 이것은 방문자들에게 대해 교인들이 얼마나 많이 반기고 친밀히 지내느냐에 따라 그 정착 확률이 그만큼 높아진다는 뜻이 된다.

이것은 교회가 성장하기 위해 방문자들을 잘 정착시킬 효과적인 사역 전략을 가질 필요가 있음을 보여 준다. 일반적으로 교회가 정착시켜야 할 사람들은 크게 두 종류가 있다. 한 부류는 교회에 출석하지만 아직 중생하지 못한 사람들이고, 또 다른 부류는 중생한 성도들이다. 전자에 대해서 교회가 그들이 중생하도록 도와주어야 한다면, 후자는 교회가 양육을 통해 그들의 신앙이 성장하도록 도와주어야 할 사람들이다. 그렇다면 교회는 방문자들이 어떻게 효과적으로 잘 정착할 수 있도록 도울 수 있을까?

진정한 관심과 사랑의 마음으로 대하라

교회는 무엇보다도 새로운 방문자들에 대해 진정한 관심과 사랑의 마음을 갖고 있어야 한다. 앞에서 언급하였듯이 오늘날 대부분의 교회에는 새로운 방문자들에 대한 진정한 관심과 사랑하는 마음이 많이 결여되어 있다. 만약 교회들이 방문자들에 대해 이러한 마음과 태도를 계속 갖는다면, 교회는 잘 성장할 수 없게 된다. 진심으로 환영받지 못하는 방문자들은 그러한 교회를 좋아하지도 않을 뿐만 아니라 정착하지도 않을 것이기 때문이다.

크리스티안 슈바르츠는 성장하는 교회들은 정체되어 있거나 쇠퇴하는 교회들에 비해 사랑의 지수가 높다고 하였다.[137] 그는 성장하고 있는 교회들은 그렇지 않은 교회들의 성도들에 비해 교회 밖에서 서로 만나는 횟수가 많았으며, 서로를 용납하고 칭찬하는 데 너그러웠으며, 교회 내에 웃음이 더 많았다고 한다. 그리고 성장하는 교회의

---

137) Chirstian A. Shuwarz, p. 46.

목회자들은 그렇지 않은 교회의 목회자들에 비해 사역하고 있는 평신
도들의 개인적인 문제들에 대해 보다 많이 알고 있었다고 한다. 따라
서 그는 교회가 성장하기 위해서는 어떠한 마케팅 전략보다는 사랑의
관계를 더욱 중시해야 한다고 말했다.

> 거짓 없고 실제적인 사랑은 이 세상의 그 어떤 마케팅의 노력보다 훨
> 씬 더 강한 매력을 교회에 부여해 줍니다. 교회를 마케팅화하는 것은
> 조화에 비유할 수 있습니다. 마케팅 효과를 내는 것이 정말 괜찮은 듯
> 보일 수도 있지만 향기가 없습니다. 그러나 진정한 사랑은 그 누구도
> 거부할 수 없는 신비한 향기를 뿜어냅니다.[138]

바로 이러한 사랑의 관계에 기초하여 모임을 가진 교회가 초대 교
회였다. 초대 교회는 대부분의 예배와 모임을 가정에서 가졌다. 이것
은 초대 교회가 가정 모임을 통해 어느 시대의 교회들보다 성도들 간
의 교제에 있어서 더욱 친밀했음을 보여 준다. 로버트 뱅크스(Robert
Banks)는, 초대 교회에는 가정 모임을 통해 서로 간의 친밀한 사랑의
교제와 돌봄과 나눔이 있었고 방문자들에 대해서는 특별한 배려와 환
영이 있었다고 한다.[139] 이러한 사랑의 돌봄과 교제가 초대 교회 성도
들로 하여금 주님의 사랑을 체험케 하였으며 믿는 자의 수를 더하게
하였던 것이다(행 2:44-47).

주님의 사역도 한마디로 말해 사랑의 사역이라 할 수 있다(마
9:36). 주님은 버림받고 거절당한 사람들을 사랑하셨고 그들의 친구가
되셨으며 그들과 함께 지내는 것을 좋아하셨다. 우리 주님은 그들을

---

138) *Ibid.*, p. 48.
139) Robert Banks, 『1세기 교회의 예배 모습』(서울: 여수룬, 1889), pp. 21-37.

친구로 일컬을 정도로 좋아하셨다(요 15:14). 죄인들을 용납하시고 문제와 고통 속에 있는 자들을 긍휼히 여기시는 이와 같은 진정한 사랑이 있었기에, 주님 주위에는 언제나 억눌리고 가난하고 버림받은 수많은 무리들이 머물러 있었으며 주님을 따라다녔다.

방문자들은 교회가 자신들에 대해 진정한
관심과 사랑을 가지고 대한다고 느낄 때,
보다 쉽게 교회에 정착할 수 있게 된다.

마찬가지로 교회도 새로운 사람들로 붐비려면, 주님과 같이 사람들에 대해 진정한 관심과 사랑을 가지고 있어야 한다. 일반적으로 방문자들은 교회가 자신들에 대해 진정한 관심과 사랑을 가지고 대한다고 느낄 때, 보다 쉽게 정착할 수 있게 된다.

미주 한인 교회들을 대상으로 실시한 한 조사 보고에 의하면, 새로운 방문자들이 교회에 정착하게 되는 이유들 중 목사가 좋아서가 75%, 교회의 분위기가 좋아서가 72%, 아이들 교육 프로그램이 좋아서가 28%가 되었다. 즉 새로운 방문자들이 교회에 정착하게 되는 가장 주요 요인들로 목사와 교회의 분위기였던 것이다.

이러한 점에서 릭 워렌 목사는 교회가 성장하기 위해서는 목사와 교인들은 사랑이 많아야 한다고 말한다.[140] 그는 목사의 사랑이 그의 설교보다 새로운 방문자를 교회에 정착시키는 데 있어서 중요한 요소가 된다고 하였다. 그는 사랑 없는 설교는 그 비록 위대한 설교라 할

---

140) Rick Warren, pp. 240-245.

지라도 단지 소음에 불과하다고 하였다. 왜냐 하면 그것은 사람들의 마음을 빼앗지 못하기 때문이다. 그러나 목사가 사랑이 있으면 사람들은 그 사랑으로 인해 목사를 좋아하게 되고, 그들이 목사를 좋아하게 되면 목사의 말을 신뢰하기에 그의 말을 듣게 된다는 것이다. 비록 그것이 탁월한 설교가 아니더라도 말이다.

릭 웨렌 목사는 방문자들에게 목사가 사랑을 증명해 보일 수 있는 방법 몇 가지를 제시한다. 첫째는 그들의 이름을 외워야 하며, 둘째는 예배 전후에 직접 사람들을 만나 인사해야 하며, 셋째는 사람들에게 포옹이나 악수 또는 등을 두드리는 식의 만져 줌이 있어야 하며, 마지막으로는 방문자들에게 따뜻하고 개인적인 형식의 문장을 사용하여 환영의 편지를 써 보내야 한다. 즉 교회가 새로운 방문자들을 잘 정착시키기 원한다면 목사와 성도들은 그들에게 보다 가까이 접근하여 사랑이 담긴 모습으로 행동해야 한다는 것이다.

교회가 방문자를 사랑으로
대하는 일은 결코 선택이 아니다.

교회가 방문자를 사랑으로 맞이하는 일은 결코 선택이 아니다. 주님께서는 모든 계명들 가운데 첫째는 하나님을 사랑하는 것이요, 둘째는 이웃을 사랑하는 것이라고 말씀하셨다(막 12: 29-31).

당신은 남에게 직접 해를 가하는 것과 사랑하지 않는 것 중 어느 것이 더 큰 죄라고 생각하는가? 일반적으로 사람들은 남을 해치는 행위를 더 큰 죄라고 생각한다. 사람들은 남을 해친 일에 대해서는 큰 죄책감을 느끼며 살아가지만, 사람을 사랑하지 않는 일에 대해서는 괴

로워하거나 큰 죄책감을 느끼지 않고 살아가고 있기 때문이다.

그러나 이것만큼 잘못된 생각은 없다. 성경은 하나님과 이웃을 사랑하는 삶이 가장 크고 제일 되는 계명이라고 말씀하셨기 때문이다. 세상의 그 어떤 죄보다도 사람에게 진정한 관심과 사랑을 갖고 있지 않는 것이 하나님 앞에 가장 큰 죄라는 것을 알 수 있다. 이러한 점에서 진정으로 방문자들을 따스한 사랑과 관심으로 대하는 일은 교회가 마땅히 행해야 할 의무이며, 더 나아가서는 교회 성장을 가져다주는 주요한 축복의 요소라 할 수 있다.

문화적으로 적절한 예배의 양식을 가져라

방문자들이나 새로운 교인들 가운데에는 복음의 능력이나 거듭남을 알지 못한 채 단순히 교회에만 출석하는 사람들이 있다. 이들은 아직 믿음생활이 무엇인지 잘 이해하지 못하고 있기에 교회에서 어떠한 문제나 불편함이 생기면, 쉽게 교회를 떠날 수 있는 가능성을 가지고 있는 자들이다. 그러하기에 교회는 이들이 굳건한 믿음을 가지고 교회에 잘 정착할 수 있는 사역 전략을 세울 필요가 있다.

교회는 예배를 통해 그들이 하나님의 임재와 복음의 능력과 죄의 용서를 체험하여 교회의 진정한 가족이 될 수 있는 계획을 세울 필요가 있다. 대부분의 방문자들과 새로운 교인들은 예배 외에는 교회 모임에 거의 관여하고 있지 않기에 예배가 아니고서는 복음의 능력을 접할 기회가 거의 없기 때문이다.

그러나 한 가지 안타까운 일은 오늘날 많은 교회들이 여전히 전통적인 예배를 고수함으로써 방문자들로 하여금 복음의 능력을 경험케

해 주기가 힘들다는 것이다. 너무 지나친 의식과 형식, 문어적인 화법, 알아들을 수 없는 언어, 동시대에 어울리지 않는 분위기와 음악 등으로 인해 방문자들은 하나님의 임재보다는 오히려 긴장감만을 갖게 되기 때문이다.

옛날 중세 시대의 교회에서는 성직자들이 그들의 구별됨과 권위를 나타내기 위해 교인들이 알아들을 수 없는 라틴어로 예배를 인도하였었다. 그러나 성도들이 이해할 수 없는 언어의 예배는 그 누구에게도 유익이 되지 못했다. 고린도전서 14장에서 바울은, 사람들이 알아들을 수 없는 방언은 마치 허공에 대고 말하는 소리요 음을 분별할 수 없는 소리이며 유익이 없는 것이라고 하였다(6-9절). 그리고 그는 알아들을 수 없는 일만 마디의 방언보다 남을 가르치기 위해 깨달은 마음으로 하는 다섯 마디의 말이 훨씬 낫다고 하였다(19절).

교회는 방문자들이 불편함이나 어색함, 거부감 없이 예배드리며 하나님을 경험할 수 있도록 동시대에 적절한 예배의 양식을 그들에게 제공할 필요가 있다. 다시 말해 예배는 방문자들이 편안함을 느낄 수 있고 이해될 수 있도록 문화적으로 적절한 언어와 음악과 설교로 구성되어야 한다.

예배는 방문자들이 편안함을 느낄 수 있고
이해될 수 있도록 문화적으로 적절한
언어와 음악과 설교로 구성되어야 한다.

예배의 언어는 방문자를 포함한 모든 성도들이 이해할 수 있는 것이 되어야 한다. 즉 방문자들을 환영하는 인사법이나 찬양의 스타일,

설교의 전달 방법, 성경 번역본, 그리고 예배 광고 등에 변화를 줌으로써 그들에게 편안한 환경을 만들어 줄 필요가 있다는 말이다.[141]

예를 들어, 방문자들을 환영하는 문구로 "예배에 참석해 주심에 사의를 표하며 주님의 이름으로 환영하는 바입니다."라는 의식적인 표현을 사용하기보다는 "저희 교회에 오셔서 참으로 반갑습니다. 저희 교회는 여러분들을 진심으로 환영합니다." 등의 표현을 한다면, 훨씬 자연스럽고 편안함을 줄 수 있을 것이다. 성경 또한 개역성경보다는 가급적이면 현대인들이 잘 이해할 수 있는 새로운 번역 성경을 사용함으로써 문화적으로 적절한 예배를 드릴 수 있을 것이다.

설교 또한 구도자들이 듣기 쉽고
이해할 수 있는 것으로 바뀌어야 한다.

설교에 있어서도 마찬가지이다. 설교 또한 구도자들이 듣기 쉽고 이해할 수 있는 것으로 바뀌어야 한다. 이것은 진리의 말씀을 구도자들의 삶에 타협하여 그 내용을 약화하여 전하라는 말이 아니다. 전문적이며 신학적인 용어를 사용하기 보다는 사람들이 즐겨 사용하는 언어를 가지고 그들이 알아듣기 쉽게 단순하고 간결하게 설교하라는 것이다.

주님의 말씀은 언제나 간결하고 분명하셨다. 주님을 따르던 무리들은 주의 말씀을 언제나 즐겨 들었을 뿐만 아니라(막 12:37), 주님의 가르치심에 놀라기도 하였다(마 7:28). 바로 목사의 설교가 이러한 감동

---

141) *Ibid.*, p. 275.

과 놀라움과 즐거움을 주는 설교가 되어야 한다는 것이다. 만약 사람들이 설교를 이해하지 못해 지루해하거나 잠을 자거나 몸을 비틀며 힘들어한다면, 이것만큼 비효과적인 설교가 어디에 있겠는가. 이러한 점에서 설교는 일방적으로 성경의 내용과 의미만 전달해 주는 주해 설교보다는 그 말씀의 뜻을 삶 속에 구체적으로 적용하며 살아가도록 권면해 주는 강해 설교가 좋을 것이다.

예배의 음악 또한 고전 찬양보다는
동시대의 문화에 적절한 찬양으로
드려질 필요가 있다.

예배의 음악 또한 고전 찬양보다는 동시대의 문화에 적절한 찬양으로 드려질 필요가 있다. 찬양은 하나님께 대한 그의 백성들의 신앙 고백이요 감사의 표현이며 영광의 선포이다. 찬양은 각 시대와 나라의 문화와 정서에 따라 그 형태가 변천되어 왔다. 그러므로 교회 음악이 어느 한 특정한 시대의 형식과 장르만을 고집하여 불릴 필요는 없다. 오히려 동시대의 문화에 맞는 음률과 가사로 찬양하는 것이 사람들에게 예배의 자연스러움과 편안함을 가져다줄 것이다.

기존 신자들에 대해서는 고전과 현대의 찬양이 적절히 균형을 이루는 것이 좋을 것이다. 그들에게는 고전 찬송이 매우 익숙해져 있기 때문이다.

기존 신자와 구도자와의 간격을 좁힐 좋은 방법 중의 하나는 윌로우크릭교회나 새들백교회같이 구도자들을 위한 예배를 기존 신자들의 예배와 구별하여 다른 날을 택하여 드리는 것이다. 이 두 교회는 기존 신자들을 위한 예배는 평일을 택하여 드리고 있다. 이때 드려지는 예배는 성숙한 성도들의 신앙 수준에 맞게 깊고 뜨거운 예배의 양식을 제공하고 있다.

그리고 구도자들을 위해서는 주일예배를 활용하고 있다. 음악과 설교 모두 동시대의 문화에 적절한 예배의 양식을 제공함으로써 구도자들이 편안한 마음으로 예배드릴 수 있도록 하고 있는 것이다. 윌로우크릭교회에서는 구도자들을 위해 예배 때마다 연극을 제공하고 있으며, 찬양도 찬양팀들에 의해 음악 연주의 형태로 불리거나 회중 찬양을 할 때에는 짧게 함으로써 잘 모르는 찬양을 불러야 한다는 부담감으로부터 구도자들을 많이 해방시켜 주고 있다.

한국 교회에는 이 두 종류의 예배를 주일에 모두 제공할 수 있는 장점이 있다. 대부분의 교회들이 주일예배를 1부, 2부 또는 3부로 나눠 드리고 있기 때문이다. 그러므로 교회는 1부나 2부 가운데 하나는 기존 신자들을 위한 예배로, 또 하나는 구도자들을 위한 예배를 가짐으로써 두 예배의 양식을 균형 있게 성도들에게 제공할 수 있을 것이다.

끝으로, 대부분의 교회에서 행해지고 있는 '예배 전 찬양'에 대해 생각해 보도록 하자. 현재 대부분의 교회에서는 예배 전에 20~30분간의 찬양 시간을 갖고 있다. 예배를 보다 뜨거운 마음으로 드릴 수 있도록 성도들의 마음을 영적으로 준비시킨다는 면에서는 이보다 좋은 시간은 없을 것이다. 그러나 초신자들이나 방문자들에게 있어서 이 시간만큼 괴로운 시간이 없다는 것을 알고 있는가?

사실 찬양하는 일에 익숙하지 않은 방문자들이나 초신자들에게 있어서는 잘 모르는 음과 이해하지 못하는 가사로 계속해서 20~30분간 쉬지 않고 찬양한다는 것은 정말 힘들고 부담스러운 일이 아닐 수 없다. 우리는 그들이 매주일 찬양 시간이 거의 끝나갈 무렵 교회에 오는 것을 쉽게 볼 수 있다. 그러하기에 만약 당신의 교회가 방문자나 초신 자들에 대한 진정한 관심과 돌봄이 있다면, 예배 전 찬양의 형태를 조금 변화시킬 필요가 있다. 예를 들어, 찬양팀들이 회중 찬양보다는 중창과 솔로 등을 준비하여 음악 연주 형태로 찬양 시간을 만들어 간다면, 계속해서 찬양을 해야 한다는 부담을 덜어 주는 좋은 효과를 가져올 수 있을 것이다.

새가정 사역 팀을 적극적으로 활용하라

여기서 말하는 새가정 사역 팀은 새로운 방문자들이나 교회에 등록하지 않은 새 교인들이 교회에 등록하고 잘 정착할 수 있도록 도와주는 사역 팀을 의미한다. 교회는 새가정 사역팀을 환영팀과 방문팀, 양육팀, 관리팀으로 나눠 사역함으로써 그들이 보다 효과적으로 정착할 수 있도록 도와줄 수 있을 것이다.

환영팀

환영팀은 새로운 방문자들이 교회에 도착하여 떠날 때까지 그들을 환영하고 안내하는 역할을 감당한다. 이 팀은 주로 주차장 안내에서부터 예배 안내와 환영 카드 작성, 그리고 목사와의 면담까지의 일들을 주관한다. 환영팀은 방문자들을 효과적으로 환영하기 위해 세 종류의 안내 요원으로 구분된다.

첫째는 주차장 안내 요원이다. 이들은 새로운 방문자들을 알아보고 방문자 주차 자리에 주차할 수 있도록 안내하며 본당 입구가 어디인지 알려 주어 그들로 하여금 불편함 없이 찾아갈 수 있도록 안내해 준다.

둘째는 예배 안내 요원이다. 이들은 주보 제공과 더불어 방문자들이 적절한 자리에 혹은 방문자 지정 좌석에 앉을 수 있도록 안내해 준다. 이때 어린 아이들을 데리고 온 방문자들이 있다면, 그 아이를 영아실 혹은 유아실로 안내하여 부모들로 하여금 마음 놓고 예배를 드릴 수 있도록 도와준다.

안내 요원은 가급적 미소와 친절로 방문자들을 맞이할 수 있도록 좋은 인상을 가진 성도들이 이 사역을 전적으로 맡아 하도록 한다. 그리고 방문자들이 홀로 자리에 앉아 외롭게 예배드리지 않도록 그들 옆에 앉아 성경과 찬송가를 함께 찾아 주는 등 그들의 필요를 도우며 환영 카드도 작성하도록 권한다. 공적으로 소개되기를 원치 않는 방문자들은 환영 카드에 소개 여부란을 만들어 그들의 의사를 표시하게 한다. 그리고 예배가 끝난 후에는 반드시 담임목사와 면담하고 돌아갈 수 있도록 한다.

어떤 교회에서는 안내 요원들이 새로운 방문자가 교회에 들어서면 주보와 더불어 교회를 소개하는 여러 안내문과 선물을 담은 노란 봉투를 그들에게 전해 준다고 한다. 예배를 끝내고 돌아갈 때 그 노란 봉투를 가진 자들에게 자연스럽게 접근하여 그들로 담임목사와 면담하고 갈 수 있도록 하기 위함이었다.

셋째는 환영 요원이다. 이들은 방문자들이 담임목사와 자연스럽게 면담하고 돌아갈 수 있도록 간단한 다과와 음료수를 준비해 놓는다. 그리고 폴라로이드와 디지털 카메라를 준비하여 담임목사와 함께 기념사진을 찍는다. 폴라로이드는 2장을 찍어 한 장은 교회 방문자 난에 붙이고 또 하나는 사진 밑에 환영의 글이나 방문한 날짜를 적어 방문자들에게 주어 교회 방문을 기억나게 한다. 디지털 카메라로 찍은 사진은 홈페이지 새 가정 난에 올려 모든 교인들로 보게 한다. 목사는 그들에게 환영한다는 말과 기도를 해 줌으로써 교회가 그들에게 진정한 관심이 있음을 알게 한다.

교회가 만약 매주일 점심을 제공하고 있다면, 목사와의 면담 후 방문자들이 식사하고 돌아갈 수 있도록 환영 요원들은 그들을 식당으로 안내해 준다. 이때 환영 요원들이 기억해야 할 한 가지는 방문자들이 홀로 외롭게 식사하지 않도록 그들과 함께 식사를 하거나, 성도들이 그들과 함께 식사하도록 주선해야 한다는 것이다. 이것은 기존 성도들이 자기들끼리 모여 식사함으로 인해 방문자들에게 소외감을 느끼지 않도록 하기 위함이다.

방문자가 셀 모임을 통해 교회를 찾게 된 경우에는 셀 멤버 중 한 사람이 예배에서부터 교역자 면담과 식사에 이르기까지 함께 동행하며 그를 안내하도록 한다.

방문팀

방문팀의 주요 임무는 주일 이후, 방문자들과 직접 통화하여 30분 간의 방문 약속을 받아 내는 일이다. 방문자들의 집을 방문할 때, 방문팀은 일방적으로 예배를 드리는 일은 가급적 삼가고, 자연스러운 교제와 대화와 그리고 그 가정을 위한 간단한 기도만으로 방문을 갖는다. 이때 방문의 주요 목적은 그들이 교회에 불편함 없이 잘 정착할 수 있도록 권면하기 위한 것이 되어야 한다.

이 일을 위해 방문팀은 기쁨으로 환영한다는 말을 잊지 말고 하며,

교회가 진정한 관심을 가지고 있음을 알게 하고, 다음주 예배에 참여하기를 적극적으로 권한다. 그리고 대화를 통해 그들의 영적 상태를 파악하며 교회가 그와 그 가정을 위해 무엇을 해야 할지를 파악한다. 교회의 여러 사역 활동과 프로그램들을 소개하고 특히 새가정반이나 새신자반에 등록하여 함께 등록교인으로 신앙생활하기를 초대한다.

양육팀

양육팀은 방문팀으로부터 방문자들의 영적 상태를 전해 듣고 그들에 알맞은 양육반에 등록시킨다. 양육반은 두 종류로 구분된다. 하나는 새가정반이요, 또 다른 하나는 새신자반이다. 새가정반은 타 교회에서 신앙생활을 오래 한 사람들을 위한 반으로서, 약 4주간의 만남을 통해 교회의 사명과 비전과 핵심 가치, 교회의 주요 사역들과 활동들, 성도로서의 의무과 권리, 믿음의 고백, 은사에 따른 사역, 영적 성장과 기초적 교리 등을 알게 해 줌으로써 교회생활에 적극적으로 참여할 수 있도록 도전하며 권면한다.

새신자반은 신앙생활이 처음인 자들을 위한 반이다. 새신자반에 대해서는 교회마다 그 양육 기간은 다를 수 있으나 보통 8주 정도 갖도록 계획한다. 양육 기간이 너무 길면 새신자들이 부담감을 느껴 교회 참여를 기피하려는 현상을 보일 수 있기 때문이다. 새신자반의 주요 목적은 교회가 무엇인지, 구원이 무엇인지, 신자의 의무과 권리가 무엇인지, 신앙생활이 무엇인지를 알게 해 주는 일이다. 새들백교회의 새신자반에서는 다음과 같은 주제들이 일반적으로 다루어지고 있다.

* 교회란 무엇인가?

* 교회의 목적은 무엇인가?
* 교인이 되는 것의 유익은 무엇인가?
* 교인이 되기 위한 요구 사항은 무엇인가?
* 교인의 책임은 무엇인가?
* 이 교회의 비전과 전략은 무엇인가?
* 교회는 어떻게 조직되는가?
* 나는 사역에 어떻게 참여할 수 있는가?
* 교인으로서 나는 무엇을 해야 하는가?

그러나 무엇보다도 새신자반에서 반드시 다루어야 할 주제는 바로 구원에 관한 주제이다. 새신자들이 신앙생활을 시작하는 데 있어서 구원에 대한 확신을 갖는 것보다 더욱 중요한 일은 없을 것이다. 즉 죄가 무엇인지, 어떻게 그 죄를 사함 받을 수 있는지를 새신자들로 알게 하여 중생의 체험과 구원의 확신을 갖고 신앙생활할 수 있도록 도와주어야 한다. 중생의 체험 없이 신앙생활을 시작하는 것은 마치 모래 위에 지은 집과 같기 때문이다. 그러하기에 새신자반은 초신자들이 참된 신앙의 고백 위에 신앙생활을 시작할 수 있도록 격려하며 도전해 주여야 한다.

관리팀

관리팀은 새로운 방문자들이 교회에 방문하여 새가정반을 마칠 때까지의 모든 과정을 총괄하여 주관한다. 이 팀의 주요 임무는 각각의 새가정 사역 팀들이 그들의 임무를 충실히 수행할 수 있도록 필요한 봉사 요원들을 선발하여 지원하며, 예산을 지원하고, 방문자들의 개인 정보 확보 및 보관, 새가정 프로그램을 운영하는 것이다.

정기적인 환영 파티를 준비하여 새가정반을 마친 자들을 교회의 한 식구로 환영해 주는 일도 관리팀의 주요 임무 중의 하나이다. 이 시간을 통해 관리팀은 새가정들이 믿음의 성장을 위해 제자훈련에 참여하도록 권하며, 셀 모임에도 가입시켜 교제와 배움과 봉사의 삶을 갖도록 권한다. 그리고 새가정반을 마친 자들로 등록 교인 서약을 하게 하여 교회의 등록 교인으로서 신앙생활을 하도록 한다.

4. 교인들을 성숙하고 헌신된 자들로 양육하라 (3단계)

주님은 우리의 신앙 성숙과 헌신의 삶을 통해 그의 몸 된 교회를 건강하게 세우기 위해 우리를 부르셨다. 바울은 고린도 교인들을 향해 "우리의 가장 큰 바람과 기도는 여러분이 성숙한 그리스도인이 되는 것입니다"(고후 13:9, 리빙 바이블)라고 말하였다.

성도들은 주님의 몸 된 교회를 온전히 세우기 위해 성숙한 자가 되어야 한다. 이에 대해 교회가 마땅히 감당해야 할 사명이 하나 있다면, 그것은 성도들을 그리스도의 장성한 분량까지 성장시키는 것이다.

성경에는 위대한 신앙의 인물들이 많이 등장한다. 주의 말씀에 순종하여 자신의 외아들을 주저함 없이 제물로 드렸던 아브라함, 형제들에 의해 타국의 노예로 팔려 가서도 신앙을 고수하였던 요셉, 이스라엘을 애굽에서부터 약속의 땅 가나안으로 인도하였던 모세, 그리고 하나님의 마음에 합한 자로 불렸던 다윗 등 이들 모두는 신앙의 용장이요 주님의 충성된 종들로 소개된다.

그런데 이들 모두에게서 발견되는 한 가지 공통점이 있다면, 그것은 그들 모두 주님의 손길 아래 여러 역경과 고난의 훈련 과정을 거친 후, 하나님의 충성되고 헌신된 자들로 양육되었다는 점이다. 다시 말해 그들이 위대한 신앙의 용장으로 서게 된 것은 그저 자동적으로 이루어진 것이 아니라는 것이다.

뿐만 아니라 그들의 성숙은 단시일에 이루어진 것도 아니었다. 아브라함은 약속을 받고서도 25년이 지나서야 아들을 낳았으며, 요셉은 애굽의 총리가 되기 전 약 13년간을 노예 생활과 감옥 생활을 하였고, 40년간 애굽의 왕자로 지냈던 모세는 한순간 모든 것을 잃고 광야에 파묻혀 40년이 되도록 잊혀진 존재가 되었으며, 다윗도 유다의 왕이 되기 위해 13년간을 사울에게 쫓겨 다니며 생명의 위협 속에서 지내야 했다. 이들 모두 한결같이 주의 충성된 일꾼이 되기 위해 수십 년간 기다림과 고난과 역경이라는 연단을 겪어 온 것이었다.

이와 같이 양육은 시간과 훈련이 필요한 일이다. 하나님께서는 백성들을 그의 충성된 일꾼으로 만드시기 위해 고되고 오랜 훈련 과정을 통해 그들을 양육하셨다. 그러므로 교회 또한 오랜 시간과 고된 훈련 과정을 통해 성도들을 성장시키는 일이 필요하다.

성도들이 어느 정도까지 자라나야
성숙한 자로 불릴 수 있을까?

그러면 우리는 자연히 이러한 질문을 할 수 있다. "성도들이 어느 정도까지 자라나야 성숙한 자라고 할 수 있을까?" 그리고 "어느 수준까지 성장해야 주님의 충성되고 헌신된 자라 할수 있을까?"

사도 바울은 성도들을 향해 믿는 것과 아는 일에 있어서 온전한 사람이 되어 그리스도의 장성한 분량이 충만한 데까지 자라나라고 권한다(엡 4:13). 그것은 사람의 궤술과 간사한 유혹에 빠져 모든 교훈의 풍조에 밀려 요동치 않고 사랑 안에서 참된 것을 말하며 행하는 자가 되게 하기 위함이다(엡 4:14-15). 이것은 성도들이 하나님을 온전히 믿고 알며, 세상의 궤술과 유혹과 풍조에 흔들림 없이 그 아는 바를 사랑으로 행하며 지키는 자가 될 때까지 성장해야 함을 의미한다.

이러한 점에서 성숙한 성도란 다음의 두 가지 요소를 균형 있게 갖추어야 함을 알 수 있다. 하나는 하나님의 말씀을 온전히 믿고 알아야 하며, 또 하나는 세상의 유혹에 흔들림 없이 주의 말씀을 삶 속에서 지켜 행하고 살아가야 한다.

오늘날 교회 안에 얼마나 많은 성숙한 성도들이 있을까? 불행하게도 오늘날 교회에는 믿고 아는 바를 그들의 삶 속에서 지켜 행하며 사는 성도들이 너무 적은 것 같다.

아마도 성도들 가운데서 부부 싸움을 안 해 본 자들은 거의 없을 것이다. 대부분의 성도들은 부부 싸움이 왜 나쁜지, 왜 하면 안 되는지 잘 알고 있다. 그럼에도 불구하고 조금만 마음에 맞지 않으면, 서로 양보 없이 시비 걸고 다투는 성도들의 모습을 우리는 쉽게 볼 수 있다. 뿐만 아니라 다툰 후에 먼저 용서를 구하는 것이 옳은 길인 줄 알면서도, 실제로 화해를 먼저 청하거나 용서를 구하는 성도들도 그리 많지 않다. 그 이유에 대해 성경은 그들이 성숙하지 못하기 때문이라고 대답한다. 그들은 자신들이 알고 믿고 있는 것을 실제 그들의 삶 속에서 지켜 행하며 살지 못하고 있기 때문이다.

교회가 이런 성도들을 향해 가져야 할 사명이 하나 있다면, 그것은 바로 성도들을 성숙시키는 일이다. 즉 하나님의 말씀을 가르쳐 잘 알게 하며, 그 말씀을 사랑으로 행하며 살도록 훈련하며 양육하는 것이다.

말씀을 가르쳐 알게 하라

그림을 볼 줄 안다고 하는 것은 단순히 눈으로 볼 줄 안다는 뜻이 아니다. 그림의 의미와 뜻을 이해하고 볼 줄 안다는 뜻이다. 하나님의 말씀을 알게 한다는 것 또한 단순히 성경을 지식적으로만 알게 한다는 뜻이 아니다. 성경의 히브리어의 '안다(야다)'라는 단어는 단순히 지식으로 안다는 것보다는 남녀가 성 관계를 통해 경험적으로 상대를 안다는 의미를 가지고 있다.

호세아가 이스라엘 백성들을 향해 그들이 하나님을 아는 지식이 없다고 책망한 것은(호 4:1) 그들이 하나님에 관해 알지 못해서가 아니었다. 오히려 그들은 지식적으로 누구보다도 하나님에 관하여 잘 알고 있었다. 그것은 바로 하나님과의 인격적인 만남을 통해 실제로 그분이 어떠한 분이신지를 알지 못했기 때문이다.

> 주의 말씀을 알게 한다는 것은 단순히
> 성경의 내용만을 알게 한다는 뜻이 아니다.

그러므로 교회가 성도들로 하여금 주의 말씀을 알게 한다는 것은 단순히 성경의 내용만을 알게 한다는 뜻이 아니다. 이것은 말씀의 내용과 더불어 성도들의 삶 속에서의 경험을 통해 하나님을 실제로 알게 한다는 뜻이 담겨 있다. 이러한 점에서 양육은 꼭 교회의 교실 교육을 통해서만 이루어질 필요는 없다. 성도들의 삶의 현장이 곧 교육 현장이 되기 때문이다.

물론 교회에서의 교실 교육도 대단히 중요한 일이다. 성도들이 말씀을 배우지 않고서는 진리가 무엇인지, 삶의 목적이 무엇인지, 인간을 향하신 하나님의 뜻이 무엇인지 알지 못할 뿐 아니라 삶의 현장에서의 적용도 못하기 때문이다. 이러한 이유로 예수님께서는 공생애 동안 제자들에게 말씀을 가르치는 일에 최선을 다하셨다. 그는 제자들에게 천국의 비밀을 가르쳐 알게 하셨다. 그리고 제자들이 그 뜻을 이해하지 못할 때에는 잘 이해할 수 있도록 그 뜻을 풀어 주셨다.

그러나 주님은 제자들에게 단순한 전달 방법을 통해서 가르치지 않으셨다. 3년간 제자들과 함께 동거동락하면서 그의 삶을 통해 주의 백성들이 어떠한 삶을 살아야 할지 가르치셨다. 용서가 무엇인지, 인내가 무엇인지, 긍휼이 무엇인지, 희생적인 사랑이 무엇인지 주님은 손수 그의 삶을 통해 제자들을 가르치신 것이다(벧전 2:21). 그 결과 제자들은 하나님의 말씀을 바로 알게 되었고 바른 믿음을 소유하게 되었으며, 주님과 같은 믿음의 눈을 가지고 세상을 살아가게 되었다.

> 가르침은 성도들로 하여금 주님을 바로 알고
> 바른 믿음을 갖게 하며 주님의 눈을 가지고
> 세상을 살아가게 하는 데 그 목적이 있다.

이러한 점에서 가르침은 성도들로 하여금 주님을 바로 알아 바른 믿음을 갖게 하며, 주님의 눈을 가지고 세상을 살아가게 하는 데 그 목적이 있다. 세상적인 가치관에 따라 살던 삶에서 하나님의 눈을 갖고 모든 것들을 바라보고 이해하고 해석하게 하여 성경적 관점으로 삶을 살아가게 하는 데 그 목적이 있는 것이다.

다른 모든 정탐꾼들이 가나안의 점령이 불가능하다고 말할 때에 여호수아와 갈렙은 그 땅을 넉넉히 점령할 수 있다고 보고한 적이 있었다. 그것은 바로 모든 사건과 사물을 바라봄에 있어서 그것을 이해할 줄 아는 믿음의 눈을 가지고 있었기 때문이다. 성도들도 이러한 믿음의 눈을 가지게 될 때, 주님과 그의 몸 된 교회를 위해 충성하고 헌신된 삶을 살아갈 수 있게 된다.

성도들은 말씀을 잘 알지 못하고서는 결코 올바른 믿음을 가질 수 없다. 그러므로 교회는 성도들로 하여금 믿음의 삶을 살아갈 수 있도록 말씀의 가르침에 중점을 두어야 한다. 성경에서도 믿음은 들음에서 나며 들음은 그리스도의 말씀으로 말미암는다고 말하고 있지 아니한가(롬 10: 17).

그리고 앞에서 언급하였듯이 말씀에 대한 가르침은 단순히 지식적인 강론만으로 그쳐서는 안 된다. 말씀의 가르침과 더불어 교사의 본보기 그리고 성도들의 삶의 경험들을 통한 온전한 양육이 있어야 한다. 그때에 비로소 성도들은 모든 일들을 성경적 관점에서 바라보고 해석하며 살아가는 믿음의 사람들로 변화될 것이다.

믿고 있는 바를 행할 수 있도록 훈련시켜라

성도들이 말씀을 바로 알고 성경적 관점을 가졌다고 해서 그들이 믿고 있는 대로 살아가고 있는 것은 아니다. 아마도 말씀을 알면서도 그 말씀에 순종하지 못하고 살아가는 성도들이 대부분일는지 모른다. '정말 주의 백성답게 말씀에 순종하며 살아야지.' 라고 하루에도 수십 번씩 결심하면서도 실제로 그렇지 살아가고 있지 못하는 성도들이 우리 주위에는 너무나 많다.

이때에 우리는 성경의 경고에 귀를 기울일 필요가 있다. "내 형제들아 만일 사람이 믿음이 있노라 하고 행함이 없으면 무슨 이익이 있으리요 그 믿음이 능히 자기를 구원하겠느냐"(약 2:14) "영혼 없는 몸이 죽은 것같이 행함이 없는 믿음은 죽은 것이니라"(약 2:26) 성경은 행함이 없는 믿음은 그 자체가 죽은 것이요 헛된 것이라고 우리에게 경고하고 있는 것이다(약 2:17, 19).

<blockquote>
성도들에게 도를 행하는 자가 되게 하고
듣기만 하여 자신을 속이는 자가 되지 않도록 해야 한다.
</blockquote>

그러하기에 교회는 성도들에게 도를 행하는 자가 되게 하고 듣기만 하여 자신을 속이는 자가 되지 않도록 해야 한다(약 1:22). 사람이 스스로 믿음이 있다 하면서도 그 믿음대로 살지 아니하면, 그 믿음은 헛된 것에 불과하게 된다. 그리고 이러한 정도의 믿음은 귀신들도 갖고 있지 아니한가. "네가 하나님은 한 분이신 줄을 믿느냐 잘하는도다 귀신들도 믿고 떠느니라"(약 2:19) 그들이 믿고 아는 바대로 주님께 대한 순종함이 없기 때문에 이러한 귀신들의 믿음은 인정되지 아니한다. 따라서 교회는 성도들이 믿는 신앙의 수준에 머물러 있지 아니하고 그 믿고 있는 바를 분명히 행하며 살아갈 수 있도록 양육할 필요가 있다.

대부분의 부모들은 자녀들이 좋은 삶의 습관을 가질 수 있도록 그들이 어렸을 때부터 훈련을 시킨다. 그 이유는 자녀들이 장성한 후에도 삶의 좋은 습관을 가지고 살아갈 수 있도록 하기 위해서이다.

훈련은 성도들로 하여금
말씀에 순종하며 살아가도록 만들어 준다.

이것이 훈련이 주는 유익이다. 훈련은 성도들로 하여금 말씀에 순종하며 살아가도록 만들어 준다. 오늘날 성도들은 영적인 삶을 위한 훈련이 되어 있지 않기 때문에 주의 백성답게 살아 보려고 노력하여도 그렇게 살아가지 못하고 있는 것이다.

이러한 점에서 영적 훈련은 참으로 중요하다. 어릴 때에 좋은 삶의 습관을 갖지 못한 아이들이 장성한 후에도 좋은 삶의 모습을 가지고 살아갈 수 없듯이, 영적인 삶에서도 마찬가지이다. 성도들이 신앙생활 초기에 영적으로 좋은 습관을 갖지 못하게 되면 시간이 지난 후에도 좋은 삶의 모습을 가지지 못하게 된다. 바울은 교회를 향해 이렇게 말했다. "오직 경건에 이르기를 연습하라 육체의 연습은 약간의 유익이 있으나 경건은 범사에 유익하니"(딤전 4:7-8)

그러므로 교회는 성도들을 믿고 있는 바를 자연스럽게 그들의 삶 속에서 순종하며 살아갈 수 있도록 훈련시켜 굳건한 믿음 위에서 말씀을 지켜 행하며 살아갈 수 있도록 해야 한다.

균형 잡힌 교육 프로그램을 가져라

교회는 균형 잡힌 교육 프로그램을 통해 성도들을 가르치고 훈련시켜 말씀을 알게 하고, 그 말씀대로 살아갈 수 있도록 양육해야 한다.

교회는 성경공부와 제자훈련, 그리고 소그룹 모임과 같은 프로그램들을 통해 성도들을 효과적으로 양육할 수 있을 것이다.

성경공부

성경은 모든 백성들을 바르고 의롭게 교육하기 위해 기록되었다(딤후 3:16). 이것은 성경공부가 성도들을 "모든 진리 가운데로 인도"(요 16:13)하여 바르고 의롭고 거룩한 존재로 만들기 위한 필수적인 요소임을 잘 보여 준다.

사도 바울은 이러한 성경공부의 중요성을 알았기에 가는 곳마다 말씀을 가르치는 일에 전념했고, 특별히 두란노서원에서는 두 해 동안 머물며 날마다 성경을 강론하였다(행 19: 9-10). 이것은 가르침을 통해 성도들이 날마다 성경을 상고하며 주의 뜻을 온전히 알도록 하기 위해서였다.

오늘날 교회들도 성도들에게 베뢰아 사람들과 같이 날마다 성경을 상고하며(행 17:11), 주의 뜻을 온전히 분별하며 살아갈 수 있도록 말씀의 가르침을 제공해야 한다.

먼저 성경공부가 보다 효과적인 것이 되게 하기 위해서는 교회에 체계적인 교육 과정을 설정해 놓을 필요가 있다. 교회의 형편에 따라 조금씩 다른 모양으로 제공될 수 있지만, 기본적으로 신구약 개론과 기독교 교리 정도는 성도들 모두가 가르침을 받을 수 있도록 그 과정을 계획하는 것이 좋다. 그리고 성도들이 평생 성경을 연구할 수 있도록 매년 성경을 각 책별로, 주제별로 제공하는 것도 좋은 계획이 될 것이다.

제자훈련

　주님은 사람들을 제자로 삼으셔서 3년 동안 그들을 가르치시며 훈련시키셨다. 제자들에게 주님의 인격과 삶을 본받은 신자의 자아상을 확립해 주기 위해서였다.[142] 다시 말해 주님처럼 생각하고 행동하고 사역할 수 있도록 하기 위해 제자들을 훈련시키신 것이다. 따라서 제자훈련의 목적은 성도들을 주님의 참된 제자로 양육하여 헌신적인 삶을 살아가도록 하는 데 있다.

　제자훈련은 성경공부와는 많이 다르다. 성경공부는 한 번의 강론으로 하나님의 말씀을 알게 하지만, 제자훈련은 성경공부를 통해 알게 된 그 말씀들을 삶 속에 적용하며 살아갈 수 있도록 반복적인 연습 과정을 갖는다.

　훈련이 수반되지 않는 성경공부는 연습도 전혀 하지 않은 채 마라톤 출발 지점에 서 있는 것과도 같다.[143] 비록 성도가 옳고 바른 지식을 갖고 있다 할지라도 그것을 행할 능력이 훈련되어 있지 않았다면, 그는 결코 지식에 합당한 삶을 살 수 없을 것이다.

> 효과적인 제자훈련에는 언제나
> 많은 희생과 헌신이 동반된다.

　그렇다면 교회는 어떻게 효과적으로 성도들을 제자로 훈련시킬 수 있을까? 효과적인 제자훈련에는 언제나 많은 희생과 헌신이 수반된

---

142) 옥한흠, p. 194.
143) Henry J. M. Nouwen, 『영혼의 양식』, 2월 27일.

다. 이것은 제자훈련을 받는 자가 바른 믿음의 삶을 위해 어떠한 희생과 헌신도 감수하겠다는 각오와 결심 없이는 그 어떠한 결실도 얻지 못함을 의미한다.

주님은 언제나 제자가 되기 원하는 자들에게 강한 헌신을 요구하고 계신다. 당신은 누가복음 14장 말씀을 통해 주님께서 사람들에게 얼마나 강한 헌신을 요구하고 계신지 발견하게 될 것이다. "무릇 내게 오는 자가 자기 부모와 처자와 형제와 자매와 자기 목숨까지 미워하지 아니하면 능히 나의 제자가 되지 못하고 누구든지 자기 십자가를 지고 나를 좇지 않는 자도 능히 나의 제자가 되지 못하리라…너희 중에 누구든지 자기의 모든 소유를 버리지 아니하면 능히 내 제자가 되지 못하리라"(눅 14:26-27, 33)

그런데 오늘날 많은 교회들이 성도들이 부담을 느껴 교회를 떠날 수 있다고 염려하여 헌신을 요구하지 못하고 있는 것은 매우 안타까운 일이다.

> 사람들의 헌신을 받아 내는 것이 문제가 아니라,
> 누가 그들의 헌신을 받아 내느냐가 더욱 중요한 문제이다.

헌신을 요구하는 일에 대해 릭 워렌 목사는 "만일 교회가 성도들에게 헌신을 요구하지 않으면 사람들은 헌신하지 않을 것이며, 나아가 다른 사회단체나 봉사 단체 혹은 선교 단체가 그들의 헌신을 요구하게 될 것이다."라고 하였다. 그러하기에 그는 사람들의 헌신을 받아 내는 것이 문제가 아니라, 누가 그들의 헌신을 받아 내느냐가 중요한 문제라고 하였다.[144]

현대인들은 자신이 속한 공동체가 분명한 목적을 가지고 있을 때 거기에 모든 열정과 헌신을 쏟는 삶의 특성이 있다. 그러므로 만약 교회가 성도들로 하여금 제자훈련의 분명한 목적을 알게 한다면, 그들은 제자훈련 받는 일에 그들의 모든 희생과 헌신을 쏟게 될 것이다. 그러나 교회가 그러한 강한 헌신을 요구하지 않는다면, 성도들은 교회가 하는 일이 다른 단체들의 활동들만큼 중요한 것이 아니라고 생각하여 다른 단체들에 그들의 열성과 헌신을 쏟게 될 것이다.[145]

효과적인 제자훈련이 되기 위해서는 분명한 목적의식과 구체적인 훈련 과정이 있어야 한다. 즉 제자훈련이 효과적으로 되기 위해서는 분명한 목표를 가져야 하며, 구체적인 훈련 방법을 설정해 두어야 하며, 훈련에 합당한 선택된 대상을 가져야 한다[146]

또한 적절한 교재가 선택되어야 한다. 적절한 교재 없이 훈련을 효과적으로 시킬 수 없기 때문이다. 훈련 교재로는 가급적 복음이 살아 있고, 내용 체계에 균형이 있으며, 말씀의 적용이 있고, 바른 교리와 목회 철학이 반영되어 있으며, 귀납적인 접근 방법으로 쓰여진 교재가 좋다.[147] 이러한 점에서 사랑의교회에서 집필되고 제자훈련 교재로 사용되고 있는 『평신도를 깨운다』는 아마도 이러한 모든 내용들을 잘 균형 있게 보완한 적절한 책이라 할 수 있겠다.

---

144) Rick Warren, p. 383.
145) *Ibid.*
146) 옥한흠, p. 193.
147) *Ibid.*, pp. 229-240.

소그룹 모임

또 하나의 효과적인 교육 방법으로 소그룹 모임이 있다. 소그룹 모임은 교실 교육이나 제자훈련과는 달리 실제로 사람들과 교제를 통해 삶의 경험들을 나눔으로써 성도들에게 도전과 가르침을 받게 하는 특성이 있다.

예수님은 많은 사람들 가운데에서 열두 명을 택하시고 그들과 함께 지내시며 삶의 모범과 가르침으로 그들을 양육하셨다. 초대 교회에서도 주님의 사역 방법을 본받아 성도들이 소그룹으로 모여 사도의 가르침을 받고 서로 교제하며 떡을 떼고 기도하는 모임을 가졌다. 초대 교회는 소그룹 모임을 통해 한마음과 한뜻이 되어 모든 물건을 서로 통용하고 또 재산과 소유를 팔아 각 사람의 필요를 따라 나눠 주었다 (행 2:44-45, 4:32).

이와 같이 소그룹의 성도들은 친밀한 교제와 돌봄과 양육을 통해 서로의 신앙을 격려하고 도전을 받게 함으로써 말씀을 삶 속에 적용케 하는 유익이 있다. 그리고 소그룹은 삶 속에서의 신앙적 경험들과 문제점들을 서로 허심탄회하게 나눔으로써 실제적인 삶의 영역에서 도움을 받거나 도움을 주는 유익도 있다.

또한 소그룹은 구도자들이 쉽게 참여할 수 있다는 이점이 있다. 그리고 성도들은 구도자에 대한 실제적인 관심과 돌봄을 가질 수 있다. 뿐만 아니라, 소그룹은 모임에 참석한 구도자들에게 신앙의 모범을 보이기 위해 더욱 신중한 삶을 살기 위해 노력을 기울이게 된다. 이러한 점에 있어서 소그룹만큼 성도들로 하여금 실제적인 삶에 말씀을 적용하며 살게 하는 데 효과적인 교육 프로그램도 없을 것이다.

나는 앞 장에서 소그룹 모임에 대해 구체적으로 언급하였다. 무엇보다도 조엘 코미스키의 『셀 그룹 폭발』과 칼 조지의 『다가오는 교회혁명 이렇게 대비하라』와 채이석 목사의 『건강한 소그룹 사역 어떻게 할 것인가?』를 한번 보도록 권하고 싶다. 아마도 당신은 그 책들을 통해 소그룹에 대해 보다 구체적이고 유용한 정보들을 얻을 수 있을 것이다.

5. 교인들을 사역자로 만들어라 (4단계)

몸에는 많은 지체들이 있으며, 몸은 각 지체들이 맡은 역할을 온전히 감당할 때 건강하게 성장하게 된다. 이와 같이 그리스도의 몸인 교회도 각 지체가 되는 성도들이 각자 맡은 소명과 은사에 맞추어 그 역할을 감당하게 될 때 건강하게 자라나게 된다.

교회에 최소한 10%의 평신도 사역자가 있다면, 그 교회는 건강한 교회로 불릴 수 있다. 소그룹 지향적인 교회에서 소그룹의 구성 인원을 10명으로 잡았다면, 그 중에 소그룹 인도자는 1명이 될 것이고 이는 곧 10%의 평신도 사역자를 필요로 하기 때문이다.

그러나 교회에는 소그룹 외에도 여러 많은 사역 활동들이 있다. 즉 예배나 행정, 해외 및 국내 선교 등이 있다. 이것이 무엇을 뜻하는지 아는가? 교회의 사역에는 10% 그 이상의 헌신된 평신도 사역자가 필요함을 의미한다.

한 갤럽 조사에 의하면, 미국 교인의 10%가 교회 사역에 참여하고 있으며, 40%는 사역에 관심은 있으나 한 번도 부탁을 받아 본 적이 없고, 나머지 50%는 어떤 사역이든 관심이 전혀 없는 자들이었다.[148]

이에 대해 릭 워렌 목사는 사역에 관심이 있는 40%의 사람들을 교회
사역에 참여시킬 수 있다면, 결국 50%의 성도들이 교회의 사역에 참
여하게 되는데 그렇다면 이런 교회보다 더 건강한 교회는 없게 될 것
이라고 하였다.

이러한 점에서 교회는 효과적인 사역을 위해 40%의 성도들을 교회
의 사역자로 만들 필요가 있다. 이를 위해 교회는 먼저 성도들로 하여
금 평신도 사역자가 되도록 도전하며 권면해야 한다. 그들의 영적 은
사를 발견하고 사역자 훈련을 통해 그들의 지도력과 능력을 개발시켜
나가야 한다. 그리고 그들의 은사를 발견하여 그 은사에 적합한 사역
분야를 찾아 배정해 주고, 모든 권한과 책임을 위임하여 이들이 사역
을 잘 감당할 수 있도록 필요한 모든 것을 적극적으로 후원하며 지원
해 주어야 한다.

이를 위해 교회는 효과적인 사역자 양육을 위해 성도들의 신앙 수
준에 적합한 리더십을 발휘할 필요가 있다. 허시(Paul Hersey)와 블랜
차드(K. H. Blanchard)는 성도들의 성숙도에 따라 그들에게 적합한 리
더십 유형을 갖는 일은 양육의 효과를 더욱 크게 한다고 하였다. 일반
적으로 성도들의 성숙도를 네 단계로 구분할 수 있으며, 리더 혹은 가
르치는 자는 이들에게 알맞은 리더십 유형을 제공할 필요가 있다.[149]

---

148) Rick Warren, p. 406.
149) Paul Hersey, *The Situational Leader* (New York: Warner Books, 1984).

능력은 없으나 열심이 있는 자는 지시하라

필자가 처음 주님을 믿게 되었을 때의 열정과 헌신은 참으로 대단했었다. 구속에 대한 감격으로 날마다 회개의 눈물이 있었고, 감사의 기도와 찬양이 끊이질 않았었다. 세상에서 제일 못난 나를 구원해 주신 주님께 온 생명을 다 바쳐 살겠다고 고백하며 교회 일이라면 궂은 일도 마다하지 않고 하였다. 그럼에도 불구하고 주님을 위해서 무엇인가 더 많은 일을 하고 싶은데 무엇을 어떻게 해야 할지 몰랐던 적이 많았었던 것이 기억난다. 한마디로, 일에 대한 열심과 열정은 높았으나 그것을 수행할 만한 능력은 배양되어 있지 않은 신앙 단계에 있었던 것이다.

이와 같은 신앙 수준에 있는 자에게 적절한 리더십 유형은 일방적으로 가르치고 지시하면 된다는 것이다. 열정과 열심은 있으나 언제 어디서 무엇을 어떻게 해야 할지 모르는 사람들이기에 리더는 일에 대한 수행 시기와 방법들만 자세히 일러 주면 된다. 지시는 구체적으로 하되 협조는 적게 하라는 말이다. 이들은 일에 대한 열성과 열심이 있기 때문에 일하는 방법만 알게 되면 스스로 자진하여 그 일을 할 것이기 때문이다.

이때 리더가 그들과 함께 일할 필요는 없다. 그것은 오히려 그들의 열심을 식게 만들 수도 있을 것이다. 리더가 그들을 도와준 것만큼 그들은 그 일을 할 수 없게 되기 때문이다. 그러므로 리더는 일을 결정하고 주관하여 지시만 하면 되고 모든 일들은 그들 스스로 수행하게 하면 된다.

능력은 보통이고 열심이 적은 자는 지도하라

어느 한 사역 분야에서 일을 하다 보면 성도들은 어느 정도 자신감을 가지고 일할 수 있는 단계에 이르게 된다. 그러나 아이러니하게도 일에 대해 익숙해지면 처음에 가졌던 열성은 다소 식어지는 경향이 있다. 시간이 지나면서 처음에 가졌던 순수한 마음과 열정이 조금씩 식어져 버리기 때문이다. 이것은 에베소교회가 그들의 첫사랑을 잃어버리게 된 현상과 유사한 변화라 할 수 있다(계 2:4). 그래서 사역을 수행하는 능력은 조금 갖춘 자가 되었으나 열심이 적은 자가 되어 버린 것이다.

이들에게는 일방적인 지시보다는 지도하는 리더십을 발휘하는 것이 좋다. 너무 일방적인 지시는 그들의 능력을 무시하는 행동으로 보일 수 있기 때문이다. 그러므로 이들에게는 리더가 어떤 일을 결정하여 지시는 하되 '왜' 그 일을 해야 하는지에 대한 충분한 설명으로 그 결정 사항과 일의 중요성을 이해시켜 일을 수행해 나가게 하는 것이 좋다.

리더는 일을 수행하는 데 있어서 그들과 협력하여 일하는 것을 잊지 않도록 하라. 만약 지시만 하고 그들이 알아서 하도록 내버려 둔다면, 그 어떠한 일도 잘 마쳐지지 않을 것이다. 그들에게는 스스로 그 일을 알아서 성취하고 싶은 의욕과 열심이 거의 없기 때문이다. 그러므로 그들이 자진하여 일할 수 있도록 이해시키는 동시에 그들을 도와 함께 일해 나가는 것이 효과적이다.

능력은 높으나 열심이 보통인 자는 보조하라

오랜 사역의 경험으로 이제는 일을 수행하는 능력이 제법 높은 상태에 이르게 된다. 믿음 또한 많이 성장하여 그들 스스로 주 앞에서 헌신의 삶을 살기로 결심하였고, 일에 대한 열심과 헌신 또한 제법 높아진 상태이다. 리더의 특별한 지시나 지도가 없어도 웬만한 일들은 별 문제 없이 잘 감당해 나갈 수 있는 자들이 된 것이다. 그럼에도 불구하고 이들의 헌신은 그리 탁월한 것이 아니기에 일을 수행하는 데 있어 최선을 다하기보다는 적당하고 무난하게 마치려는 경향이 짙다.

이들에 대한 가장 효과적인 리더십은 바로 보조형이라 할 수 있다. 리더는 이들에게 특별하게 지시하거나 지도할 필요는 없다. 다만 그들이 스스로 일할 수 있도록 격려하고 그들의 일을 가끔 도우며 보조만 하면 된다. 일을 결정하는 데 있어서 리더는 일의 대부분을 그들과 함께 결정하되 가급적이면 그들이 스스로 일을 결정하여 수행해 나가도록 한다. 일의 수행에 있어서는 그들의 열심과 헌신이 그리 큰 것이 아니기에 가급적 그들의 일에 협력하여 수행해 나가는 것이 좋다.

능력과 열심이 모두 큰 자는 위임하라

리더에게 한 가지 소원이 있다면, 바로 모든 성도들이 이 마지막 성숙도에 이르러 그들 스스로 사역을 책임지고 감당하는 존재가 되는 것일 것이다. 능력과 열심이 매우 높은 성도들에게는 사역의 지시나 지도나 보조가 필요 없을 뿐만 아니라, 리더의 협력 또한 필요 없게 된다. 그러하기에 리더는 그들에게 모든 사역의 권한과 책임을 위임하면 된다.

　이러한 성숙도에 이른 성도들에게는 그들이 사역에 전념할 수 있도록 리더는 안전한 환경을 조성해 주고, 필요한 모든 것들을 후원하고 지원하며, 일에 대한 모든 결정과 이행은 그들에게 위임하여 그들로 하게 한다. 지시와 협력은 가급적 적게 하며, 리더는 그들의 사역을 관찰하여 조정과 조언하는 일에 주력하면 된다.

바른 목회 리더십

"또 네가 많은 증인 앞에서
내게 들은 바를 충성된 사람들에게 부탁하라
저희가 또 다른 사람들을
가르칠 수 있으리라"(딤후 2:2)

"맡기운 자들에게 주장하는 자세를 하지 말고
오직 양무리의 본이 되라"(벧전 5:3)

소돔과 고모라가 왜 멸망하였을까? 한마디로, 그 성의 악함 때문이었다. 그러나 성경은 그 성이 멸망하게 된 궁극적인 원인은 그 성의 악함 때문이 아니라, 한 사람의 무책임한 삶으로 인해 비롯된 것이라고 말하고 있다.

창세기 19장에서 소돔과 소모라에 의인 10명만 있어도 그 성을 멸망시키지 말아 달라고 천사에게 간곡히 간청하고 있는 아브라함의 모습을 볼 수 있다. 아브라함은 그 성이 아무리 악해도 최소한 10명 정도는 하나님을 제대로 믿고 있을 것이라고 생각했기 때문이다. 그의 조카 롯과 롯의 부인, 롯의 두 딸과 사위들, 그리고 롯의 종들 중 한 가정만 하나님을 경외해도 최소한 10명은 될 것이라 생각했던 것이다. 이러한 이유로 그는 소돔과 고모라 성을 멸망시키러 가는 천사들에게 그 성에 의인 10명만 있더라도 그들을 생각해서 그 성을 멸망시키지 말아 달라고 간청했었던 것이다.

그러나 불행하게도 그 성에는 10명의 의인조차도 없었던 것이었다. 결국 하나님의 심판의 불은 떨어졌고 롯과 그의 아내와 두 딸만이 간신히 그 성에서 빠져 나와 죽음을 면하게 되었다. 물론 롯의 아내는 천사들의 경고를 무시하고 고개를 돌려 뒤돌아보다가 소금기둥이 되고 말았지만 말이다.

여기서 우리는 소돔과 고모라의 멸망의 원인을 꼭 그 성의 악함만으로 생각할 수 없다. 그 성의 멸망의 궁극적인 원인은 롯의 무책임한 삶에 있다고 할 수 있다. 롯은 최소한 한 집안의 가장으로서 그의 식구들만이라도 하나님을 경외하는 사람들로 만들어야 했었기 때문이다. 그가 그의 가정만이라도 하나님을 제대로 믿게 만들었다면, 그 성에는 최소한 10명의 의인은 있었을 것이다. 만약 그랬었더라면 그 성은 롯의 가정으로 인해서라도 그렇게 처참한 멸망은 당하지 아니했을 것이었다. 그러나 불행하게도 롯의 한 사람의 리더십 부족으로 그 성은 그렇게 멸망하고 만 것이었다.

리더 한 사람의 위치는 그가 속한
공동체에 있어 대단히 중요하다.

아이 성의 실패 또한 마찬가지였다. 아간 한 사람의 죄로 인하여 이스라엘 백성들이 아이 성과의 전투에서 패하였고 많은 사람들이 죽임을 당하게 되었다. 거기엔 전투에 참여했던 사람들뿐만 아니라 아간의 온 가족도 포함되어 있었다. 이 많은 사람들이 아간 한 사람으로 인해 모두 죽임을 당했던 것이다. 바로 아간 한 사람의 죄 때문에 말이다. 이와 같이 리더 한 사람의 위치는 그가 속한 공동체에 있어서 대단히 중요하다.

1. 당신은 영향력을 끼치고 있는가?

리더에게 있어서 무엇보다 중요한 것은 영향력이다. 리더의 주요 역할은 사람들의 마음을 움직여 설정된 공동의 목적을 성취하도록 영향력을 행사하는 것이다. 그러므로 리더가 아무리 자격과 재능과 능력이 있다 할지라도 사람들에게 영향력을 미치지 못하여 그들을 움직여 나가지 못한다면 그는 참된 리더라 할 수 없다.

모임을 인도해 보았거나 참석해 본 적이 있는가? 그 모임에서 어떠한 중요 사항을 결정함에 있어서 리더는 아니지만 영향력 있는 의견을 말하며, 그 의견에 따라 사역을 결정하게 되었다면, 그 모임의 실제적인 리더는 바로 그 사람이었다고 할 수 있다. 바로 그 사람의 영향력 때문이다.

이러한 점에서 모든 사람은 일종의 리더라 할 수 있다. 왜냐 하면 사람은 어느 누군가에게 영향력을 끼치며 살아가기 때문이다. 즉 우리는 모두 부모로서, 남편으로서, 선배로서, 때로는 동료로서 다른 사람들에게 영향력을 끼치며 살아가고 있는 것이다.

한 통계에 의하면, 비록 내성적인 사람이라 할지라도 일생 동안 1만여 명의 사람들에게 영향을 끼치며 산다고 한다. 그러하기에 누군가에게 영향력을 끼치고 있는가 그렇지 않은가는 그리 큰 문제가 아니다. 다만 당신이 어떤 종류의 영향력을 끼치는 사람인가가 더욱 중요한 문제인 것이다.

우리는 여러 방법을 통해 사람들에게 영향력을 끼칠 수 있다. 바른 방법으로 끼칠 수도 있고 그릇된 방법으로 끼칠 수도 있다. 또한 그 영향력은 그러한 방법에 따라 더 효과적일 수 있고 덜 효과적일 수도 있다. 그러나 분명한 것은 리더가 그릇된 방법으로 영향력을 끼치려 한다면, 그는 결코 참된 리더나 효과적인 리더가 될 수 없다는 것이다.

권력이나 지위에 의한 리더십

그럼 우리가 지양해야 할 리더십 유형들에는 어떤 것들이 있을까? 제이 프렌치(J. French)의 연구 결과에 의하면, 현재 사회는 보상이나, 강압, 지위, 전문성, 그리고 특성의 수단을 통해 사람들에게 영향력을 행사하고 있다고 한다.[150]

일반적으로 정부나 기업체나 학교나 가정이 어떠한 유형의 리더십을 가진 사람들에 의해 움직여지고 있는지 자세히 관찰해 보라. 대부분의 사람들이 자신들의 권력이나 지위를 가지고 다른 사람들에게 영향력을 행사하고 있는 것을 보게 될 것이다. 정부는 그들의 정치적인 권력으로, 기업체는 경제적인 부나 높은 지위나 직책을 가지고 영향력을 행사한다. 학교나 가정에서도 마찬가지다. 선생이나 부모들은 그들의 지위를 가지고, 때로는 상벌이나 강압적인 힘으로써 아이들에게 영향력을 행사하고 있다.

홍사중은 그의 책 『리더와 보스』에서 권력이나 지위에 의한 리더십의 특징을 "권위에 의존하고, 겁을 주고, '가라' 고 명령하고, 등 뒤에서 호령하고, 귀가 없고, 약점을 숨기고, 복종을 요구하고, 남을 믿지 않으며, 사람들을 몰고 가고, '나' 만을 강조한다."고 묘사하고 있다.

당신이 만약 영적 리더라면, 이러한 유형의 리더십은 멀리하는 것이 좋을 것이다. 만약 목사가 그의 직책이나 권위를 내세워 성도들에게 영향력을 행사하게 될 때, 간혹 성도들이 그 권위에 굴복하여 순종할는지는 모른다. 그러나 그들 마음속에 목사를 향한 존경심이나 경

---

150) J. French. Jr. and B. Raven, *Studies in Social Power* (MI.: Institute for Social Research, 1959), pp. 150-167.

외하는 마음은 없음을 기억해야 할 것이다.

스티븐 코비는 신뢰 대신 지위나 완력, 경험, 지능, 감정의 힘으로 해결하려 하는 리더는 도리어 그 자신을 약하게 만들게 된다고 하였다.[151] 외적인 힘에 의존하여 살아가게 하기 때문이다. 이것은 또한 상대로 하여금 두려움에 근거한 맹종을 하게 만들기 때문에 상대를 약하게 만들기도 한다. 뿐만 아니라, 이러한 리더십은 대인 관계 자체도 약하게 만든다. 협동심 대신 두려움을 조장하며 서로에 대해 방어적으로 만들기 때문이다.

이와 같이 자발적인 의사와 관계없이 강압적인 힘에 의해 사람들을 움직이려 하는 리더십에는 많은 문제점이 있다. 일반적으로 이러한 리더십에 의해 수행되는 일들은 대체로 그 성과가 낮고 일의 만족도 또한 매우 낮은 편이다. 이러한 이유로 존 맥스웰은 자신의 지위나 권력을 가지고 영향력을 행사하려 하는 이러한 리더십은 추종자들로 하여금 리더에 의해 정해진 한계 내에서만 따르게 하는 가장 낮은 단계의 리더십이라고 하였다.

전문성이나 특성에 의한 리더십

이것은 리더가 자신의 뛰어난 특성을 가지고 사람들에게 영향력을 끼치는 것을 말한다. 일반적으로 사람들에게는 카리스마나 뛰어난 재능 또는 성격을 가진 리더에게 호감을 느끼며 그를 따르려는 경향이 있다. 한 연구팀에 의하면 리더가 결단력이나 활동력, 자신감, 책임

---

151) Steven Covey, p. 124.

수행 능력, 영리함, 창의력, 재치, 화술, 대인관계, 설득력, 관리 능력 등이 뛰어날 때 사람들은 그를 많이 신뢰하며 따르게 된다고 한다.

어떠한 면에서는 지위나 권력보다 리더 개인의 특성이나 전문성이 사람들에게 영향력을 끼치는 것은 보다 바람직한 일이다. 사람들이 리더의 지위와 상관없이 개인적인 특성에 매력을 느껴 스스로 자원하여 즐거운 마음으로 따르게 됨으로써 리더는 그의 지위 이상으로 추종자들에게 영향력을 행사할 수 있기 때문이다.

오늘날 교회 안에서 이러한 유형의 리더십이 의외로 많이 작용하고 있는 것을 우리는 알 수 있다. 방문자들이 어느 한 교회를 정하게 될 때 그들 대부분은 목사가 설교를 잘하기 때문에, 또는 인물이 좋아서, 또는 첫인상이나 분위기가 좋아서 등록하게 되었다고 말하는 것을 종종 듣게 되기 때문이다.

그럼에도 불구하고 이러한 유형의 리더십 또한 영적 리더에게는 지양될 필요가 있다. 무엇보다도 주께서 부르신 영적 리더들은 그들에게 개인적으로 뛰어난 특성이 있어서가 아니라 오히려 다른 사람보다 부족하기 때문에 부르셨다고 성경이 말하고 있기 때문이다(고전 1:26).

주님께서 능력이 있는 자들보다 그렇지 않은 자들을 택하여 영적 리더로 삼으신 것은 "세상의 미련한 자들을 택하사 지혜 있는 자들을 부끄럽게 하려 하시고 세상의 약한 것들을 택하사 강한 것들을 부끄럽게 하려 하시기"(고전 1:27) 위해서이다. 뿐만 아니라, 영적 리더들로 하여금 어느 누구라도 "하나님 앞에서 자랑하지 못하게"(고전 1:29) 하려 하심이다.

특성에 의한 리더십이 지양되어야 할 다른 이유는 요즈음의 추종자들의 개인적 특성이 리더의 것과 별 차이가 없다는 것이다. 아니 때로는 추종자들이 그들의 리더보다 오히려 더 뛰어난 특성을 가지고 있기도 하다. 과거에는 목사들이 성도들보다 더 많은 교육을 받았다는 이유로 존경심이나 직분의 권위를 인정받았었다. 그러나 오늘날에는 그 양상이 많이 달라졌다. 요즈음은 성도들이 목사들보다 더 많은 교육을 받고 있으며 웬만한 교역자들보다 더 많은 개인적 특성을 가지고 있다. 이러한 점에서 영적 리더가 개인적 특성으로 성도들에게 영향력을 끼치겠다는 것은 잘못된 생각이다.

> 영적 리더가 개인적 특성으로
> 성도들에게 영향력을 끼치겠다는 것은 잘못된 생각이다.

또 다른 이유로는 리더의 개인적 특성이 지역적 상황과 특성에 따라 그 영향력이 전혀 다르게 끼쳐질 수 있다는 점이다. 한 예로, 지적이고 논리적인 목사는 지성적이고 교육 수준이 높은 성도들에게는 매력적이고 큰 영향력을 끼칠 수 있을지 모르나, 감성적이고 교육 수준이 낮은 자들에게는 오히려 그 지식이 장애물이 될 수도 있게 된다.

끝으로 특성이라는 것은 시간이 지나가면서 그 매력이 점점 상실되어 간다는 것이다. 처음에는 추종자들이 리더의 개인적 특성에 많은 매력을 느껴 영향력을 받게 될 것이다. 그러나 시간이 지나감에 따라 추종자들은 그 특성에 대해 더 이상 매력을 느끼지 않게 된다. 특히 리더가 그 특성을 가지고 더 많은 일의 결과를 가져오지 못할 때는 더욱 그러하다.

양육을 통한 리더십

존 맥스웰은 리더가 개인적 특성을 갖게 되면 사람들은 그를 사랑하게 되고, 그의 특성을 통해 과업에 탁월한 성과를 가져오게 되면 존경을 받게 되고, 사람을 키우게 되면 그로부터 충성을 받게 된다고 하였다.

일반적으로 리더가 다른 사람보다 뛰어난 특성을 가지게 될 때, 사람들은 그 리더를 더욱 사랑하며 그를 따르게 되는 것은 사실이다. 그러나 사람들이 그 리더에게서 문제점이나 실망스런 모습을 발견하게 되면, 리더를 향한 그 마음이 멀어지거나 떠나게 된다는 사실도 기억해야 한다. 게다가 리더와 의견이 일치되지 않아 갈등이나 충돌이라도 벌어지게 되면 그 상황은 더욱 악화된다.

이러한 점에서 리더는 양육을 통해 그의 리더십을 더욱 강화할 수 있기에 사람들을 양육하는 일은 참으로 중요한 일이라 할 수 있겠다. 양육이 주는 유익들을 잠시 살펴보자.

첫째로, 리더는 양육을 통해 자신의 생각이나 뜻을 자연스럽게 전달하게 된다. 리더는 자신과 비슷한 생각을 가진 사람들로 양육함으로써 특별한 갈등이나 충돌 없이 일들을 계획하고 추진해 나갈 수 있게 된다.

둘째는, 리더가 깊은 관심과 가르침으로 최선을 다해 그들의 믿음 성장에 도움을 주었다는 사실에 그들은 리더를 충심으로 따르게 된다.

셋째로, 양육 받는 자들은 그들에게서 끝내지 아니하고 그들이 맡은 사역 분야에서 리더로부터 배운 모든 것들을 다시 전달하게 된다. 결국 리더는 이러한 재생산의 과정을 통해 더욱 많은 사람들에게 영향력을 행사하게 되는 것이다.

그러나 많은 유익이 있음에도 불구하고 이러한 유형의 리더십에도 약간의 문제점이 있다. 그것은 리더의 인격과 관련된 문제이다. 만약 추종자들이 리더에게서 온전치 못한 성품이나 행동들을 발견하게 되면, 리더에 대한 실망으로 많은 갈등을 겪게 되기 때문이다. 가끔은 그러한 리더를 떠나기도 하지만, 대부분은 계속적인 갈등을 겪으며, 리더에 대한 존경심 없이 리더를 따르게 된다.

인격을 통한 리더십

그러하기에 리더가 갖추어야 할 리더십이 있다면, 바로 인격을 통한 리더십이 아닐까 생각한다. 리더가 성숙한 인격을 갖추게 될 때 사람들은 진정한 존경과 신뢰의 마음으로 리더를 따르게 되고 리더는 그들에게 큰 영향력을 행사할 수 있게 된다.

1년 전쯤, 필자는 평소 존경해 오던 은퇴하신 교수님과 저녁 식사를 한 적이 있었다. 몇 년 전만 해도 정정하신 모습이었는데, 지금은 80세 가까이 되는 연세의 영락없는 노인의 모습으로 변해 있었다. 식사 중 우리는 여러 이야기를 나누었다. 그분이 말씀하실 때에는 나는 그 말씀을 한 마디도 놓치지 않으려고 온 신경을 써 가며 귀를 기울였었다. 무슨 특별한 말을 듣기 위해서가 아니었다. 이제는 여느 노인과 다름없이 되어 그의 말에는 뛰어남이 없었지만 내 마음속에는 그분을 향한 존경심이 있었기에 그분의 말이나 행동 모든 것을 존귀하게 여겼고, 최대한의 예의로써 그의 말에 귀를 기울였던 것이다.

이것이 바로 인격을 통한 리더십이 가져다주는 영향력이라 할 수 있다. 물론 이런 인격은 하루아침에 쌓이는 것이 아니다. 어쩌면 이것은 평생의 노력을 필요로 할지도 모르겠다. 그러나 리더는 장기적인

계획 속에서 온전한 인격을 위해 그의 성품을 꾸준히 발전시켜 나가
는 노력을 가질 필요가 있을 것이다.

2. 당신은 신뢰받을 만한 리더인가?

로버트 로간(Robert Logan)은 리더에게 요구되는 두 가지 요소로 하
나는 정직이요, 또 다른 하나는 능력을 언급하였다.[152] 즉 리더에서는
온전한 성품과 모든 일을 파악하며 처리할 줄 아는 능력이 있어야 한
다는 것이다. 이것은 바로 리더가 이 두 가지 요소를 통해 사람들로부
터 진정한 신뢰를 받을 수 있게 됨을 뜻한다.

우리는 보통 의사의 성품만을 가지고 그를 신뢰한다고 말하지 않는
다. 의사가 아무리 환자에게 정직하고 친절하다 할지라도 환자의 병
명을 정확히 알고 치료할 만한 실력이 없다면, 그는 신뢰받을 수 없
다. 반면에 그가 아무리 실력이 있다 할지라도 인술을 베풀지 않고 과
다한 청구를 한다거나 이상이 없는 곳도 이상이 있다 하여 치료하려
든다면 그 역시 신뢰받을 수 없을 것이다.

리더도 마찬가지이다. 리더가 아무리 자기에게 맡겨진 일을 정직하
고 성실하게 행한다 할지라도 그 일을 이룰 만한 능력이 없다면 그는
신뢰받지 못하게 될 것이다.

그러하기에 리더는 무엇보다도 그의 성품과 능력을 균형 있게 개발
시킬 필요가 있다. 리더에 대한 신뢰성은 성품과 능력에 기초하여 형

---

152) Robert Logan, pp. 38-39.

성되는 것이기에 리더가 성품과 능력 중 하나가 부족하게 되어도 그
에 대한 신뢰성은 상실되기 때문이다.[153]

온전한 성품

리더가 무엇보다도 갖추어야 할 것이 있다면 그것은 사람됨일 것이
다. 아무리 능력이 있는 리더라 할지라도 그의 사람됨이 온전치 못하
게 되면, 사람들은 그를 의심하며 신뢰하지 않게 된다.

지금 이 시간에도 온전하지 못한 삶으로 인해 사람들에게 비난과
조롱을 받는 영적 리더들이 얼마나 많이 있는가? 어떤 이는 재정 문제
로, 어떤 이는 부도덕한 삶으로, 어떤 이는 정직하지 못함으로, 어떤
이는 위선적인 삶으로 인해 사람들의 비난 가운데 지금도 수많은 영
적 리더들이 쓰러져 가고 있다.

존 맥스웰은 리더십에서 가장 중요한 요소를 통전성으로 보았다.
통전성이란 '정직하고 견고한 성품, 말과 행동이 일치하여 신뢰할 만
한 성품 그리고 지, 정, 의가 조화를 이룬 성품'을 말한다.[154]

바로 이러한 온전한 성품이 리더에게 있어 갖추어야 할 중요한 요
소 중 하나이다. 그렇다면 리더들이 어떻게 온전한 성품을 갖출 수 있
을까? 무엇보다도 자신이 주 앞에 아무것도 아니라는 진정한 겸손함
과 거짓과 속임에서 벗어난 정직함, 그리고 의롭고 거룩한 삶을 추구
하는 순종함과, 사람들과의 관계와 과업수행에 있어서 희생적인 헌신
과, 사랑과 책임을 다하려는 성실함이 있어야 할 것이다.

---

153) Stephen R. Covey, pp. 39.
154) John Maxwell, p. 67.

리더에게 정직성과 성실성이 있을 때

그는 비로소 온전한 자가 되며

사람들에게 신뢰받을 수 있게 된다.

헨리 블랙커비(Henry Blackaby)와 스티븐 코비는 리더에게 정직성과 성실성이 있을 때, 그는 비로소 온전한 자가 되며 사람들에게 신뢰될 수 있게 된다고 하였다.[155] 즉 리더가 온전해지기 위해서는 정직함과 성실함이 있어야 한다는 말이다.

정직성

모든 사람에게 있어서 정직하게 산다는 것은 결코 쉬운 일이 아니다. 정직한 삶이란 과장하지 않고 있는 모습 그대로를 보여 주는 삶이다. 다시 말해 애매모호하거나 이중적인 행동을 하지 않으며, 어느 장소 어느 상황에서든 언제나 동일한 모습과 행동을 보여 주는 삶을 의미한다.

여기에 리더의 어려움과 고통이 있는 것이다. 세상 어디에서도 온전한 성품을 갖추기를 소원하지 않는 리더는 없을 것이다. 만약 당신이 리더라면, 당신 또한 지금 이 순간에도 진실하고 정직하기를 소원하며 애를 쓰고 있을 것이다. 특히 자신의 뛰어남을 다른 사람들에게 보여야만 생존할 수 있고, 조금만 부족한 모습을 보여도 등을 돌리고 손가락질하는 이 시대에 당신의 애씀은 더욱 격렬할지도 모르겠다.

그러나 연약한 육체로 말미암아 날마다 옛사람에게 굴복해 버리고

---

155) Henry & Richard Blackaby, 『영적 리더십』(서울: 두란노, 2002), pp. 132-136; Steve Covey, p. 87.

마는 수많은 리더들을 볼 때 참으로 그 안타까움을 금할 수 없다. 그러나 더욱 안타깝게 하는 일은 이러한 부족한 모습을 감추기 위해 날마다 가면을 쓴 위선적인 모습으로 사람들을 대한다는 것이다.

나는 일전에 어느 교회에서 설교 도중, 월요일이 되면 목사들이 파김치가 되어 쓰러지는데 그 이유가 무엇인지 아느냐고 물은 적이 있었다. 그때 성도들은 '설교를 많이 해서' '하루 종일 쉬지 않고 성도들을 돌보느라고' 등등의 답을 해 주었다. 그에 대해 나는 '목사는 성도들이 생각하는 것만큼 사랑이나 온화함이나 정직함이 많지 않은데 성도들에게 그러한 존재인 것을 들키지 않기 위해 하루 종일 위장된 모습을 보이느라고 그렇게 힘든 것'이라고 답변한 적이 있었다.

평상시 교회에서 보여 주는 영적 리더들의 모습은 온화하고 부드럽고 상냥하고 사랑이 넘치지만 교회를 떠나 가정으로 돌아가게 되면, 교회에서 전혀 보이지 아니했던 모습과 행동들을 보이는 경우가 흔히 있다. 쉽게 성내고 신경질 부리고 찡그린 모습을 보이게 된다는 것이다. 그 이유가 무엇인가? 바로 정직하지 못한 삶 때문이다.

정직하지 못한 삶에는 진실함이 없다.

대개 정직하지 못한 삶에는 진실함이 없다. 오히려 위선과 가장된 모습만이 있을 뿐이다. 다른 사람들과의 관계에서 친절하고 온화한 모습을 보이다가도 그들이 보이지 않는 곳에서는 쉽게 성내며 신경질적인 모습으로 살아가는 사람을 어느 누구도 온전한 자로 부르지 않을 것이다. 온전한 자란, 어느 장소나 어느 상황에서든지 동일한 모습과 행동과 말을 하는 자이다.

오늘날 우리들의 삶 속에는 가식적인 모습들이 너무나 많이 있다. 지금도 대부분의 사람들은 자신들의 모습을 거룩하고 의롭게 보이도록 하기 위해 실제 모습을 감추고 다른 모습으로 꾸미어 살아가고 있다. 그리고 그러한 가장된 모습을 실제 자신들의 모습으로 사람들이 인정해 주기를 기대한다.

그러나 사람들은 그러한 모습에 속지 아니함을 기억하라. 오히려 사람들은 거짓되고 가식적인 모습에 더욱 실망하고 신뢰를 하지 않을 것이다.

바울의 이러한 고백을 들어 본 적이 있는가? "죄인 중에 내가 괴수니라"(딤전 1:15) "내가 원하는 바 선은 하지 아니하고 도리어 원치 아니하는 바 악은 행하는도다"(롬 7:19) 바울은 자신이 어떤 존재인 줄을 분명히 알고 있는 사람이었다. 그는 주 앞에서 자신이 죄인 중에 괴수이며 날마다 원치 않는 악을 행하며 살고 있는 존재라고 솔직히 고백했다. 그러나 우리 중 어느 누구도 이러한 바울을 보고 못났다고 비난하지 않는다. 오히려 그의 솔직함과 정직함과 겸손함에 존경을 표할 뿐이다.

바울은 그의 정직함으로 인해 사람들에게
더욱 온전한 자로 인정과 신뢰를 받았다.

이것이 바로 정직함이 가져다주는 힘이다. 바울은 그의 정직함으로 인해 사람들에게 더욱 온전한 자로 인정과 신뢰를 받을 수 있었다.

이러한 점에서 온전함이란 우리가 완전한 성품을 갖추게 되었을 때에만 주어지는 것이 아님을 알 수 있다. 오히려 자신의 못남과 부족함을 솔직히 인정하고 더욱 겸손히 주님을 의지하는 자가 온전한 자로 불리는 것이다.

그러므로 우리는 굳이 자신을 속여 다른 사람들에게 잘 보이려고 가장할 필요가 없다. 있는 모습 그대로 사람들에게 인정하고 정직함으로 사람들을 대하도록 하라. 다른 모든 사람들도 당신과 같은 허물과 부족함으로 살아가고 있기 때문에 당신의 솔직하고 정직함이 당신을 더욱 용기 있는 자로, 거짓이 없는 자로 만들어 줄 것이다.

속이는 자는 결코 신뢰할 수 없는 자이다. 성경은 사탄을 속이는 자의 아비라고 말하고 있다. 만약 당신이 리더로서 정직하지 못하고 거짓된 모습으로 자신을 실제의 모습보다 더 뛰어난 자로 보이려 한다면, 당신은 사탄의 존재와 거의 다를 바가 없지 않겠는가!

그러므로 당신이 영적 리더라면 모든 일에 정직함을 가지고 거짓 없이 대하도록 하라. 어떠한 상황에 놓인다 할지라도 그렇게 하도록 하라. 비록 당신이 솔직함으로 인해 물질의 손해나 명예에 손상을 받는다 할지라도 거짓 없이 있는 모습 있는 사실 그대로를 정직히 말하도록 하라. 주님은 그러한 당신을 사람들 위에 온전한 자로 세워 주실 것이다.

성실성

성실성이란 무엇인가? 이것은 언제나 변함없는 모습과 행동을 하는 것을 의미한다. 그리고 한번 약속한 것은 어떠한 상황에서든지 꼭 지키는 것을 의미한다. 그러하기에 리더에게서 이러한 성실성이 발견되지 않을 때, 그의 리더십은 의심받게 되며 그는 신뢰할 수 없는 사람으로 전락하게 된다.

오늘날 많은 리더들에게서 이러한 성실성이 발견되지 못하는 것은 매우 안타까운 일이다. 성경은 그 마음에 서원한 것은 비록 자신에게 해로울지라도 변치 말고 지키라고 명하고 있다(시 15:4). 약속 이행은 자신의 성실성을 나타내는 척도이다. 그런데 오늘날 사람들의 삶의 모습을 보면, 자신의 약속을 하루도 안 되어 번복하는 경우가 허다하다.

'오늘은 자기 전에 꼭 성경 읽고 기도해야지.' '오늘은 어떤 일이 있어도 화내지 말고 참아야지.' '오늘부터는 정말 음식을 많이 먹지 말아야지.' '이번 주일부터는 정말 예배 시간에 늦지 말아야지.' 이와 같이 수없이 약속을 하지만 막상 그 시간이 되면 대부분의 사람들은 이런저런 상황을 핑계로 그 약속을 지키지 못하고 살아가고 있다.

만약에 당신이 리더로서 이러한 모습의 삶을 살아가고 있다면, 당신의 리더십에는 큰 문제가 따르게 될 것이다. 생각해 보라. '오늘 이 말을 했다가 내일 저 말을 하는 리더'를 어느 누가 믿고 따르겠는가? 그리고 자신에게 수없이 약속한 결심과 헌신을 제대로 지키지 못하는 자를 어느 누가 신뢰하며 의지하겠는가?

> 오늘 이 말을 했다가 내일 저 말을 하는
> 리더를 어느 누가 믿고 따르겠는가?

우리의 삶에는 예상하지 못한 갑작스런 상황들이 늘 생겨나는 법이다. 하루에도 열두 번씩 예상하지 못한 전화가 걸려오기도 하고 예상하지 못했던 사람들이 갑자기 방문하기도 한다. 그런데 당신이 리더로서 이러한 상황에 따라 움직여 나간다면, 당신은 결국 다른 사람이나 상황에 이끌려 자신이 원하는 그 모습을 보이지 못하게 될 것이다.

그러므로 리더에게는 어떠한 일들을 책임감 있게 이행해 나가려는 성실성이 필요하다. 리더에게 이러한 성실성이 결여될 때, 그는 실제 자신이 원하는 모습과는 전혀 다른 모습으로 살아가게 된다. 즉 마음으로는 그렇게 되기를 원하고 있지만 실제로는 늘 다르게 행동하며 살아가는 자신의 온전치 못한 모습에 큰 실망감을 느껴 스스로 좌절하는 것은 물론, 언행의 일치를 보여 주지 못해 다른 사람들로부터도 신뢰성을 크게 의심받게 된다.

그러하기에 리더는 그의 성실성을 개발할 필요가 있다. 이를 위해 리더는 먼저 모든 일에 주도적이 되어야 한다. 즉 상황에 따라 이끌리지 말고 자신에게 부여된 가치관을 확실히 정립하고, 자신의 비전과 철학에 의해 모든 일들을 계획하고, 그 계획된 우선순위에 따라 움직여 나가도록 해야 한다.

그리고 다른 사람들이나 자신에게 한 약속에 대해서는 책임감 있게 꾸준히 이행해 나가도록 노력해야 한다. 즉 한번 뱉은 말이나 약속에 대해서는 어떤 상황 속에서도 지키려는 마음과 삶의 자세를 가져야 한다는 것이다.

그러나 무엇보다도 자신에 대한 자제력이 필요하다. 쉬고 싶고, 그만두고 싶고, 마음 내키는 대로 하고 싶겠지만 그런 감정과 생각을 절제하며 결심했던 것들을 꾸준히 이행해 나가야 한다. 영국의 가톨릭 신학자였던 존 헨리 뉴맨(John Henry Newman, 1801~1890)은 "단 한 번이라도 은밀히 자제하는 행위, 맡은 바 의무를 위해 단 한 번이라도 자기를 희생하는 행위야말로 게으른 사람들이 실천에 옮길 생각도 없이 쏟아 놓는 수많은 좋은 아이디어와 호의, 열정어린 기도들보다 훨씬 더 가치가 있다."고 하였다.

그러므로 당신이 만약 다른 사람이나 자신에게 약속한 것들이 있다면, 그것들 중 가장 작은 것부터 지켜 나가도록 한번 시도해 보라. 아마도 이러한 자그마한 약속들을 하나씩 이행해 갈 때 사람들은 당신의 성실성을 인정하고 신뢰하게 될 것이다.

사역의 능력

리더가 신뢰받기 위해서는 온전한 성품은 물론 사역의 능력도 갖추어야 한다. 리더로서의 목회자가 사람들과의 관계가 아무리 좋고 희생적이며 성품이 좋다 할지라도 그의 주요 과업인 가르침이나 설교를 잘하지 못한다면 그의 능력은 사람들로부터 의심받기에 충분할 것이다.

이러한 점에서 영적 리더는 자신이 맡은 사역 분야에 대한 전문적인 지식과 경영 기술을 갖출 필요가 있다. 특히 영적 리더는 말씀과 관리 차원에서의 능력을 갖출 필요가 있다.

말씀의 능력

영적 리더는 무엇보다도 말씀에 있어서 탁월해야 한다. 리더에게는 공동체가 방황하거나 잘못된 방향으로 나아가지 않고 바른 목표를 향해 나아가도록 도전해야 하는 사명이 있다. 이것은 리더가 설교나 가르침을 통해 교회가 현재 어디에 머물러 있으며, 앞으로 나아갈 곳은 어디이며, 그리고 무엇이 되어야 할지를 분명히 일러 주어야 함을 뜻한다.

만약 리더의 설교나 가르침이 약해 교인들에게 그 말씀의 뜻을 잘 이해시켜 주지 못하거나, 또는 어떠한 말씀의 도전도 주지 못한다면 교인들은 무엇을 어떻게 해야 할지 몰라 답답해하며 방황할 수밖에 없다.

그러므로 리더는 말씀에 대한 깊은 묵상과 연구를 통해 그의 교회를 향한 주의 온전하신 뜻이 무엇인지 분명히 알고 그 말씀의 내용들을 성도들에게 분명하게 전달해야 한다. 그러할 때에 성도들은 새로운 도전과 헌신을 갖게 되는 역사를 경험하게 될 것이다.

관리의 능력

또한 영적 리더는 공동체를 잘 관리해 나가는 탁월한 경영 능력이 있어야 한다. 영적 리더에게는 말씀의 가르침과 더불어 교회를 잘 세워 나가야 하는 사명도 주어졌다. 일종의 감독 역할이 주어진 것이다.

오하이오대학의 한 연구진에 의하면, 리더가 과업과 관계 모두에서 탁월할 때 가장 크고 효과적인 결과를 가져온다고 한다. 다시 말해 영적 리더는 효과적인 결과를 위해 과업과 관계에 있어서 탁월한 리더십을 갖출 필요가 있음을 말해 준다.

> 리더가 과업과 관계 모두에서 탁월할 때
> 가장 크고 효과적인 결과를 가져온다.

과업과 관련하여 리더는 먼저 효과적인 사역 구조와 사역 방법 그리고 전략들을 갖고 있어야 한다. 교회의 건강은 모든 성도들이 각자의 은사에 따라 그 맡은 사명에 충실할 때 주어지게 된다. 그러므로 영적 리더는 성도들이 모두 사역에 참여하여 주님의 몸 된 교회를 세울 수 있는 사역 구조와 전략, 그리고 이를 실행해 나갈 사역 능력을 갖추고 있어야 한다.

또한 리더는 성도들의 잠재력을 이끌어 내어 그들의 은사에 적절한 사역 분야를 찾아 위임하고 책임을 부여하며 그의 영향력 하에서 사역할 수 있도록 관리해야 한다. 그리고 성도들 모두가 효과적인 의사소통과 협의를 통해 상호 간의 협력 사역을 잘 할 수 있도록 지도해 주어야 한다.

뿐만 아니라, 영적 리더는 사람들과의 관계에 있어서 희생적인 섬김의 모범이 되어야 한다. 섬김의 모범을 통하여 사람들을 효과적으로 인도할 수 있기 때문이다.

그런 의미에서 영적 리더십은 세상의 리더십과 근본적으로 다르다. 세상의 리더십은 능력을 통해 사람들에게 영향력을 끼치지만, 영적 리더십은 섬김을 통해 사람들에게 영향력을 끼치기 때문이다. 즉 세상의 리더십에는 리더가 능력이 있을 때 사람들이 인정하고 따르게 되지만, 영적 리더십에는 섬기면 섬길수록 사람들이 인정하고 따르게 되는 특성이 있다는 것이다.

세상의 리더십은
능력을 통해 사람들에게 영향력을 끼치지만,
영적 리더십은 섬김을 통해 사람들에게 영향력을 끼친다.

그러하기에 세상의 리더십에는 리더의 탁월함과 능력을 과신하려는 교만함이 있지만 영적 리더십에는 섬김을 통해 다른 사람을 높이 세우려는 겸손함이 있다.

일반적으로 사람들은 교만한 리더는 멀리해도 겸손한 리더는 가까이한다. 이러한 점에서 영적 리더는 무엇보다도 섬김의 중요성을 인식하고 주장하는 자세로 하지 아니하고 섬기는 자로서 양무리의 본이 될 필요가 있다(벧전 5:2-3).

3. 당신은 사역자를 세우는 리더인가?

리더십은 누구를 위한 것인가? 어떤 리더들은 리더십을 통해 자신의 존재가 더욱 드러나기를 원한다. 만약 당신도 그런 생각을 가지고 있다면 잠에서 깨어나도록 하라.

제일장로교회(First Presbyterian Church)의 짐 바스토우(Jim Barstow) 목사는 이러한 고백을 하였다. "목회자의 역할은 목회를 하는 것이 아니라, 평신도들이 목회를 할 수 있도록 그들을 준비시키는 것임을 확신하게 되었다."

영적 리더는 자신의 유익이나 자신의 과업을 성취하기 위한 자가 아니다. 다른 사람들을 사역자로 세워 자신의 일을 위임하고 그들로 하여금 사역을 하게 하는 자인 것이다. 이러한 점에서 영적 리더에게 주요 사명이 있다면 그것은 사역자 양성과 선정이 될 것이다.

사역자 양성

윌리엄 보처(William J. H. Boetcher)는 어느 공동체에나 네 종류의 사람들이 있다고 하였다. 다시 말해 자신에게 주어진 일보다 항상 적게 하는 사람이 있는가 하면, 자신에게 주어진 일만 하는 사람, 필요한 일들을 스스로 찾아서 하는 사람, 그리고 자신은 물론 다른 사람들이 일을 하도록 고무시키는 사람이 있다는 것이다.

이들 가운데 리더가 마땅히 따라야 할 모범이 있다면 그것은 바로 자신은 물론 다른 사람들도 일을 하도록 도전하며 양육하는 자일 것이다. 그러하기에 리더에게 있어서 사역자 양성은 매우 중요한 일이다.

한 통계에 의하면, 교회 내에 90%의 성도들이 아무 사역에도 참여하지 않고 그냥 교회에만 출석하고 있다고 한다. 이에 대해 조지 갤럽의 설문은 "교회에 출석하는 10%의 사람들이 교회 사역 중 90%의 일을 하고 있다. 그리고 90%의 사람들은 전형적인 교회 실업자로서 앉아서 빨아먹기만 하는 사람들이다."라고 평하였다. 오브리 맬퍼스(Aubrey Malphurs) 또한 "엄청나게 많은 그리스도인들이 교회에서 어느 봉사에도 관계하거나 참여하지 않고 있는 것은 대단한 비극"이라고 하였다.

오늘날 교회에는 사역자들이 너무나 부족하다. 주님은 "추수할 것은 많되 일꾼은 적으니…주인에게 청하여 추수할 일꾼들을 보내어 주소서 하라"고 명하셨다. 교회를 세우는 일은 결코 목사 혼자서 할 수 있는 일이 아니기에 많은 일꾼들이 필요하다. 그래서 사역자 양성의 필요성을 누구보다도 잘 알고 계신 주님이시기에 영적 리더들에게 성도들을 주의 일꾼으로 양성하라고 명하고 계신 것이다.

바울은 주께서 영적 리더들을 교회에 보내 주신 목적이 "성도를 온전케 하며 봉사의 일을 하게"(엡 4:12) 하기 위함이라고 하였다. 여기서 온전케 한다는 말은 찢어진 그물을 수선한다는 뜻이 있다. 즉 영적 리더의 역할은 고기를 잘 잡을 수 있도록 성도들을 사역자로 준비시키는 것이라고 말하고 있는 것이다.

사역자 양성은 영적 리더들에게 있어서 마땅히 감당해야 할 사명들 가운데 하나이다. 피터 와그너는 영적 리더들에게 "목자가 되지 말고 목장주가 되라."고 권면한다. 목장주는 자신이 소유한 양들을 홀로 돌보지 아니하고 그 양들을 5등분 또는 10등분하여 목자들에게 나눠 주고 그들로 하여금 돌보게 한다. 목장주가 이러한 사역의 분배를 하는 것은 자신의 양들을 보다 효과적으로 관리하며 돌볼 수 있기 때문이다.

영적 리더는 이러한 목장주가 될 필요가 있다. 리더는 결코 슈퍼맨이 되어서는 안 된다. 피터 와그너는 작은 성장을 하려면 추종자들을 이끌고, 큰 성장을 하려면 리더들을 이끌라고 하였다. 그러므로 만약 큰 교회로 성장하기 원한다면 혼자서 양들을 관리하지 말고 그 양들을 다른 사역자들과 함께 나눠 그들로 관리하며 돌보도록 해야 한다. 그리고 리더 자신은 보다 많은 사역자들을 갖기 위해 사역자를 양성하는 일에 전력해야 한다.

큰 변화를 일으키려면
멘토링 관계를 통해 영적 리더들을 양성하라.

그렇다면 사역자 양성을 위한 효과적인 방법은 무엇인가? 게랄드 빌(Gerald Bill)은 "큰 변화를 일으키려면 멘토링 관계를 통해 영적 리더들을 양성하라."고 권면한다. 봅 빌(Bobb Bill)은 "멘토링은 이 세상의 모든 것을 변화시키는 힘이 있다."고 하였다.

멘토링은 사람들에게 있어 그리 낯선 것이 아니다. 멘토링은 지금도 모든 삶의 터전에서 사람들에 의해 자연스럽게 실시되어 오고 있

기 때문이다. 부모는 자녀에게, 형은 동생에게, 선배는 후배에게, 스
승은 제자에게, 숙련공은 비숙련공에게 삶의 지혜와 생활 방식과 기
술들을 멘토링하고 있다.

이와 같이 이 땅의 모든 사람은 누군가와 수많은 멘토링 관계 속에
서 개인적인 성장을 이루어 오고 있다. 그런데 오늘날의 교회는 안타
깝게도 수많은 성도들이 교회에 몸담고 있지만 대부분 어느 누구와도
멘토링의 관계 없이 예배에만 출석하고 있다.

> 사람들이 리더가 되는 이유는
> 10%는 선천적인 재능 때문에,
> 5%는 위기감을 느낀 결과로,
> 나머지 85%는 다른 리더의 영향 때문이다.

한 통계에 의하면 사람들이 리더가 된 이유가 10%는 선천적인 재
능 때문에, 5%는 위기감을 느낀 결과로, 나머지 85%는 다른 리더의
영향 때문이었다. 그렇다면 대부분의 성도들이 아무 일에도 참여하고
있지 않고 그냥 교회에 출석만 하고 있다는 것은 그만큼 리더들이 사
역자 양성에 무관심했다는 말이 된다.

그러하기에 영적 리더는 교회의 사역자 부재에 대해 누구보다도 큰
책임의식을 갖고 성도들과의 멘토링 관계를 통해 그들을 영적으로 성
장시키는 일에 전력을 다할 필요가 있다.

당신은 한 성도가 제대로 성장하여 사역자가 되기 위해 어느 정도
의 멘토가 필요하다고 생각하는가? 최소한 다섯 종류의 멘토가 필요
하며, 영적 리더는 바로 이러한 멘토의 역할을 감당해 내야 한다.

첫째는 안내자가 필요하다. 한 사람이 교회에 처음 출석하게 되면 그는 예배를 어떻게 드리는 것인지, 교회에 나올 때는 어떤 복장을 해야 되는 것인지, 헌금은 어떻게 준비하고 드리는 것인지 아무것도 모르는 상태이다. 이때 영적 리더는 그들이 교회생활에 불편함 없이 자연스럽게 적응할 수 있도록 하나하나 신앙생활을 지도해 줄 안내자가 되어야 한다.

둘째는 코치가 필요하다. 운동선수에게 있어 코치는 대개 선수들의 문제점을 정확히 발견하여 그것을 교정시켜 주는 역할을 맡고 있다. 대부분의 선수들은 자신의 문제점이 무엇인지 잘 모른다. 그러나 코치의 눈에는 그것이 너무도 선명하게 보이므로 그것을 지적해 주는 것이다.

신앙생활에 있어서도 마찬가지이다. 열심히 신앙생활하는 성도들이라 할지라도 보통 자신도 모르는 한두 가지의 영적 문제점은 가지고 있는 법이다. 이러한 점에서 리더는 '그것만 고치만 더 성숙한 그리스도인이 될 수 있을 텐데….' 라고 생각되는 그 문제점을 지적해 주고 교정시켜 주는 코치가 되어야 한다.

셋째는 상담자가 필요하다. 신앙생활을 하다 보면 성도들은 대개 여러 가지 영적 문제들과 당면하게 된다. 그러나 대부분은 그 문제로 인해 어려움과 고통을 당하지만 어떻게 그 문제를 해결해야 할지 잘 모를 때가 많다. 이때 영적 리더는 그들이 문제에서 벗어날 수 있도록 그들의 문제를 정확히 분석하고 파악하여 해결책을 제시해 주는 상담자가 되어 주어야 한다.

넷째는 교사가 필요하다. 체계적인 가르침을 통해 안내자나 코치나 상담자와 함께 성도들의 믿음의 성장을 도와주어야 한다. 그러므로 리더는 성도들이 정상적으로 바르게 성장할 수 있도록 체계적인 가르침을 줄 수 있는 교사가 되어야 한다.

다섯째는 모범이 필요하다. 우리는 보통 어린아이의 모습과 행동을 보고 그 부모가 어떠한 사람인지 짐작할 수 있다. 자녀들은 대부분 그의 부모의 말과 행동을 모방하며 자라나기 때문이다.

영적 성장에 있어서도 마찬가지이다. 대개의 성도들은 자신의 영적 리더나 또는 가까이 있는 신앙인들의 모습과 행동을 본받고 성장하게 된다. 이것은 성도들 주위에 훌륭한 신앙의 인물들이 많이 있으면, 그들의 믿음이 그만큼 자라나게 된다는 뜻이다. 그러하기에 리더는 무엇보다도 성도들이 본받고 싶어하는 영적 모범이 되도록 노력할 필요가 있다.

영적 리더는 성도들의 20%를
리더로 양성할 필요가 있다.

효과적인 사역자 양성을 위한 또 한 가지 방법으로, 영적 리더는 성도들의 20%를 리더로 양성할 필요가 있다. '파레토 원리'에 대해 들어 본 적이 있는가? 대부분의 생물계에서는 20%의 생물체가 80%의 몫을, 80%의 생물체가 나머지 20%의 몫을 감당하여 일을 한다고 한다. 이것을 '20/80 원리' 혹은 '파레토 원리'라 부른다.

이 원리를 교회에 적용시켜 본다면, 20%의 성도들이 80%의 사역과 재정을 감당하고 80%의 성도들이 나머지 20%의 사역과 재정을 감당하고 있다는 말이 된다. 필자는 개인적으로 이 원리를 교회 사역에 적용시켜도 큰 무리가 없을 것이라 생각한다.

당신이 만약 교회의 리더로서 이 원리를 적용시킨다면, 당신은 당신의 80%의 시간을 누구에게 쓰는 것이 좋겠는가? 80%의 몫을 감당하는 20%의 성도에게 쓸 것인가? 아니면 20%의 몫을 감당하고 있는 80%의 성도에게 쓸 것인가?

안타깝게도 대부분의 영적 리더들이 교회의 20%의 핵심 성도들보다는 오히려 80%의 성도들에게 거의 모든 시간과 정열을 쓰고 있는 것을 보게 된다. 이것은 결코 효과적인 시간 활용이라 할 수 없다. 당신이 80%의 성도들에게 모든 시간을 쏟는다 해도 그 결과는 20%밖에 나오지 않기 때문이다.

그러므로 당신이 지혜로운 리더라면, 핵심 되는 20%의 성도들을 리더로 양성하는 일에 당신의 80%의 시간을 투자할 필요가 있다. 그때 그들은 평신도 리더가 되어 나머지 80%의 성도들을 돌보고 양육할 것이다. 그리고 당신은 그들로 인해 탁월한 사역 결과를 맛보게 될 것이다.

사역자 선정

존 맥스웰은 팀에는 세 종류의 사람들이 있다고 한다.[156] 첫째는 공을 원하지 않는 사람들이다. 팀의 승리를 위해 어떤 책임감을 갖지 않으려는 자들이다. 둘째는 공은 원하나 주어서는 안 될 사람들이다. 이들은 팀을 어떻게 승리로 이끌어야 할지 잘 모르는 자들이다. 이들의 특징이 있다면 그들은 팀보다는 자신을 위해 재능을 드러내기를 원하

---

156) John Maxwell, pp. 77-83.

는 자들이다. 셋째는 공을 원하며 주어야 할 사람들이다. 이들은 위기 상황 속에서도 그것을 극복하기 위해 다른 멤버들에게 "할 수 있다."고 격려하는 자들이다.

그렇다면 이들 가운데 누가 그 팀에 가입되어야 하며, 누가 그 팀을 떠나야 되는가? 첫번째 종류의 사람들은 팀보다는 개인의 강점을 살릴 수 있는 사역 분야에서 일해야 할 자들이며, 두 번째 사람들은 팀에서 떠나야 할 자들이며, 세 번째 사람들은 팀에 꼭 가입되어야 할 자들이다.

> 팀 사역이 탁월한 결과를 갖기 위해서는 헌신과
> 능력 모두를 온전히 갖춘 사역자들이 필요하다.

교회의 팀 사역이 탁월한 결과를 갖기 위해서는 헌신과 능력 모두를 온전히 갖춘 사역자들이 필요하다. 니콜로 마키아벨리(Niccolo Machiavelli)는 "리더의 지혜를 측정할 수 있는 첫번째 방법은 그 주변 사람들을 보는 것이다."라고 하였다. 이 말은 리더와 함께 있는 사역자들이 어떠한가에 따라서 그 사역의 결과가 좌지우지될 수 있다는 뜻이기도 하다.

능력은 있으나 헌신이 없는 사역자를 팀에 가입시켰거나 반대로 헌신은 있으나 능력이 없는 사역자를 가입했을 경우, 그 팀의 사역 결과가 어떠한지 한번 살펴보자.

＊ 헌신은 최상(10)이나 능력은 최하(1)일 때, 10
＊ 헌신은 최하(1)이나 능력은 최상(10)일 때, 10
＊ 헌신도 보통(5)이고 능력도 보통(5)일 때, 25

　　* 헌신은 최상(10)이나 능력은 중간(5)일 때, 50
　　* 헌신도 최상(10)이고 능력 최상(10)일 때, 100

　　헌신과 능력의 비율을 살펴볼 때, 사역자가 아무리 능력이 있다 할지라도 만약 그에게 헌신이 없다면 그 결과는 10%밖에 되지 아니한다. 이와 반대로 아무리 헌신이 있다 할지라도 그에게 능력이 없다면 그 결과 또한 10%밖에 되지 아니한다. 이것은 무엇보다도 탁월한 사역의 결과를 가져오기 위해 헌신과 능력을 모두 겸비된 사역자들을 팀 사역에 가입시킬 필요가 있음을 일깨워 주는 원리라 하겠다.

　　그렇다면 헌신이나 능력 중 어느 한 요소가 부족한 사역자에 대해 어떻게 해야 되는가? 그 부족한 부분이 준비될 때까지 팀 사역에 참여시키지 않도록 하는 것이 좋다. 그리고 그가 준비될 동안은 그의 은사가 개인적으로 활용될 수 있는 사역 분야에서 일하도록 배려하는 것이 좋다.

　　마지막으로 팀에서 떠나기를 원하는 사역자에 대한 효과적인 대처 방법에 대해 생각해 보자. 사역자들을 놓치는 것은 팀 사역에 있어서 피할 수 없는 문제이다. 팀은 종종 떠나가는 사역자로 인해 슬퍼하기도 하고 낙심하기도 한다. 그러나 사역자가 떠나는 것이 꼭 나쁜 소식만은 아닌 것을 기억하라. 이것은 팀에 향상을 가져다주는 좋은 소식이 될 수도 있기 때문이다.

　　만약 팀이 많은 헌신을 요구하는데 그 헌신이 부담스러워 팀에서 떠나기를 원하는 사역자가 있다면, 그가 팀에서 떠나도록 허락하라. 아직 그는 팀에 헌신될 준비가 되어 있지 않은 자이기 때문이다.

　　그러나 만약 그를 계속 팀에 잡아 두려 한다면, 오히려 다른 헌신된 사역자들을 잃어버릴 수도 있음을 기억하라. 그 한 사람의 부족한 헌신을 다른 사역자들이 늘 대신 채워 주어야 하며 그런 일로 사역의 의욕은 물론 사역의 결과까지 형편없이 떨어지기에 생산적이고 헌신적인 사역자들은 그러한 사역에 만족을 느끼지 못하고 떠날 수도 있기 때문이다. 그러므로 리더는 떠난 사역자로 인해 때로는 팀 사역이 더욱 향상될 수 있음을 기억하고 그 빈 자리에 더욱 헌신적인 사역자가 올 수 있도록 조치하는 것이 필요하다.

4. 당신은 리더십 개발에 힘쓰고 있는가?

로버트 클린턴(Robert Clinton) 교수는 그의 책 『리더의 요건』(*The Making of a Leader*)에서, 하나님께서는 리더를 삶 속에서 일어나는 사건들과 인간관계라는 두 가지 수단을 통해 평생 동안 키우신다고 하였다. 그는 하나님께서 리더를 성숙시키시는 과정에는 여섯 단계가 있다고 말한다.

첫째는 주권적인 기초 단계이다. 출생과 부모의 사랑, 성장 과정, 질병, 경제력, 사랑하는 이의 상실 등 스스로 통제할 수 없는 요인들에 대해 어릴 때부터 어떻게 반응해 왔느냐에 따라 리더십의 잠재력이 결정된다.

둘째는 내적 삶의 성장 단계이다. 성령의 역사로 리더가 내면적으로 크게 변화될 수 있는 시기이다. 그가 성령과 어떠한 관계 속에 지내느냐에 따라 그의 성품이나 영적인 삶이 변화되거나, 혹은 그대로 남아 있게 된다.

셋째는 사역의 성숙 단계이다. 리더는 여러 가지 사역에 참여하여 갖게 된 경험들로 말미암아 더욱 리더십을 개발하게 되고 자신의 장단점이 무엇인지 발견하게 된다. 이 단계는 리더가 무엇을 했느냐보다는 그 사역들을 통해 무엇을 깨닫고 배웠느냐에 따라 그의 리더십이 개발되기도 하고 그렇지 않게 되기도 한다.

넷째는 삶의 성숙 단계이다. 리더가 자신의 장단점에 주력하여 최고의 역량을 발휘할 수 있는 단계이다. 리더가 자신의 삶의 여러 경험들을 통해 하나님과 자신과 다른 사람과의 상황을 어떻게 이해하고 긍정적으로 반응하느냐에 따라 그의 리더십이 더욱 개발된다.

다섯째는 총체적 단계이다. 이 단계는 사역과 삶의 모든 경험과 성숙이 함께 어우러져 리더가 최상의 헌신과 그에게 주어진 직무에 최고의 탁월한 결과를 가져오는 때이다.

여섯째는 회상의 단계이다. 오랫동안 성취해 온 탁월한 사역으로 인해 기뻐하고 감사하고 축하하는 시기이다. 이 단계는 사람들이 리더의 직분이나 역할 때문이 아니라 그가 살아온 삶 자체에 대해 존경을 표시하는 때이다.

리더십 개발은 삶과 사역을
어떠한 마음으로 이해하고 수용하느냐에 따라
다른 결과를 초래하게 된다.

이와 같이 리더십 개발은 평생에 걸쳐 이루어지는 작업이다. 클린턴 교수의 말대로 리더십은 크게 두 가지 요소가 작용되어 개발된다. 하나는 하나님의 손길이고 또 다른 하나는 리더의 응답이다.

그러나 이 두 가지 요소 가운데 더욱 중요한 것은 바로 리더의 응답이다. 리더십 개발은 리더가 그의 삶과 사역을 어떤 마음으로 이해하고 수용하느냐에 따라 전혀 다른 결과를 가져올 수 있기 때문이다. 이러한 점에서 리더는 자신의 리더십이 잘 개발되기를 주께 간구하며 노력해 나갈 필요가 있다.

당신에게 맡겨진 사역이 무엇인지 발견하라

효과적인 리더십 개발을 위한 구체적인 방안에 대해 제임스 니켈(James R. Nikkel)은, 효과적인 리더십 개발을 위해 리더는 먼저 자신의 개인적 사역이 무엇인지 이해하고 그것을 개발시켜 나갈 필요가 있다고 하였다.[157] 아마도 다음의 질문들은 당신이 감당해야 할 사역이 무엇인지 알게 해 주는 좋은 가이드가 될 것이다.

첫째로, 당신에 대한 하나님의 목적은 무엇인가?

모든 사람은 이 땅에 분명한 목적을 가지고 태어났다. 당신의 탄생과 부르심에도 분명한 하나님의 목적이 있다. 그러하기에 당신은 무엇이 되어야 하며, 무엇을 해야 할지, 당신에 대한 하나님의 목적이 무엇인지 분명히 발견하여 그것을 개발시켜 나갈 필요가 있다.

둘째로, 당신의 개인적 사명은 무엇인가?

이것은 당신을 향한 하나님의 목적과 계획에 대한 당신의 응답이 무엇인지를 묻는 물음이다. 당신의 삶을 어떻게 주 앞에 드려야 할지, 당신의 삶을 통해 당신이 진정으로 하기 원하는 것이 무엇인지 발견

---

157) James R. Nikkel, p. 207.

해야 한다.

셋째로, 당신의 개인적 비전은 무엇인가?

당신은 무엇보다도 하나님께서 당신에게 주신 약속과 그 약속에 근거해 당신이 장래 이루고 싶고, 이뤄야 할 것이 무엇인지 규정해 놓아야 한다. 그리고 주님께서 당신을 통해 이루고 싶어하는 그 일이 무엇인지 발견하여 그것을 개발시켜 나가는 것이 필요하다.

넷째로, 당신의 개인적인 가치는 무엇인가?

이것은 당신의 삶의 목적과 비전을 어떠한 방법으로 성취해 나갈 것인가에 대한 물음이다. 당신의 삶에서 가장 중요하고 가치 있다고 생각하는 것들이 무엇인지 진술해 보고 그것들을 발전시켜 나가도록 해야 한다.

다섯째로, 당신은 지금 사역을 어떻게 하고 있는가?

이것은 사역의 우선순위에 대한 문제이다. 사역에는 중요한 것이 있고 덜 중요한 것이 있다. 그리고 사역에는 효과적인 사역이 있고 비효과적인 사역이 있다. 그러므로 당신이 지금 하고 있는 사역을 구체적으로 진술해 봄으로써 보다 체계적이며 효과적인 전략을 계획할 수 있을 것이다.

하나님의 계획을 발견하고 그것에 헌신하라

리더십 개발은 개인적인 사역이 무엇인지 이해하는 것으로 성취되는 것은 아니다. 실제로 이해하고 발견한 것들을 구체적으로 이루기 위한 노력과 헌신을 필요로 한다. 그러므로 당신에 대한 하나님의 목적과 계획을 발견하고 그것이 성취될 수 있도록 헌신하도록 하라. 아마도 다음의 가이드라인은 당신에게 이를 위한 도움을 줄 것이다.

첫째로, 하나님의 목적과 뜻 안에서 행하라. 영적 리더가 하나님의 뜻 가운데서 행하는 것은 대단히 중요한 일이다. 아무리 능력이 있고 탁월한 사역의 결과를 가져왔다 할지라도 주의 뜻이 아닌 당신의 생각과 뜻만으로 성취되었다면, 그것은 오히려 주님의 뜻에 대적하는 행위가 된다. 그러므로 당신은 하나님의 목적과 뜻을 분명히 이해하고 그 안에서 당신의 사역이 성취될 수 있도록 노력하도록 하라.

이를 위한 구체적인 방안으로 당신은 먼저 자신의 왕국 건설이 아닌 하나님나라의 확장을 위해 전력하도록 하라. 거짓과 속임수를 멀리하고 어떠한 상황에서든지 진실된 자가 되라. 자신보다는 하나님과 다른 사람을 더욱 사랑하는 자가 되라. 자신을 희생하고 남을 위해 봉사하는 자가 되라. 제자 삼으라는 주의 말씀에 순종하여 때를 얻든지 못 얻든지 항상 복음 증거하는 일에 힘쓰는 자가 되라. 그러할 때에 당신은 하나님의 목적과 뜻 안에서 행하는 자가 될 것이다.

둘째로, 오늘날까지 당신을 인도해 오신 주의 손길을 발견하라. 주님께서는 당신의 리더십 개발을 위해 모든 환경과 경험들을 사용해 오셨다. 당신이 경험했던 과거의 모든 사건들 중에 주님의 손길이 미치지 않은 것이 없을 것이다. 만약 당신의 과거 속에 주의 인도하심이 었다고 생각되는 것이 있다면 그것을 한번 적어 보도록 하라. 아마도 당신은 그것들을 통해 주님께서 오늘날까지 당신의 삶을 어떻게 인도해 오셨는지를 발견하게 될 것이다.

다음의 질문들은 당신으로 하여금 과거 당신을 인도하신 하나님의 손길이 무엇이었는지 발견하도록 도움을 줄 것이다.

* 과거 당신이 하나님께 받은 축복은 무엇인가?
* 사역을 하는 가운데 어떠한 기회들이 주어졌는가?
* 반복적으로 발생된 동일한 문제들이 있는가?
* 당신에게 고쳐져야 할 약점들이 있는가?
* 당신이 열정을 느끼고 가치를 부여해 온 것들은 무엇인가?

셋째로, 당신의 삶 속에 영향을 준 사람들과 그들이 멘토링한 내용들이 무엇이었는지 발견해 내라. 당신은 과거 여러 사람들의 영향으로 오늘날의 모습을 갖게 되었다. 아마도 당신은 부모님과 형제들, 친구들, 선배들, 선생들에 의해 수많은 멘토링과 가르침을 받아 왔을 것이다. 당신은 그들을 통해 계속해서 들어 왔던 권면이나 충고들을 기억해 냄으로써 당신의 리더십 향상을 위한 어떤 도전을 갖게 될 것이다.

먼저 그들이 공통적으로 인식하고 평가해 오고 있는 당신의 모습을 찾아보도록 하라. 당신은 정직하고 진실하고 희생적인 존재로 인식되고 있는가? 아니면 냉정하고 이기적인 존재로 인식되고 있는가? 그들이 지적하고 있는 당신의 장점과 단점은 무엇인가? 사역에 있어 당신의 강점은 무엇인가? 당신은 이러한 질문들에 대한 답변을 통해 당신의 참된 모습을 발견하게 될 것이며, 어떠한 존재가 되어야 할지에 대한 도전도 받게 될 것이다.

넷째로, 당신의 사역에 대해 스스로 평가해 보라. 하나님께서 당신을 영적 리더로 부르실 때, 그 소명과 더불어 은사도 함께 주셨다. 그러므로 당신은 지난날의 사역과 삶의 경험들을 통해 당신의 소명과 은사가 무엇인지, 그리고 개발되어야 할 리더십이 무엇인지 발견할 수 있다. 다음의 질문들을 통해 당신의 은사와 소명이 무엇인지 발견해 보라.

* 당신의 영적 은사는 무엇이라고 생각하는가? 무엇이 당신의 마음을
  뜨겁게 하고 도전하고 자극하는가?
* 당신은 무엇에 대해 열정을 느끼는가? 당신의 부르심에 대해 당신
  의 마음은 무엇이라고 말하는가?
* 당신은 무엇을 가장 잘하며 즐기는가? 하나님나라 확장을 위해 당
  신이 가장 기쁘게 기여할 수 있는 것은 무엇인가?
* 당신의 성품과 성격은 어떠한가? 사역을 할 때 자연스럽게 나타나
  는 당신의 성향과 특징은 무엇인가?
* 당신의 경험을 통해 볼 때, 당신이 가장 잘하고 있다고 생각되는 것
  은 무엇인가?

모든 상황을 리더십 향상을 위한 기회로 만들어라

사역을 하다 보면 리더는 끊임없이 영적 스트레스를 받게 된다. 영
적 리더에게 있어 스트레스는 자신의 약함으로, 사역의 부진함과 리
더십의 부족함으로, 성도들을 계속 돌보는 일로, 아끼는 성도가 떠남
으로, 사람들의 부정적인 판단과 비난으로, 성도들 서로 간의 갈등과
충돌로, 때로는 성도들의 영적 둔감 등으로 말미암아 생겨나게 된다.

영적 리더들이 이러한 스트레스로 인해 갖게 되는 증상들엔 어떤
것들이 있을까? 제임스 니켈은 스트레스로 인해 영적 리더들은 대개
다음과 같은 증상들을 갖게 된다고 말한다.

* 에너지 고갈로 열정이 사라진다.
* 부정적 느낌 속에서 모든 일에 의미를 찾지 못한다.
* 침체되어 성취의욕이 없어진다.
* 자신만을 생각하고 다른 이들에 대해 무관심해진다.
* 동기부여가 없어지고 사역 계획이 약해진다.

＊ 부정적 자아상으로 자신감을 상실한다.
＊ 짜증과 초조한 행동으로 충동적인 결정을 한다.
＊ 사회참여 결여와 대인관계가 둔해진다.
＊ 육체 및 정신적 고갈로 은둔 생활을 찾게 된다.
＊ 아프고 피곤하며 과식과 두통과 불면증에 시달린다.
＊ 영적으로 둔감하게 되고 그릇된 선택을 하게 된다.
＊ 비전이 희미하여 새로운 정보에 무관심해진다.

리더에게 있어서 이와 같은 증상들은 참으로 치명적인 것이 된다. 이런 증상들로 인해 리더는 사역의 의욕을 상실하거나 때로는 사역을 포기하고 싶은 충동과 유혹을 받게 되기 때문이다. 그러나 기억하라. 오히려 이러한 상황을 리더십 개발을 위한 기회로 만들 수 있다는 사실을!

우리는 모든 상황이 하나님께서 허락하신 것이고 하나님께서 그러한 상황을 통해 그의 종들을 성숙하게 만들어 가시는 것을 알고 있다. 그러하기에 리더가 그러한 위기 상황을 어떻게 이해하고 받아들이느냐에 따라 그의 리더십이 향상되기도 하고 쇠퇴되기도 할 것이다. 그렇기 때문에 영적 리더는 이러한 증상들로부터 시달리기보다는 오히려 상황에서 벗어나기 위한 효과적인 대처 방안이나 예방책을 가질 필요가 있다.[158]

기본적으로 좋은 삶의 습관을 가져라.

첫째로 기본적으로 좋은 삶의 습관을 갖도록 하라. 마음만 가지고

---

158) *Ibid.*, p. 216.

서 사역이 성취되는 것이 아니다. 리더가 정신적으로 육체적으로 안정되거나 건강하지 않으면, 어떤 사역도 온전히 행할 수 없게 된다. 만약 당신이 늘 불규칙적으로 상황에 따라 움직인다면 당신의 삶과 사역은 늘 불완전하고 임기응변적으로 될 수밖에 없다.

그러므로 당신은 규칙적이고 안정된 삶을 통해 건강한 사역과 삶을 유지하도록 하라. 규칙적인 운동을 통해 건강한 몸도 유지하도록 하라. 몸을 무리하게 혹사시키지 말고 적당한 휴식과 여가를 통해 몸의 에너지를 비축하는 삶의 습관을 갖도록 하라. 식사 또한 폭식하지 말고 규칙적인 시간에 적당한 음식을 취하도록 하라. 이러한 삶은 당신으로 하여금 더욱 여유 있고 활기찬 모습으로 사역에 임할 수 있게 만들어 줄 것이다.

자신에 대해 정확히 알아라.

둘째로 자신에 대해 정확히 알아라. 사람들은 자신의 능력을 넘어선 일을 벌이거나 자신의 은사와 관계없는 사역에 뛰어들어 종종 실패와 좌절을 경험하기도 한다. 때로는 자신에 대한 다른 사람들의 판단과 비난에 대해서 용납하지 못하고 분노의 감정과 상한 마음으로 지내기도 한다.

이러한 일들은 리더들이 자신의 능력을 정확히 인식하지 못하여 생겨나게 된다. 그러므로 리더는 무엇보다도 자신의 능력의 한계가 무엇인지 분명히 깨달아 자신이 이룰 수 있는 목표를 선정하여 사역에 임하도록 계획하라.

당신의 영적 삶에 활력을 공급하라.

셋째로 당신의 영적 삶에 활력을 공급하라. 우리의 싸움은 혈과 육이 아닌 악한 영들과의 싸움이다(엡 6:12). 이것은 우리의 영혼이 강건하지 못하면, 영적 싸움에도 결코 승리할 수 없음을 의미한다.

영적 리더는 자신의 영적 삶이 늘 강건할 수 있도록 날마다 새로운 활력을 공급받을 필요가 있다. 그러므로 날마다 규칙적인 경건의 시간을 갖도록 힘쓰라. 규칙적인 기도생활은 물론 말씀 묵상과 읽기와 연구를 통해 당신의 영혼에 날마다 영적 영양분을 공급하라. 그리고 한적한 장소나 기도원이나 수양관을 찾아 주님과의 깊은 교제의 시간을 갖도록 하라. 당신의 이러한 삶들은 늘 당신에게 영적 승리를 가져다줄 것이다.

동료들의 멘토링을 구하라.

넷째로 동료들의 멘토링을 구하라. 사람들은 종종 자신이 어떠한 영적인 상태에 놓여 있는지 모를 때가 많다. 자신의 단점이나 허물도 보지 못할 때가 많으며, 위기를 만나도 어떻게 극복해 나가야 할지 모를 때가 많다.

영적 리더에게는 늘 가까이에서 그를 지켜보며 그가 지금 어떤 상태에 있는지, 해결해야 할 문제가 무엇인지, 무엇을 계획하고 준비해야 할지 멘토링해 줄 수 있는 동료들의 후원이 필요하다. 그러므로 당신을 아끼고 당신의 승리를 보고 싶어하는 동료들과 친밀한 관계를 유지하며 그들로부터 필요한 조언을 구할 수 있는 시스템을 구축하도록 하라.

다섯째로 단단한 가정생활을 구축하라. 가정생활의 실패는 영적 리더십에 치명적인 결과를 초래한다. 당신이 아무리 사역에 탁월한 결과를 가져왔다 할지라도 한순간의 부주의한 삶은 당신의 모든 사역과 가정과 명예와 우정을 당신에게서 모두 빼앗아 갈 수 있다. 또한 하나님과도 불편한 관계에 놓이게 되어 말할 수 없는 영적 침체에 빠지게 될 수도 있다.

그러므로 영적 리더는 이성의 유혹에 빠지지 않도록 도덕적 순결과 단단한 부부 관계를 강화하기 위해 노력할 필요가 있다. 그리고 자녀들과도 밀접한 관계를 유지해야 한다. 이를 위해 당신은 가족들과 더불어 충분한 대화나 교제의 시간을 갖도록 노력하라. 그리고 가급적 일과 후와 공휴일은 가족들과 함께 시간을 보내는 삶의 습관을 갖도록 하라.

분명한 소명의식을 가져라.

여섯째로 분명한 소명의식을 가져라. 영적 리더는 분명한 소명의식이 있어야 한다. 칼빈은 영적 리더의 소명에는 이중적 소명이 있다고 하였다.[159] 하나는 내적 소명이며 또 다른 하나는 외적 소명이다. 내적

---

159) John Calvin, *Institutions*, IV, 3, 11.

소명이 영적 리더의 마음 자세와 관련된 것이라면, 외적 소명은 교회에 의해 확증될 수 있는 사역 능력 및 기술과 관련된 것이다.[160]

그렇다면 내적 소명으로 어떤 조건들이 갖추어져야 하는가? 거룩과 사랑이 있어야 하고(루터), 하나님께 대한 진지한 경외감(칼빈)이 있어야 한다. 직분에 대한 깊은 이해와 적절한 동기에서 우러나온 사역에 대한 강한 욕구와 복음에 대한 의무감과 고난에 대한 감수도 있어야 한다(찰스 핫지). 그리고 영적 리더로서 자신이 부적격하다는 강한 의식과 주님과 교통하고자 하는 강렬한 욕구도 있어야 한다.

외적 소명으로는 가르치는 능력과 좋은 음성과 기억력이 있어야 하며(루터), 건전한 교리와 거룩한 생활 그리고 직분 수행에 필요한 능력을 소유하고 있어야 한다(칼빈). 또한 영적 리더는 건강해야 하며, 필수적으로 언변의 은사와 능력, 바른 지식과 신앙도 소유하고 있어야 한다(찰스 핫지). 정보를 이해하고 정제할 수 있는 능력과 인간의 본성을 다루는 지혜와 인내력도 있어야 한다. 그리고 섬길 수 있는 기회나 사역지도 있어야 한다(토머스 맨튼).

바로 이러한 조건들은 영적 리더에게 있어서 대단히 중요하다. 그러므로 당신이 영적 리더로서 부름받았다면, 이러한 조건들을 갖추기 위해 노력하도록 하라.

---

160) Timothy Keller, pp. 85-91. 켈러 교수는 여기서 이 이중적 소명을 설명하기 위해 칼빈을 비롯한 8명의 신학자와 목회자들의 말을 언급하고 있다.

마지막 도전

"너희는 도를 행하는 자가 되고
듣기만 하여
자신을 속이는 자가 되지 말라"(약 1:22)

어떤 사람이 큰 잔치를 베풀어 사람들을 청하였다.[161] 무슨 이유로 잔치를 베풀었는지는 모르겠지만 청함을 받은 사람들이 잔칫날이 되어 이런저런 이유로 그 잔치에 참석하지 못하겠다고 답변을 했다. 이에 잔치에 초청했던 집주인이 매우 분노하였다. 그리고 그는 종들에게 다른 사람들을 불러 잔치 자리를 채우도록 명하며, 먼저 청함 받았던 사람들은 결코 그 잔치 자리에 참석하지 못하게 될 것이라고 경고하였다.

무엇이 그로 하여금 그렇게 분노하게 만들었을까? 음식을 나누며 다른 사람들과 함께 그 즐거움을 누리기를 원했던 것으로 보아 참으로 인정 많고 베풀기를 좋아하는 사람인 것 같은데, 왜 다른 사람들의 형편을 이해하지 못하고 화를 내고 있는 걸까? 그 사람들이 분명한 이유가 있어서 참석하지 못하겠다는데 어찌 그것을 이해해 주지 못하는 것일까?

당신의 생각에는 그 주인이 왜 그렇게 화를 내고 있다고 생각하는가? 거기에는 여러 가지 이유가 있었다. 초대받았던 자들이 참석하지 못하겠다는 핑계는 밭을 샀기에, 소를 샀기에, 그리고 장가를 들었다는 것이었다.

---

161) 누가복음 14장 15-24절.

그러나 그들이 댄 핑계들은 하나같이 그들이 그 잔치에 참석한다 할지라도 금방 사라지는 것들이 아니었다. 잔치에 참석하였다고 해서 그 시간에 결혼한 신부가 어디로 도망가겠는가? 또는 그 땅이나 소가 없어지겠는가? 결코 그런 것이 아니었다. 잔치에 참석하고 와서도 언제든지 다시 대할 수 있는 것이었다.

그런데 왜 그들이 잔치에 참석하지 못하겠다고 하였던 것일까? 그것은 그들의 욕심 때문이었다. 잔치에 참석하지 않고 그 시간에 조금이라도 더 밭을 갈고, 소를 시험하고, 신부와 함께 있고 싶은 욕심 때문이었다. 초청한 사람은 그들을 위한 음식을 준비함에 있어서 돈과 시간도 아끼지 않았는데 그들은 자신들의 것을 조금도 손해 보지 않으려는 것이었다. 이에 주인이 매우 화가 났던 것이다.

그러나 주인이 화가 난 근본적인 이유는 그가 사람들을 계획 없이 갑자기 부른 것이 아니었다는 것이다. 17절에 보면, 주인은 '그 청하였던 자들'을 부른 것이었다. 그들은 일전에 그 잔치에 꼭 참석하겠다고 의사를 표명했었던 것이다. 그래서 주인은 참석하겠다는 사람들의 수만큼 음식을 준비하고 그들을 부른 것이었다. 그런데 지금 와서 참석을 못 하겠다고 하는 것이었다.

주님께서 이 비유의 말씀을 하신 의도가 무엇일까? 이 비유의 시작에 보면 "함께 먹는 사람 중에 하나가…하나님의 나라에서 떡을 먹는 자는 복되도다"라고 말하는 것을 들으시고 이 비유를 하신 것이다. 즉 어떤 한 사람이 주님의 이야기를 들으면서 "그렇지. 천국에 가서 하나님과 함께 음식을 먹으며 지낼 수 있다면 참으로 좋을 거야!"라는 소원과 희망을 가지고 말을 했던 것이었다. 그러나 그 사람의 이런 생각과 소원을 칭찬하시기는커녕 오히려 주님은 그에게 무언가 조언하시기 위한 의도를 가지시고 이런 비유를 하신 것이었다.

한마디로, 그런 소원이 있다 할지라도 막상 그 소원을 실현할 수 있는 그때에 그것을 하지 아니한다면, 그 모든 소원이 무슨 소용이 있느냐는 것이다.

잔치에 참석하지 못하겠다는 사람들은 처음에 그 잔치에 참석하는 것이 대단히 복된 것이라 생각했었다. 그래서 기쁜 마음으로 그 잔치에 참석하겠다고 응답을 했었던 것이다. 그러나 막상 잔치가 준비되었고 참석하라고 했더니 참석하지 못하겠다는 것이었다. 그때 주님은 "잔치에 참석할 그 시간에 그들이 참석하지 않는다면, 예전의 참석하고 싶다던 선한 생각과 소원이 무슨 의미가 있느냐?"고 말씀하시고 계신 것이다.

사람들은 항상 소원을 품고 산다. '새해부터는 교회생활을 열심을 해야지.' '내일부터는 꼭 성경을 읽고 기도도 하고 자야지.' '이제부터는 어떤 일이 있어도 화내지 말아야지.' 그러나 막상 그 시간이 오면 어떻게 하는가? '몸이 피곤해서' '일이 너무 바빠서' '갑자기 일이 생겨서' 등등 핑계를 대며 그 약속을 지키지 아니한다. 그리고 또다시 내일을 기약한다.

헤롯을 아는가? 세례 요한을 죽이도록 허락한 헤롯 말이다. 당신은 헤롯이 어떤 사람이라고 생각하는가? 좋은 자라고 생각하는가, 아니면 나쁜 자라로 생각하는가? 대부분의 사람들은 헤롯을 아주 나쁜 왕으로 생각하고 있다. 과연 그러한가?

마가복음 6장 17절에서 20절에 보면, 세례 요한을 죽이고 싶어했던 사람은 헤롯이 아닌 헤로디아였다. 세례 요한이 그들의 죄를 지적하자 헤로디아는 그의 말이 거슬려 그를 원수로 생각하고 죽이고 싶어했던 것이다.

그리고 성경은 헤로디아가 헤롯 때문에 세례 요한을 죽이지 못했다고 말하고 있다. 사실 헤롯은 세례 요한을 '의롭고 거룩한 사람으로 알고 두려워' 하고 있었다. 그리고 세례 요한이 그의 죄를 지적할 때에도 그는 크게 번민하면서 그 말을 달게 들었다. 다시 말해, 헤롯은 세례 요한이 하나님의 거룩한 사람인 줄 알고 그를 보호해 주고 싶었고, 또 그가 말하는 모든 것을 기꺼이 긍정적으로 받아들이면서 자신을 돌아보며 '그렇게 살아야지.' 하는 결심을 한 사람이었다. 그래서 헤로디아가 세례 요한을 죽이고 싶었지만 헤롯의 보호로 죽이지 못했던 것이다.

어떤가? 이래도 헤롯을 불의한 자로 보겠는가? 그런데 성경은 그를 불의한 자로 말하고 있다는 것이다. 왜 헤롯은 세례 요한의 죽음을 막지 못했던 것일까? 그것은 그의 체면 때문이었다. 헤로디아의 딸에게 헤롯이 그녀의 춤에 반해 무엇이든지 그녀가 원하면 다 들어주겠다고 여러 사람들 앞에서 약속을 하였기 때문이다. 그래서 헤로디아의 딸이 세례 요한의 목을 구하자 헤롯은 그만 그의 말에 대한 책임과 체면으로 인해 세례 요한을 내어 주었던 것이다.

그렇다면 그 이전에 세례 요한의 말을 들을 때마다 그를 의로운 자로 알고 그를 두려워하며, 그를 보호하려 하며, 수많은 깨달음과 도전과 결심을 하면 무엇하겠는가? 막상 그 결심을 실천해야 하는 그 시간에 그것을 행하지 않는다면 말이다. 잔치에 참석하면 참 복될 것이라고 생각했었지만 정작 잔치에 참석해야 할 그때에 가지 않았던 자들처럼 말이다. 바로 이런 점 때문에 헤롯을 불의한 자로 평가하고 있는 것이다.

우리의 삶은 어떠한가? 우리의 삶은 헤롯과 진정 다르다고 생각하는가? 나는 꼭 그렇다고 생각하지 않는다. 우리는 하루에도 얼마나 많은 결심을 하면서도 그 결심들을 잘 지키지 못하고 살아오고 있는가! 그렇다면 그 수많은 결심들이 다 무슨 소용이 있는가? 그것을 실제로 행하지 않는다면 말이다.

당신은 지금까지 이 책을 읽으면서 많은 생각과 도전과 교회 성장에 대한 계획을 세웠을지도 모른다. 그런데 대부분의 사람들은 책을 읽을 때는 수많은 도전과 결심을 하다가도, 그 책을 덮을 때에는 언제 그 책을 읽었느냐는 듯이 지내게 된다. 그렇다면 그 동안 책을 읽으면서 받았던 그 많은 도전과 선한 결심들이 무슨 소용이 있겠는가? 필자는 지금 이 점을 심히 염려하고 있는 것이다. 당신이 이 책을 통해 무엇인가를 깨닫고 결심한 것이 있다면, 작은 것 하나라도 실천해 주기를 바라는 바이다. 그리고 가능하다면 바로 지금부터 그 결심을 실천해 보라! 결심한 일을 결코 내일로 미루지 말았으면 한다.

잔치에 참석하지 않은 사람들은 결국 그 잔치에 영원히 참여할 수 없는 자들이 되었다. 그 잔치가 마지막 잔치인 줄 알았더라면, 아마도 그들은 하던 일도 멈추고 그 잔치에 참여하였을 것이다. 그런데 그들은 다음에 또 그러한 잔치가 있을 것이라 생각했고, 그때는 꼭 참석해야지 하고 생각하였는지도 모른다. 그러나 그것은 그들의 착각이었다. 잔치에 참여할 수 있는 기회가 그들에게 다시는 주어지지 않았기 때문이다.

마찬가지이다. 주님께서 우리에게 주신 깨달음과 사역의 기회를 오늘 실천하지 아니한다면, 우리는 그 기회를 영원히 잃어버리게 될지도 모른다. 뜨거운 마음을 가지고 결심한 그것들도 바로 이 순간에 실천하지 못했는데 어찌 내일 그것을 행할 수 있겠는가?

그러므로 당신의 마음속에서 당신의 삶과 사역 속에 그 무엇 하나도 실천하지 못하게 만드는 '다음에'라는 단어를 빼내 버리도록 하라. 그리고 지금 도전받고 결심한 그 일들을 행하도록 하라. 놀라운 주의 축복의 손길이 당신의 삶과 사역 속에 함께하심을 경험하게 될 것이다.